CRIATIVOS, INOVADORES E (...) VENCEDORES

Coordenação editorial
Mauricio Sita &
Roberto Duailibi

Copyright© 2018 by Literare Books International.
Todos os direitos desta edição são reservados à Literare Books International.

Presidente:
Mauricio Sita

Capa:
Julyana Rosa

Diagramação:
Lucas Chagas

Revisão:
Daniel Muzitano

Diretora de Projetos:
Gleide Santos

Diretora de Operações:
Alessandra Ksenhuck

Diretora Executiva:
Julyana Rosa

Relacionamento com o cliente:
Claudia Pires

Impressão:
Epecê

Dados Internacionais de Catalogação na Publicação (CIP)
(Câmara Brasileira do Livro, SP, Brasil)

```
Criativos, inovadores e (...) vencedores /
coordenação editorial Mauricio Sita & Roberto
Duailibi. -- São Paulo : Literare Books
International, 2018.

Vários autores.
ISBN 978-85-9455-055-2

1. Administração de empresas 2. Administração
de pessoal 3. Criatividade 4. Empreendedorismo
5. Inovação 6. Liderança 7. Pensamento criativo
8. Sucesso nos negócios I. Sita, Mauricio.
II. Duailibi, Roberto.

18-17705                          CDD-658.4063
```

Índices para catálogo sistemático:

1. Criatividade e inovação : Administração de
   empresas 658.4063

Maria Paula C. Riyuzo - Bibliotecária - CRB-8/7639

Literare Books International Ltda
Rua Antônio Augusto Covello, 472 – Vila Mariana – São Paulo, SP
CEP 01550-060
Fone/fax: (0**11) 2659-0968
site: www.literarebooks.com.br
e-mail: contato@literarebooks.com.br

Sumário

Como gerar criatividade e inovação: ter atenção ao que o cliente sinaliza e marcar presença em ambientes favoráveis à criação de conhecimentos
Alcides Ferri..5

Empreendedorismo e liderança: pilares da criatividade e inovação
Alexandre Oliveira..11

Coaching aplicado à TI: a inovação que pode trazer resultados
Alexandre Ricoy..19

Uma trajetória de sucesso
Alma Flora Lima Custódio..27

Diagnóstico comportamental com foco em inovação
Ana Costa..35

Seja extraordinário
Ana Rodrigues..43

Quatro sacadas para alavancar a sua vida
Ana Slaviero..51

Criatividade e inovação: reformulando as relações de trabalho
Carla Abduch...59

Financeiramente em paz
Cintia Gama..65

Domine seu tempo, dome os sabotadores
Claudete Silva..73

Estar no mercado de trabalho: um olhar positivo sobre esse momento
Claudia Monari..81

Como conciliar o *compliance* com as relações trabalhistas
Cleber Izzo..89

Criativos, inovadores e vencedores
Denise Yume Ezawa..97

O despertar de infinitas possibilidades
Dieny Nogueira..103

Da incompletude à criatividade
Dr. Clovis Pinto de Castro..109

O caminho para o topo: resiliência e felicidade no trabalho
Elton Moraes..117

Analytics: a nova competência essencial no mundo dos negócios
Fabiano Castello..125

Novas tendências e fundamentos aplicáveis em uma era de mudanças e instabilidade
Fabio Yamakawa..133

C.I.V. - A marca dos campeões
Lilian Cury..139

Intraempreendedores: naturalmente criativos, inovadores e vencedores
Lú Nogueira..147

Sistema de gestão integrado para melhoria de processos e ganho de mercado em empresas de prestação de serviços
Lúcio Paulo de Paula..155

As constelações sistêmicas inovam soluções nas empresas em momentos de crise
Marcelo H. Canal..163

Conduta ética no trabalho: o caminho sem volta
Marcia Cristina Gonçalves de Souza...171

Sabotadores mascarados de valores
Patrícia Marchetti...179

Gestão emocional
Paula Caputo..185

A coragem para empreender
Rafael Venson da Silva...193

O equilíbrio entre o pensamento criativo e crítico, gerando inovação sem limite
Renata Alves...201

Como a criatividade e a inovação podem mudar a sua vida
Sérgio Bialski..209

Os dez mandamentos dos inovadores
Shiguemassa Iamasaki..217

Case de um vencedor
Shiguemassa Iamasaki..225

Inovação é feita por gente como você!
Sidney Severini Jr....233

Inovação com propósito: o universo das empresas humanizadas
Silvia Facciolongo..239

Alcançando resultados sustentáveis pelo empoderamento das pessoas
Suenia Machado Ribeiro...247

Desafios exigem mudanças
Thomaz Fischer Levy..257

1

Como gerar criatividade e inovação: ter atenção ao que o cliente sinaliza e marcar presença em ambientes favoráveis à criação de conhecimentos

A criatividade e a inovação são alavancadas quando nos submetemos e nos permitimos vivenciar diferentes ambientes de interação que trazem informações e conhecimentos, e quando passamos a olhar o que oferecemos em termos de produtos e/ou serviços sob a ótica dos clientes, sem apresentar resistência em ouvir suas sugestões e demandas

Alcides Ferri

Alcides Ferri

Formação superior em Recursos Humanos e pós-graduação em Gestão Estratégica de Pessoas. Trabalhou por catorze anos na área de recursos humanos e nove anos na área administrativa/financeira. Atuou nos segmentos de construção civil, rede educacional/religiosa e consultoria de recursos humanos. Atua como consultor em recursos humanos e *professional coach*, é professor universitário e palestrante motivacional/comportamental, realizando palestras *in company* na área de treinamento e desenvolvimento. Tem como objetivo inspirar e persuadir as pessoas a se engajarem na busca constante de seu autodesenvolvimento, visando à superação das lacunas e carências existentes em suas competências, a fim de atingirem sustentabilidade na carreira. Como consultor, quando solicitado pelas empresas, propõe ações interventivas que podem ser efetivamente aplicadas para solucionar problemas e conduzir ao aperfeiçoamento no que tange à gestão de pessoas. Coautor do livro *Ser + com T&D: estratégias e ferramentas de treinamento e desenvolvimento para o mundo corporativo*. Autor do livro *Jesus headhunter* pela Literare Books.

Contato
alcidesferri@bol.com.br

Segundo Dewitt Jones, fotógrafo da National Geographic Magazine, "a criatividade consiste em olhar para o ordinário e ver o extraordinário". Ou seja, é a capacidade que a pessoa tem de enxergar aspectos incomuns em algo comum.

É evidente que existem pessoas com capacidade natural para a criatividade, ao passo que outras não têm essa habilidade. No entanto, pode ser desenvolvida se houver empenho e esforço por parte daqueles que querem aprimorá-la ou ampliá-la.

Para enxergar o extraordinário, você precisa se expor, precisa haver questionamentos, precisa pensar fora da caixa e precisa olhar por outra perspectiva. Muito embora tenha quem faça isso com maior facilidade, se você quiser ser mais criativo tem de correr atrás, de fazer acontecer, de buscar.

Quando se enfrenta uma situação em que se faz necessário sair da mesmice e implantar ou implementar novas práticas e modelos, é válido buscar informações, conhecimentos e fazer o *benchmarking* (que é a busca das melhores práticas que conduzem a um desempenho superior).

Um profissional da área de Recursos Humanos, por exemplo, que procura munir-se de informações e novidades relacionadas à sua área de atuação ao participar de feiras e congressos de RH. Quando em visita a esse ambiente de interação é natural familiarizar-se com políticas, práticas atuais e as tendências predominantes no mercado para a área. Dessa forma, tem mais condições de enfrentamento ao se deparar com as situações probantes e adversas em seu dia a dia no trabalho. Poderá, munido de informações oriundas de um espaço de interação que visitou anteriormente, fazer face às necessidades de melhoria. A criatividade vem à tona exatamente na proporção daquilo que se foi buscar e, muitas vezes, é expandida porque o profissional poderá ampliar e/ou adequar as informações e novidades para a sua própria realidade.

Todo ambiente que promove a interação e a riqueza de informações tende a gerar um estímulo à criatividade. Quando a pessoa procura orbitar por diferentes ambientes ligados a projetos de transformação e inovação de processos, serviços e produtos, ela se familiariza com novas ideias e, de certa forma, absorve conhecimentos importantes ao analisar e avaliar novas práticas e modelos. Seja num ambiente de interação ou na realização de um *benchmarking*, a criatividade é aguçada, pois por meio da comparação é possível dar forma à imaginação. A premissa que está em foco aqui não tem a ver com o ditado que diz que "na vida nada se cria, tudo se copia", mas o que está em voga é o fato de se expor com o propósito de buscar conhecimento e alternativas para se pensar fora da caixa.

No âmbito pessoal, por exemplo, quando você se propõe a assistir a uma palestra aberta, automaticamente absorve uma visão diferenciada de determinado assunto, ainda que você o domine, pois quase sempre o palestrante traz uma abordagem com um foco distinto. E mesmo se não ocorrer absorção do que foi explanado, a oportunidade que você tem de interagir com os outros pode lhe proporcionar novos contatos e experiências contributivas para abrir sua mente.

Assim sendo, é possível aliar conhecimento com imaginação, principalmente se houver uma pesquisa a respeito do tema a ser trabalhado. Ainda que Albert Einstein tenha dito: "A imaginação é mais importante que o conhecimento", há quem diga que não existe imaginação sem conhecimento.

No tocante às diretrizes das organizações nos processos de criatividade e inovação, aqueles que se colocam num curso de ação objetivando adquirir informações a respeito, por exemplo, de um produto e/ou serviço relacionado ao seu ramo de atuação, tem mais condições de exercer a criatividade. Ao lidar com um leque de informações variadas e adicionais, é possível sobrepujar concorrentes no sentido de aprimoramento e destaque em produtos e/ou serviços. Olhar para uma realidade e interpretá-la carregada de possibilidades só é possível para quem está antenado com as tendências atuais e as necessidades, reais ou imaginárias, das pessoas.

Também é importante estar completamente aberto para receber *feedbacks* e sugestões a fim de gerar aprimoramento, soluções, criatividade e inovação. A empresa era fornecedora de um *software* para a área de contabilidade, controladoria e recursos humanos. O combinado era: sempre que o cliente/usuário necessitasse de algo mais customizado como relatórios, tabelas e outros recursos no sistema, a empresa fornecedora disponibilizaria seus desenvolvedores ou analistas para captar as informações e necessidades do cliente/usuário com vistas a atendê-lo a contento. No entanto, não era isso o que acontecia no cotidiano, pois a reclamação era constante por parte do cliente/usuário, no que tange à assistência e à presença mais próxima do fornecedor. A reclamação se estendia porque o fornecedor sempre empurrava goela abaixo as alterações realizadas no sistema sem dar a devida atenção às demandas do cliente/usuário. Este, por sua vez, foi se desgastando com a situação até que resolveu trocar por um fornecedor que estabeleceu um vínculo mais próximo, direto e com uma escuta ativa para as necessidades apresentadas.

Nunca se pode abrir mão daquilo que o cliente/usuário tem a dizer. Ou seja, resistir às considerações feitas por ele é cair na zona da inércia e obsolescência.

A inovação de um produto e/ou serviço sempre visa atender a uma necessidade. Porém, na maior parte dos casos, os clientes ou consumidores desconhecem a solução apresentada pelo produto e/ou serviço. Isto é, não fazem ideia de como algo poderia ser tão útil. É como acontece quando compramos um produto lançado no mercado ou que já existe, que traz uma melhoria, e ao utilizá-lo nos perguntamos: "como eu vivi sem isso até hoje?" A indagação que fazemos para nós mesmos retrata a necessidade duradoura que estava desatendida até então. A solução apresentada foi fruto da observação de alguém que enxergou aquilo que outros deixaram de ver ou, se viram, não pararam para analisar.

Nesse sentido, nos cabe refletir como as empresas não avançam, muitas vezes, nos processos de criatividade e inovação justamente porque não tiveram um olhar mais atento para as necessidades, interesses e exigências dos clientes. Tal ocorrência surge quando se deixa de tirar proveito, por exemplo, das reclamações dos clientes, uma vez que cada reclamação manifesta é uma oportunidade de observar o que está faltando, sendo que o próprio cliente traz de forma às vezes implícita as bases para a criatividade e inovação.

Além da tecnologia e investimento em pesquisa e desenvolvimento (P&D), as empresas que têm o cliente como agente inovador são vistas no mercado como de vanguarda. Considerando que o cliente é uma mina rica de ideias inovadoras, sua insatisfação e/ou informações podem ser um ponto de partida para a inovação de produtos e/ou serviços. Para tanto, é imprescindível o estabelecimento de um vínculo mais estreito entre os clientes e aqueles que colhem suas ideias e colocações, fazendo-o de uma forma mais preparada e assertiva para administrá-las com objetivo de remetê-las à equipe técnica.

Certamente, o sucesso alcançado por diferentes empreendedores em suas respectivas organizações e ramos de negócios, no que diz respeito ao tema criatividade e inovação, tem como diferencial competitivo a plena consideração pelos clientes em ouvi-los, e a constante presença em ambientes favoráveis à criação de novos conhecimentos.

2

Empreendedorismo e liderança: pilares da criatividade e inovação

Criatividade e inovação são o motor de desenvolvimento de empresas que dominam diversos setores da economia mundial. Diferentemente do que pregam os que referendam e padronizam certos modelos e práticas de gestão, fomentar o espírito empreendedor, a transparência, a competitividade e o compartilhamento de ideias faz a criatividade e a inovação estarem ao alcance de todos

Alexandre Oliveira

Alexandre Oliveira

Formado em Engenharia Eletrônica pela Escola Politécnica da USP com MBA em *General Management* no IMD - International Institute for Management Development (Lausanne, Suíça). Cursou *Leadership Development* na Harvard Business School, nos Estados Unidos. Atuou no mercado de consultoria e implantação de sistemas corporativos, chegando à posição de Diretor Operacional & Soluções da Softtek do Brasil no final dos anos 90; foi ainda Diretor Comercial & Desenvolvimento de Negócios para a América Latina do Amadeus IT Group, após ocupar diversas posições executivas na empresa na Europa e no Brasil. Foi Diretor Comercial & Marketing na B2W Viagens, antes de se tornar Managing Director para a América Latina do HRS Group.

Contatos
ale.pereiraoliv@uol.com.br
LinkedIn: https://goo.gl/w6fRGP
(11) 99687-4199

12 | Criativos e inovadores

Ao longo de minha carreira, vi inúmeros exemplos de pessoas e empresas que conseguiram criar ambientes criativos. Perceberam como novas ideias modificariam de modo substancial o *status quo*. Deste modo, cresceram, atingiram massa crítica e se tornaram referências em suas áreas de atuação. Mas, depois de alguns anos, perderam seu brilho, mergulharam na estagnação, perderam talento e entusiasmo e melancolicamente se tornaram rotineiras, complexas, pesadas e desimportantes. Por outro lado, há as que permanecem inquietas, mantêm acesa a chama da ambição, ajustam seus rumos, corrigem seus erros e seguem seu caminho de sucesso, realização e conquista.

Compartilho a seguir algumas características que vi nestes casos. Espero contribuir com algumas generalizações que podem facilitar a condução de equipes, organizações ou mesmo a carreira de cada um, mantendo ativa a criatividade e a capacidade de inovar, que são elementos estruturais e fundamentais do sucesso sustentável.

A criatividade não é um "dom divino"

Não, não são apenas os gênios os que podem ser criativos. Ótimo se você tiver a felicidade de ser inteligente acima da média. Melhor ainda se você tiver o maior número de pessoas acima da média trabalhando com você. Mas não existem pessoas acima da média suficientes para que todas as organizações sejam formadas apenas por craques. Busque sempre os melhores – esta é uma tarefa permanente que nunca pode ser negligenciada, mas você vai precisar encontrar o equilíbrio entre o que você ou sua empresa conseguem de fato fazer com as pessoas que estão hoje e no curto prazo ao seu lado. Como então fomentar a criatividade sem depender sempre de pessoas que podem ou não estar disponíveis? Como extrair de cada um as ideias e ações que tragam o *insight* criativo que pode ser efetivamente aproveitado e colocado rapidamente em prática?

As pessoas encontram soluções para problemas e situações primordialmente porque precisam fazê-lo. Pessoas que entendem o que seu grupo precisa, de fato, se sentem movidas a tomar atitudes, posicionamentos, dizer o que pensam, argumentar por suas ideias e, assim, a participar de um ambiente dinâmico, de alto grau de senso de propriedade, de comprometimento compartilhado. Os empreendedores, por exemplo, são fundamentalmente criativos. Sua energia e foco estão totalmente aplicados em conseguir que suas empresas se tornem e se mantenham viáveis. Encontram possibilidades, delimitam novos mercados, ajustam seus produtos, trocam suas equipes, remodelam seus custos, enfim – criam.

Relatarei aqui uma situação que vivenciei, na qual uma empresa de desenvolvimento e implementação de sistemas precisava rapidamente melhorar sua produtividade de maneira acentuada. Caso isso não acontecesse, seria inevitável a redução de investimentos e consequente perda de ativos, pessoas, posição no mercado e valor da marca. O gestor desta organização reuniu todas as principais pessoas do time – não apenas os gestores formais, mas também os formadores de opinião, os mais jovens, os mais experientes, colegas ligados a diferentes áreas da organização. Ele então expôs a situação de maneira detalhada, apresentou e explicou quais indicadores de performance estavam indo mal, e sua visão das causas desta má performance. Explicou ainda que, no ritmo corrente, em poucos meses seria inevitável o pior cenário. Neste pior cenário, detalhou o que aconteceria com cada área, quais setores seriam eliminados, fundidos ou reduzidos. Mas ele também convidou todos a pensar, contribuir com ideias e alternativas para que os indicadores melhorassem e o cenário de curto prazo pudesse ser evitado.

Neste dia, ele certamente perdeu alguns colaboradores. Nem todas as pessoas teriam o grau de envolvimento ou identificação com o grupo para encontrar dentro de si soluções para o dilema em questão. Algumas passaram automaticamente ao "modo sobrevivência". Algumas, a propósito, eram talentos raros. Estes talentos sabem que em pouco tempo teriam suas situações particulares resolvidas. De fato, poderiam até serem beneficiados com a situação. Não há nada errado nesta postura. É absolutamente humano, natural. Estas pessoas, a partir de agora, seriam observadoras críticas dos próximos eventos e tomariam suas decisões racionais e pragmáticas baseadas em sua percepção a respeito de "ficar no barco" ou pular dele enquanto é tempo. E este é o primeiro benefício que o gestor teve com sua atitude: ele sabe com quem não pode contar e terá atores racionais, desinvestidos emocionalmente, e pragmaticamente julgando os próximos eventos, o que lhe oferece, então, uma baliza interessante para contrastar suas próprias impressões.

Por outro lado, neste dia ele também despertou alguns empreendedores. Pessoas que a partir daquele momento teriam o senso de urgência para opinar – e agora foram convidadas ou mesmo convocadas a isso – e dar início a um caldo de cultura que entra em rápida ebulição: pessoas empreendedoras motivadas a resolver uma necessidade primordial. Muitas ideias surgiram... Como melhorar a gestão de projetos, como reduzir o tempo ocioso de equipes caras e de difícil mobilização, como descontinuar certos projetos deficitários e reaproveitar recursos. Muitas ideias sugeridas já haviam sido discutidas anteriormente, mas não haviam sido aproveitadas. Mas, além destas alternativas "regurgitadas" pela premência de um cenário desfavorável, surgiram outras soluções que não haviam sido consideradas anteriormente.

Tirando proveito destas ideias, o gestor conseguiu modificar a expectativa da alta direção da empresa em relação à performance desta organização, implementar novas práticas, quebrar alguns conceitos internos e externos junto ao mercado para conquistar novos segmentos e revigorar a unidade. Alguns dos "céticos" se convenceram e passaram a contribuir com seu talento nesta nova realidade do grupo. Hoje, a empresa continua sendo uma referência importante em sua área e um polo de atração e formação de talentos, conhecidos no mercado por sua capacidade de adaptação e criatividade.

Neste relato havia uma situação premente, desagradável, que poderia trazer consequências negativas a todo um conjunto de pessoas. Mobilizar indivíduos, direcionar sua energia e despertar seu potencial nesta situação é um grande desafio, mas, de certa forma, o impulso criativo é quase instintivo. Porém, é importante saber criar estes ambientes de ebulição criativa em qualquer contexto. O espírito competitivo, a satisfação de conseguir ver suas ideias e estratégias executadas e experimentar o sucesso (e também o fracasso) são ingredientes presentes em todos. Empresas ou equipes criativas sabem galvanizar e turbinar estes sentimentos, tirando o melhor gênio de dentro de cada um.

Desse modo, mantenha vivo o empreendedor que existe em você e contamine suas equipes com este espírito. Compartilhe com total transparência qual é a necessidade fundamental que você e seus associados devem atender. Elimine a condescendência, ou qualquer fator que possibilite que esta necessidade seja atendida de modo paliativo – assuma as consequências disso. Remediar uma questão primordial sem de fato resolvê-la é como mascarar os sintomas de uma doença sem tratá-la. Pior, é um desperdício, pois a energia vital e o foco que devem ser aplicados em conseguir ideias e alternativas ficam amortecidos, represados e diluídos na forma de frustração, rumores e desmotivação. Se a empresa precisa tomar medidas difíceis, é melhor que todos os envolvidos saibam a respeito e conheçam bem qual a magnitude dos impactos caso isso não aconteça. E é igualmente importante comunicar as consequências, benefícios e recompensas se e quando tudo der certo.

Inovar é necessário. Ganhar escala é vital!

Grandes inovações são aquelas que você nem percebe, mas de repente se tornam parte de sua vida. De modo quase imperceptível, alcançam uma escala de utilização impensável dentro do período de tempo em que amadurecem. Respondem de modo quase óbvio a uma necessidade latente de um segmento de atuação.

É frequente hoje ver empresas que mantêm estratégias para fomentar a inovação em seus quadros. Existem diversas táticas neste sentido. Algumas criam núcleos de inovação. Outras desenvolvem programas internos de fomento, para garimpar de suas equipes aquelas ideias que lhes parecem fortes e adequadas o suficiente para merecer maior atenção e investimentos. Outras ainda estabelecem relacionamentos com a comunidade de *"startups"*. Ou associam-se com fundos de investimento que aportam todo um portfólio de serviços de gestão para fortalecer o processo de crescimento das ideias de negócio inovadoras nas quais acreditam. Há finalmente as que preferem comprar inovações, seja integrando patentes ao seu portfólio de produtos e ativos, ou mesmo integrando empresas inteiras à estrutura organizacional financeira e de gestão de um grupo.

Neste curto espaço, pretendo ressaltar um aspecto comum em todas as experiências de inovação em que atuei, direta ou indiretamente: grandes inovações vêm sempre acompanhadas de uma cadeia de valor que rapidamente multiplica sua produção em escala sem, ou quase sem, investimentos incrementais. Em outras palavras, atingem massa crítica de produção e uso, e a multiplicam até a saturação em um período muito curto, sem custos adicionais significativamente ou relativamente altos. Assumindo que a empresa encontrará alternativas inovadoras nas quais acredita e quer investir, é fundamental entender e determinar até que ponto o crescimento desta ideia em seu mercado de atuação é sustentável, e se vai necessitar de grandes esforços para multiplicar periodicamente sua escala. E aqui não se trata apenas de capital, mas de recursos humanos, aquisição e renovação de tecnologia, licenças governamentais, arcabouço jurídico, etc.

Em minha área de atuação – tecnologia em geral e comércio eletrônico – vivenciei casos em que ideias brilhantes, de forte impacto e com alta aderência ao mercado, sucumbiram por dificuldades de crescimento em escala. Houve sucessos, clientes se beneficiaram de sua utilização, e houve, inclusive, uma primeira onda de crescimento "3-dígitos" muito promissora. Porém, a partir de um certo ponto, infelizmente ainda não grande o suficiente para considerá-lo como ponto de saturação, seguir crescendo representava um custo incremental elevado. Assim, o crescimento e, portanto, a própria sustentabilidade desta estratégia inovadora passaram a competir diretamente e na mesma proporção com o próprio *"core business"* da empresa. Situações como esta são naturais. De fato, algumas empresas as encaram como um momento de reinvenção, e conseguem redirecionar e deslocar esforços de modo a priorizar o crescimento de suas divisões ou produtos inovadores. Promovem uma "canibalização criativa", na qual surgem as "vacas leiteiras", divisões e produtos legados que têm como principal objetivo financiar alternativas inovadoras e que apresentam melhores perspectivas estratégicas no longo prazo. Porém, estas estratégias por vezes consomem um tempo maior do que o ideal para superar esta fase de conflito interno e, com isso, perdem o vigor, ou permitem que competidores tomem espaço com ações mais rápidas e incisivas.

Neste artigo, gostaria de chamar a atenção para aquelas oportunidades de inovação que são mais simples e de execução menos complexa dentro do quadro geral de ativos e processos que já existem. Relembro aqui um caso em que, ao interagir com colegas da área de desenvolvimento, estes "descobriram" algumas rotinas de *software* que, com pouca adequação, poderiam ser adaptadas à necessidade comum a uma grande fatia de clientes em meu mercado e gerariam, então, uma nova forma de entregar nossos serviços de maneira inovadora. E poderíamos estender esta novidade a 100% dos clientes sem nenhum investimento adicional, além das poucas horas de desenvolvimento necessárias para este pequeno ajuste. Imagino quantas possibilidades como esta acabam morrendo antes de nascer, pois as empresas acabam engessando seu processo de inovação dentro de modelos rígidos, de certa forma "abençoados" pelo consenso da inteligência geral.

E aqui, retomo e reúno os dois conceitos trabalhados neste livro e neste breve e despretensioso relato. Criatividade e inovação caminham lado a lado. Não são conceitos ou processos estanques, a serem artificialmente colados como parte de desenhos estruturais de organizações. Tal como as pessoas que as concebem, ideias criativas e inovações que têm grande potencial de escala surgem em ambientes onde há transparência, espírito empreendedor, estímulo à competição e ao compartilhamento e, sobretudo, atenção e crença objetiva nas pessoas. Para além dos rótulos e das metodologias consagradas, está o "José", a "Joana", o time responsável por executar uma missão, e é dele que você depende. Todos queremos ser criativos, todos queremos inovar e, claro, todos queremos vencer. Conte com isso e seja o facilitador para que aconteça.

Coaching aplicado à TI, a inovação que pode trazer resultados

A prática do *coaching* no mundo corporativo é bastante difundida, porém na área da Tecnologia da Informação, muitas vezes, não damos a devida importância ao tema. O motivo? Temos missões muito críticas pela frente ou por não ser prioridade ou até mesmo por não se tratar de algo da área de exatas. Este texto destaca *cases* e situações onde o *coaching* aplicado à TI colaborou sobremaneira para a geração de resultados

Alexandre Ricoy

Alexandre Ricoy

CIO / DIRETOR DE TI da Havas Group, agência de *marketing* e propaganda de origem Francesa. Professor na Fundação Getulio Vargas nos cursos de PÓS-ADM e MBA, para as disciplinas de Gerência de Projetos (PMI) e Comércio Eletrônico, tendo desenvolvido o material completo para este último. Mais de 20 anos de experiência profissional na área de Informática, atuando em empresas de expressão como AVERY DENNISON, EQUANT (Orange), GLOBALONE TELECOM, NUTRON ALIMENTOS, IBM, PEOPLE COMPUTAÇÃO atuando, na maioria delas, como Gerente de TI. Possui MBA Americano em Administração de Negócios (MBA Pleno pela Fundação Getulio Vargas). Também MBA em Tecnologia de Informação Aplicada à Gestão Estratégica dos Negócios pela FGV. Além da Extensão Internacional (*International Strategic Business Leadership Paths to The Future for Brazilian Managers*) - Ohio University – College of Business. Graduado em Análise de Sistemas pela Pontifícia Universidade Católica de Campinas.

Contatos
falsarella@hotmail.com
(19) 99223-7173

Nos últimos dez anos de vida profissional como Diretor de Tecnologia da Informação, liderando times de TI basicamente técnicos, pude perceber a aderência do *coaching* orientado a profissionais da área de Tecnologia. Passei por várias empresas, nacionais e multinacionais, com suas diversas características. Às vezes me pergunto: qual o propósito de determinada empresa e por que ela existe?

Voltando ao tema do *coaching* orientado a profissionais que trabalham com TI: tudo começou em 2012, quando ao participar de uma reunião estratégica nos Estados Unidos, fui chamado pela minha CIO (*Chief Information Officer*) que me comunicara que a empresa havia decidido por terceirizar as áreas de TI com um único provedor mundialmente.

Estávamos em fevereiro de 2012 e a notícia era de que em outubro de 2012 a minha posição de Diretor de TI para a América do Sul seria extinta. Foi então que me colocaram o desafio de transformar a equipe de TI, partindo de um formato 100% hierarquizado, em que cada país da América do Sul tinha um Gerente de TI que se reportava diretamente a mim e que fazia a gestão completa da TI daquele país, para um formato orientado a processos. Explico: o Gerente de TI da Argentina, por exemplo, cuidava da gestão da Infraestrutura, Sistemas e Aplicações, *Business Intelligence, Service Desk* e Processos.

A nova empresa chegaria conectando torres por processo, por exemplo: a Infraestrutura seria uma disciplina regional e teria um único dono em vez de um em cada país. A implementação de Sistemas e Aplicações idem; um único gerente para toda a América do Sul. Desta forma, alguns certamente seriam desligados da empresa ao final, e os que ficassem teriam que se adaptar à nova realidade de trabalhos isolados, apenas gerenciando o contrato de sua respectiva torre. A minha missão era transformar esta organização em oito meses e preparar os processos para a chegada da nova empresa em outubro. Verdade que me foi dado a opção de saída naquele momento, com tudo pago regularmente, e mais um contrato de *outplacement*. Confesso que voltei para o hotel naquela tarde um pouco chateado e pensando no que fazer. No dia seguinte decidi aceitar o desafio e continuar até outubro; sentia que haveria alguma oportunidade nesse problema. Em busca dessa oportunidade e não querendo enxergar a possibilidade de ficar desempregado em oito meses, liguei para um amigo profissional de recursos humanos e contei a ele o que estava acontecendo, conforme relatei anteriormente.

Meu amigo fez uma pergunta: "Você sabe o que é *coaching*?" "Não!", respondi. "Então você precisa aprender o que é, pois isso vai te ajudar nesse projeto de transformação, sua e de sua equipe." Além de transformar a equipe, eu também precisava me transformar. Muitas vezes os profissionais do meu time traziam os problemas para que eu os resolvesse e, na ânsia de que isso acontecesse, apontava o caminho da solução. Se continuasse assim, eles nunca pensariam em soluções, em cenários para resolver os problemas, e ficariam eternamente dependentes de um superior hierárquico que em oito meses não estaria mais ali. Foi então que me inscrevi num curso de *Professional & Executive Coaching* em São Paulo.

O curso teve duração de 48 horas, divididas em dois finais de semana, incluindo as sextas. Entre o primeiro final de semana e o segundo tivemos um espaço de trinta dias para podermos aplicar as técnicas e trazermos os *cases* para a segunda sessão. Este mês foi muito transformador, a ponto de eu quase abandonar a profissão de analista de sistemas e iniciar a carreira de *coach*. Mas não podia, pois tinha assumido um compromisso com a empresa de finalizar esta missão. Afinal, missão dada é missão cumprida!

Foi então que, quando voltei à empresa no Brasil, comecei a transformação por mim mesmo. Quando meus colaboradores me traziam algum problema, na ânsia de receber um caminho a seguir, eu parava, puxava uma folha de papel em branco e começava a fazer perguntas a eles, listando as possíveis alternativas de soluções que eles mesmos estavam falando. Depois perguntava a eles: "Qual destas ações te parece que resolve na causa o problema sobre o qual estamos falando?". Imediatamente vinha a resposta partida deles mesmos "a alternativa dois mais a ação cinco resolvem o problema!" Então partíamos para a execução. Com isso, pude constatar a tese inicial de que as pessoas estão acostumadas à sua chamada "zona de conforto", um lugar que, com este nome, só pode ser bom pois zona de conforto transmite logo a imagem de um sofá super confortável, um delicioso *drink* e uma televisão ligada no programa favorito. O desafio está em motivar alguém a sair da zona de conforto. Mas você poderia me perguntar: por que alguém precisa sair da zona de conforto? A minha resposta: apenas para encontrar outra zona de conforto mais adequada. Muitas vezes a mudança é vista como um risco enorme. É como se você estivesse num trapézio, desses de circo, pendurado numa haste em pleno movimento, pronto para se soltar e agarrar a outra haste. Mas no meio tem um abismo e uma queda, e então vem o medo. Se eu pudesse te dar um conselho seria: nunca tenha medo, enfrente o medo, qualquer que seja ele pois, quando enfrentamos o medo, aquilo que parece gigante torna-se muito pequeno e sempre vencemos.

Certa vez o Roberto me procurou. Roberto era um profissional que trabalhava reportando-se diretamente para mim. Fazia implementação de sistemas, e havia perdido uma colaboradora, Andreia, que era seu braço direito. Andreia tinha decidido parar de trabalhar por um período, visando ocupar mais seu tempo na educação de seu filho, com quem estava ficando pouco e ele estava crescendo muito rápido. Roberto estava atarefado demais com muitos projetos para entregar naquele semestre e muitos deles começavam a atrasar, gerando mais *stress* e desconforto. Ele tinha formação em TI e processos, sendo *Black Belt 6 Sigma*, portanto, uma pessoa com conhecimento suficiente em projetos, sistemas, processos e, principalmente, priorizações. Quando Roberto me abordou naquela tarde chuvosa em Vinhedo, interior de São Paulo, ele me disse: — "Chefia... Estou ficando louco... Me ajuda?"

Imediatamente o chamei para uma sala de reuniões, arrumei um *flip chart* e duas canetas, uma azul e outra vermelha. Peguei uma folha em branco do *flip chart* e escrevi no título: "ESTOU FICANDO LOUCO". Pedi ao Roberto que por alguns instantes se desconectasse de tudo: do trabalho, da vida pessoal e dos problemas, e se concentrasse naquela frase.

Depois de uns trinta segundos, pedi a ele que começasse a me dizer quais coisas estavam deixando-o louco. Ele começou a falar e listou dezoito coisas que o estavam perturbando. Logo depois, ele se sentiu mais aliviado, apenas por ter listado o que o atrapalhava: pelo menos agora estava de frente para algo escrito e que saíra de sua mente. Foi então que o desafiei a priorizar os 18 itens em A, B e C, em que A representaria aqueles itens que o atrapalhavam muito a ponto de não deixá-lo dormir à noite, B eram aqueles problemas pendentes que o atrapalhavam, mas que com os quais ele conseguia conviver, e C eram aqueles que o atrapalhavam muito pouco. Ele priorizou apenas cinco itens com A. Eram cinco itens de 18, ou seja, o problema dele se transformara de 18 para cinco apenas. Depois disso, perguntei a ele qual destes cinco itens categorizados como A eram os que mais o aterrorizavam. A resposta imediata, o item nove – saída da Andreia- saltou como um rojão da boca dele. Bingo! Encontramos o principal problema! Ele tinha perdido a pessoa que mais o ajudava no trabalho, e o departamento de Recursos Humanos estava demorando muito para contratar um substituto para a posição. Por que não falamos com o RH para priorizar este assunto? Boa pergunta, não? Daí a percepção de Roberto, de que ele estava trabalhando nos outros 17 itens da lista, mas o foco deveria estar no item nove, fazendo com que o RH contratasse logo a/o substituto(a) da Andreia. Uma reunião com o RH e a contratação estava feita; em uma semana um novo profissional fora contratado e Roberto começou a sair da chamada "loucura" inicial. Um ponto importante a ressaltar aqui é que o Roberto é, e sempre foi, um profissional exemplar naquela empresa em que trabalhamos juntos. Semanas antes desta sessão de *coaching*, ele havia liderado uma dinâmica com os principais executivos da região da América do Sul, na qual ajudou a priorizar mais de 350 projetos estratégicos para a empresa. Estes projetos iam desde lançamento de novos produtos, estratégias de conquista de novos clientes, modificações em processos produtivos de fabricação, dentre inúmeros outros. A pergunta é: como um profissional deste tipo consegue lidar com uma situação tão relevante para a estratégia de uma empresa multinacional, prioriza os projetos, interage com executivos de alto escalão, mas não consegue ter uma reunião consigo próprio e levantar os projetos e atividades do seu dia a dia, priorizando-as para viver melhor? Muitas vezes é exatamente isso que acontece. O profissional tem alta performance na execução, mas não consegue mergulhar no seu interior para descobrir o que fazer para resolver seus próprios problemas. Tenho a impressão que isso acontece mais com os engenheiros, estatísticos e profissionais da Tecnologia da Informação, uma vez que estes estão muito focados nos conhecimentos e habilidades.

Um outro *case* que posso citar é o do Rodrigo. Ele trabalhava para mim por seis meses como Analista Sênior de BI (*Business Intelligence*). Vindo da IBM, estava bem empregado por lá, mas decidira participar do processo seletivo conosco e escolheu vir trabalhar em meu time de TI. Usávamos na época o Cognos BI, uma ferramenta de propriedade da IBM, motivo pelo qual fui prospectar os candidatos na BIG Blue. Tínhamos acabado de implantar um Módulo do Cognos para a área financeira da empresa. Essa havia sido envolvida completamente nas fases de levantamento de necessidades, análise de requisitos e solicitação de customizações. Já estávamos "em vivo", como se diz na linguagem de TI, ou seja, o sistema já estava homologado pelos usuários-chave e colocado em ambiente produtivo para utilização. Neste momento entra o Rodrigo para trabalhar conosco.

Em pouco tempo, percebe que o uso da ferramenta era insignificante para o total de investimentos que a empresa havia realizado para tal projeto, e mais: uma carga de utilização muito pequena para o potencial da ferramenta. Foi então que ele, depois de três meses trabalhando comigo, veio conversar sobre o assunto, dizendo que não entendia porque o uso era tão baixo, e me perguntou o que fazer para elevar a taxa de uso do sistema, iniciando uma transformação. Apenas para esclarecer um pouco mais ao leitor: um sistema de *Business Intelligence* serve para ajudar os gerentes de Diretores - ou aqueles a quem estes delegam atividades, a tomarem decisões estratégicas para a empresa. Quando aplicado numa área financeira, por exemplo, ele ajuda a visualizar um fluxo de caixa projetado e, portanto, contribui para a tomada de decisão sobre o pagamento de dívidas com fornecedores, ou investimentos em projetos e ativos. Dentre outras inúmeras contribuições, poderia citar também a inadimplência.

Quando o sistema de BI mostra a carteira de inadimplência de um segmento ou da empresa inteira, contribui para decidir quais clientes cobrar, que taxa de juros aplicar, que clientes não cobrar, etc. Poderíamos também entregar um P&L (*Profit & Loss*), uma análise de produtividade por produto ou por cliente, por exemplo, com a facilidade de descer o nível da análise desde as receitas (*top line*) até as despesas operacionais, chegando ao nível das notas fiscais de clientes e fornecedores. O que quero dizer com os parágrafos acima é que um sistema de *Business Intelligence* é demasiadamente importante para o gestor da empresa conseguir tomar suas decisões, olhando para frente e não para o passado distante.

Pois bem. Quando Rodrigo se depara com a situação de que os principais gestores da empresa NÃO estavam utilizando esta ferramenta, fica indignado e se desmotiva. Então me procura para eu dizer a ele o que fazer. Um *coach* nunca diz o que fazer; ao contrário do que imaginamos, o *coach* ajuda o *coachee* a pensar em uma solução que saia da própria cabeça pensante dele. Eu sabia o que fazer, mas não podia simplesmente entregar a resposta sem colocar o profissional para pensar sobre isso. Foi então que, mais uma vez, saquei uma folha de papel em branco e saímos a listar ideias de como melhorar o uso da ferramenta. A pergunta era: que ações devemos tomar visando incrementar o uso do BI? Rodrigo listou as atividades abaixo num tempo que levou uns 30 minutos. Seriam coisas como: contato inicial com as pessoas que não estão utilizando para entender os motivos; fazer uma demonstração do produto / sistema a estas pessoas; aplicar alguns ajustes necessários; vender a ideia do uso ao principal patrocinador da ferramenta - que no caso era nosso CEO; e aí por diante.

Feito isso, pedi ao Rodrigo que classificasse todas as ações em possíveis de serem feitas em três categorias: ações que seriam concluídas em um prazo de 24 horas, ações para serem concluídas em sete dias e ações a serem concluídas em 30 dias. Pronto: tínhamos um plano de ação de curto, médio e longo prazo, em que o longo prazo eram os 30 dias, que tinha como objetivo de "aumentar o uso de um sistema de BI".

Bastava agora executar o plano à risca, e foi o que Rodrigo fez. Após 24 horas, me prestou contas apresentando o *status*, o mesmo acontecendo em sete e em 30 dias. Em 30 dias houve um aumento medido de 93,3% no uso da ferramenta. Pessoas que nunca haviam logado agora o utilizam muito. Pessoas que usavam pouco haviam ampliado o uso. Ou seja, fantástico! O que fizemos aqui? *Coaching*!!

4

Uma trajetória de sucesso

Qual a receita para ser um vencedor? É uma somatória de fatores que se acumulam desde a infância; são três pilares mestres: respeito a si mesmo e aos outros; transparência nas comunicações e ética nas relações. O "vencedor" é, a meu ver, aquele que faz diferente, que cria vínculos fortes e verdadeiros com seu entorno, que deixa em tudo sua marca pessoal. Para tanto, ser criativo é fundamental!

Alma Flora Lima Custódio

Alma Flora Lima Custódio

Atua há mais de 30 anos em Recursos Humanos, é Sócia diretora da Trajetória RH, consultoria que tem como foco o desenvolvimento e implementação de projetos que viabilizem o desenvolvimento de Organizações e Pessoas. Graduada em Psicologia Clínica, Educacional e Organizacional. Palestrante na área de comportamento e gestão de pessoas. Especialista em orientação de carreira. Desenvolve trabalhos na área industrial, varejista, automotiva, farmacêutica, comunicação, saúde e alimentícia.

Contatos
www.trajetoriarh.com.br
flora@trajetoriarh.com.br
(11) 5904-7480

28 | Criativos e inovadores

Quando recebi o convite para participar do livro "Criativos, inovadores e...vencedores", compartilhando um pouco de minhas experiências e conhecimento, comecei a me perguntar se, em minha trajetória profissional ou pessoal, teria havido um fato pontual, um "divisor de águas", um marco que poderia ser considerado decisivo para que eu fosse merecedora dessa proposta.

Nesses quase quarenta anos de carreira, tendo vivido tantas e tão diversificadas situações, percebi que toda essa vivência muda nossa forma de olhar para fora, de compreender o mundo que nos rodeia, mas nunca mudará o que somos por dentro e, por essa razão, ainda trago muito viva grande parte das experiências que tive na infância.

Um vencedor não nasce vencedor. Todas as pessoas que hoje admiramos e nas quais nos espelhamos desenvolveram habilidades, estratégias e técnicas para chegarem à excelência ao longo de suas carreiras e, para tanto, tiveram que usar muita criatividade e inovação. Isso inclui, sem dúvida alguma, aceitar com positividade as dificuldades impostas para depois poder transformá-las em aprendizado. Pensar assim foi certamente o primeiro passo para que eu chegasse até aqui.

Nasci em uma família peculiar. Meus pais eram mineiros de Juiz de Fora e, quando se casaram, meu pai tinha 65 anos e era um viúvo com dois filhos mais velhos que minha mãe, praticamente uma menina, com 15 anos, absolutamente apaixonada e decidida a lutar por seu amor. Ainda em Juiz de Fora, nasceram meus dois irmãos mais velhos, e meus pais vieram para São Paulo com o sonho de conseguirem ter uma vida melhor. Aqui nasceram mais quatro filhos, dos quais sou a penúltima.

No total, em minha casa éramos em dez pessoas! A vida não foi nada fácil e havia dificuldade para tudo. Morávamos em uma casa simples e pequena, mas recheada de muita educação, respeito, companheirismo, alegria e amor. Tenho certeza absoluta de que esta foi a base de minha formação.

Creio que o maior legado de meus pais foi o de nos mostrar, por meio de muitos exemplos, que para sermos alguém na vida precisávamos estudar, compreender o que queríamos e, em hipótese alguma, poderíamos desistir de nossos sonhos; independentemente de nos tornarmos pessoas "importantes" ou não, deveríamos ser felizes e aprender a valorizar todas as nossas conquistas.

Meu pai era restaurador de livros raros, acho que nasceu daí meu respeito, cuidado, carinho e crescente fascinação por leitura. Vivia com um livro nas mãos, era meu brinquedo favorito, e ficava olhando as figuras. Aprendi a ler com seis anos, numa época em que isso era incomum.

Às vésperas de eu completar sete anos, meu pai morreu, e minha mãe teve que assumir a responsabilidade de criar os filhos sozinha, pois não tínhamos nenhum parente em São Paulo. Aquela mulher, com todas as suas dificuldades, foi a maior responsável por nos manter unidos e, principalmente, por nos incentivar a continuar nossos estudos.

Naquela época eu desejava tantas coisas, vivia sonhando com um futuro rico e hoje, no entanto, entendo que preciso de tão pouco para ser feliz...

Tenho muitas lembranças boas dessa época! Na minha casa tudo tinha que ser conquistado, nada vinha "de bandeja". Meus irmãos começaram a trabalhar muito cedo e, aos 14 anos, quando eu resolvi que era hora de trabalhar, já sabia o que queria. Aliás, o melhor de tudo é que já sabia o que não queria fazer e essa noção, nessa idade, fez toda a diferença. Minhas preferências eram sempre estar com pessoas, eu era muito falante e adorava uma boa conversa. Nunca pensei em seguir qualquer carreira que exigisse afinidade com a área de exatas e a remuneração precisaria permitir que eu conseguisse ajudar nas despesas de casa. Sem me dar conta, lá estava eu, aos 14 anos de idade, traçando meu destino profissional! E, assim, meu primeiro trabalho foi como auxiliar administrativo em uma grande empresa, o que me possibilitou ingressar e aprender muito sobre os mistérios do mundo corporativo em plena década de 1970. Eu trabalhava com um grupo de analistas de processamento de dados, auxiliando-os em questões administrativas, e naquela ocasião eles estavam com um problema recorrente de reclamação por parte de alguns clientes quanto a um determinado produto. Eu sempre ouvia as conversas dos analistas em busca de uma solução. Percebia que eles não saíam do lugar comum, ninguém olhava para o outro lado e sempre tentavam resolver a questão da mesma forma: enviavam uma carta (na época não existia *e-mail*) e se desculpavam, o que não estava adiantando. Foi nesta situação que eu pensei: por que não falar pessoalmente com o cliente? Daí eu perguntei por que eles não convidavam o cliente a ir até a empresa e poderiam juntos encontrar uma solução. Sugeri também a distribuição de brindes de outros produtos que tínhamos para os clientes, mostrando todo nosso leque. Eles gostaram muito da ideia e, a partir daí, mudaram a forma de resolver essas situações, o que só fortaleceu o relacionamento com os clientes e baixou para zero o número de reclamações.

Depois deste fato, eu sempre era convidada a almoçar com o grupo e também aprendi muita coisa a respeito de processamento de dados (apesar de não gostar muito). Fiquei por dois anos nessa empresa, me desliguei e fui convidada por um grande amigo a ingressar em outra empresa, agora na Área de Recursos Humanos em Treinamento e Desenvolvimento. Foi neste momento que eu me encontrei profissionalmente e tive certeza de que era isso que queria fazer como "gente grande".

Nesta ocasião conheci meu esposo, aos 16 anos de idade, e depois de dois anos eu já tinha economias suficientes para comprar meu primeiro apartamento. Mas, como era menor de idade, minha mãe me emancipou para que eu pudesse me casar. Logo fui transferida para o Departamento de Recrutamento e Seleção e definitivamente decidi que RH era o meu caminho, tanto que comecei a cursar Psicologia.

Nos anos 90 fui mãe e comecei a trabalhar em consultoria, um mundo à parte: a adrenalina, o comprometimento, a energia e a rapidez na entrega dos trabalhos eram alucinantes, e isso fez com que eu me apaixonasse por este segmento. Aprendi muito sobre este universo e desde os primeiros dias já entendi que para crescer neste mercado era necessário ter um diferencial, algo além de simplesmente oferecer um custo mais baixo que o dos concorrentes.

Desde então, coloquei em prática os conceitos aprendidos na minha formação pessoal: ter objetivos definidos, foco, disciplina, persistência, autoconfiança, automotivação, equilíbrio frente às dificuldades, criatividade, proatividade, ter clareza na comunicação, ser rápida para tomar decisões acertadas e, o mais importante, respeitar as pessoas. Dessa forma, consegui estabelecer um relacionamento muito bom, desenvolvendo confiança e construindo *networks* sólidas e constantes na área de Recursos Humanos.

Em 2002, abri minha própria consultoria, o que tem sido uma experiência sensacional, pois pude definitivamente imprimir minha marca diferenciada na maneira de prestar este serviço, sempre tendo como pilares o respeito, a transparência e a ética. Aprendi a me colocar no lugar do outro e a ser empática; tenho sempre um sorriso genuíno no rosto. Estou sempre pronta a ajudar e não tenho dúvida de que o sucesso desses 15 anos de existência da Trajetória RH se deve a esses três pilares básicos, sob os quais fui criada e procuro construir minha vida pessoal e profissional.

Sempre tive em mente que o respeito aos direitos de nossos semelhantes (e o cliente, obviamente, é parte disso) torna as relações justas e honestas, permeadas sempre por honra às pessoas que somos, às nossas possibilidades e escolhas, às nossas crenças e convicções, bem como aos limites que estabelecemos. Há um ditado que eu gosto muito e procuro praticar no meu dia a dia: "Seja feliz, com a consciência tranquila de que ninguém ficou sem saber o quanto você respeita a paz do outro."

Aprendi que a comunicação e a linguagem devem ser verdadeiras no sentido literal, adequadas ao cliente; é preciso saber medir a qualidade das palavras, ora mais simples, ora mais técnicas, ora mais rebuscadas, mostrando sempre segurança, objetividade, transparência e clareza. Antes de qualquer trabalho eu sempre estudo o possível cliente, pois é impossível atender bem se não souber o que o cliente busca, se não tiver conhecimento e ciência dos motivos que o levaram a se relacionar conosco.

No que diz respeito a ser inovador, empreendedor e criativo no mundo empresarial, há que se dizer que nem tudo são flores! O inovador é, de antemão, um insatisfeito. Alguém que não se dá por vencido, que não se deixa convencer pelas facilidades da zona de conforto, pela qual boa parte das grandes e bem-sucedidas empresas se deixam encantar. Afinal, se o time está ganhando, para que mexer? No entanto, penso que muitas vezes esse "ganho" pode ser ilusório, ou até uma perda. Cabe ao inovador a maturidade de perceber a necessidade da inovação e, nesse caso, a ousadia de buscar soluções fora "do quadrado", o que pode incomodar muita gente.

Mesmo assim, há momentos em que ser criativo e inovador é condição fundamental para a continuidade do sonho de empreender. No meu caso, quase sempre foi assim! Alguns exemplos:

Em meados de 2003, logo no início das atividades da Trajetória RH, fechamos um grande projeto para seleção de *trainees*, em que esperávamos aproximadamente 1.500 inscrições em todo o Brasil. Esse montante, para nós, uma consultoria pequena e iniciante, era estrondoso! Entretanto, nos preparamos com todos os recursos que julgamos necessários, desde as melhores e mais modernas ferramentas técnicas e administrativas até as operacionais e humanas. Ao final do período de inscrições, nos deparamos com 20.000 nomes! Tínhamos que ser rápidos e eficazes. Não poderíamos nos dar ao luxo de errar e perder a oportunidade de nos firmarmos no mercado. Imediatamente, reuni meu time, e juntos levantamos todas as ideias que nos vinham à mente. Com o envolvimento, respeito às considerações e experiências de todos, conseguimos realizar o programa, atendendo e superando as expectativas do cliente. Tudo foi feito num clima de muita cooperação; trabalhamos e nos divertimos muito. Até hoje, quando nos juntamos para falar de nossas realizações, vemos fotos e quase duvidamos de termos conseguido. Mas conseguimos!

Em meu segmento é muito comum atendermos empresas multinacionais já há muito consolidadas no mercado. O que fazer para que essas empresas nos enxergassem? Para que vissem na Trajetória RH a parceira ideal para suas demandas de recrutamento e seleção? Era preciso ser menos óbvio, mais encantador, unindo capacidade técnica, ferramentas inovadoras, expertise e um toque de ousadia. Assim, apresentávamos processos seletivos totalmente personalizados para cada empresa atendida, utilizando e fortalecendo no processo seletivo suas marcas.

Também enfrentamos momentos de crise, especialmente neles a criatividade tem que permear as decisões do empresário vencedor. Nada mais desalentador do que ver seu próprio time preocupado ao notar a diminuição de projetos e trabalhos. Novamente, como de costume em momentos decisivos, reuni meu pessoal e expus a realidade da situação. Como disse anteriormente, a comunicação deve ser sempre límpida, íntegra, garantindo o acesso a toda informação que possa ser de interesse dos colaboradores. Só assim podemos chegar a soluções nos impasses que não sejam traumáticas e que possam ajudar o grupo a crescer junto. Em conjunto, chegamos à conclusão de que seria melhor reduzir a carga horária de todos, em vez de demitir um ou outro. Assim foi feito, e conseguimos manter todo o time para as próximas demandas.

Enfim, como mensagem final para quem pensa em trilhar os caminhos do empreendedorismo, gostaria de dizer que, para mim, uma pessoa vencedora está muito além daquela que possui uma gorda conta bancária. É aquela que, de uma mescla entre valores éticos, integridade nas relações, observação, ponderação, inteligência, energia e audácia, consegue fazer as melhores escolhas, para sua empresa, para sua família e para si mesma, buscando, ao final de tudo, uma vida plena e feliz. Boa sorte!

5

Diagnóstico comportamental com foco em inovação

Todo processo de desenvolvimento deve ser precedido de um diagnóstico, para que possamos identificar qual será o foco e definição dos resultados esperados. Nesse caso, o diagnóstico deve ser feito a partir do *feedback* das pessoas com as quais nos relacionamos. Quando saímos de casa, nos olhamos no espelho para garantir que estamos bem, estamos checando a "embalagem", já a nossa essência só pode ser vista por intermédio de nossos comportamentos e de como impactamos o ambiente. A única forma de avaliar isso é pelo *feedback* do outro

Ana Costa

Ana Costa

Psicóloga, mestre em administração pela FEA USP, especialista em psicologia do trabalho pela FGV, com extensão em recursos humanos pela Universidade de Michigan e MBA executivo internacional pela FIA. Possui 25 anos de vivência na área de gestão de pessoas, comunicação e sustentabilidade. Atuou como diretora de RH do Brasil e da América Latina, em empresas nacionais e multinacionais, desenvolvendo projetos de *change management*, alinhamento estratégico, implantação de programas de responsabilidade social e sustentabilidade, novos modelos de gestão, plano de carreira e sucessão, gestão de talentos, integração de diferentes culturas em processos de fusões e aquisições. Além da experiência como executiva na área de gestão de pessoas possui experiência como empresária.

Contatos
www.tdcompany.com.br
anacosta@tdcompany.com.br
(11) 98387-7469

Qual a diferença entre ser criativo e inovador? Eu vou responder esta pergunta sob a perspectiva de uma organização. As empresas consideram criativas as pessoas que apresentam ideias e alternativas diferenciadas para problemas rotineiros, são as pessoas inconformadas que buscam a melhoria e ousam fazer diferente. A pessoa inovadora vai além da criatividade, é aquela que descobre novos mercados ou transforma os já existentes com produtos/serviços diferenciados. Os inovadores costumam inspirar e formar equipes que os ajudam a fazer acontecer, pois valorizam as contribuições de cada membro do time. Costumam ser conectados com o mercado, as tendências e as demandas futuras da empresa.

O inovador não se preocupa em defender a sua própria ideia, mas descobrir e desenvolver, junto com a equipe, a melhor proposta, a mais inovadora. Dessa forma, ele tem a força do comprometimento de todos para torná-la viável e implementá-la, o que é muito importante. O inovador cria a sua volta um ambiente exigente relacionado a resultado, mas tolerante aos erros e as tentativas frustradas de fazer diferente.

Diante de um mercado cada vez mais competitivo e impactado por muitas mudanças, as empresas buscam os profissionais inovadores para as suas equipes, principalmente nas posições de liderança. Por essa razão, cada vez mais se faz necessário desenvolvermos essa competência. Entretanto, nem sempre as organizações conseguem criar ambientes propícios à inovação, o que faz com que adotar tais comportamentos seja um grande desafio, mesmo para as pessoas propriamente desenvolvidas. É preciso saber lidar com ambientes pouco receptivos e intolerantes aos erros e a novas ideias.

A capacidade de inovar é inata ou podemos desenvolvê-la? Esta é a pergunta que, invariavelmente, todos me fazem. A resposta é: sim. Podemos desenvolver a capacidade de inovar e o primeiro passo para trabalharmos nosso *mindset* nessa direção é nos conhecermos melhor.

Temos o hábito de entender o que o mercado e as empresas buscam e procuramos nos adequar a esses novos conceitos. Entretanto, para adotarmos qualquer plano da ação para desenvolvimento é preciso sabermos onde estamos e qual o *gap* para chegarmos ao nosso objetivo. Além de conhecer nossos atributos que contribuirão para alavancar o nosso processo de desenvolvimento, precisamos mergulhar em nós mesmos para entendermos como funcionamos e o quão distante estamos do perfil inovador. Dessa forma, será possível definirmos com clareza o nosso "de ... para".

O "de" significa onde estamos e o "para" onde queremos chegar. Como podemos fazer isso sem nos deixar levar exclusivamente pela nossa própria percepção?

A proposta é fazermos um autodiagnostico, o primeiro passo é identificarmos o que nós queremos diagnosticar. A definição do foco é fundamental, pois vai garantir que vamos levantar dados consistentes com esse objetivo.

Um diagnóstico comportamental não deve ser feito exclusivamente com a nossa percepção, mas deve considerar a percepção das pessoas com as quais nós nos relacionamos. É aconselhável checagens com pessoas que estão conosco em contextos pessoais e profissionais.

O primeiro passo é definirmos o que queremos saber e, para isso, a recomendação é fazermos uma pesquisa simples e objetiva, evitando causar qualquer tipo de constrangimento para quem vai responder, uma vez que, por razões óbvias, as respostas não serão anônimas.

O segundo passo é identificarmos quem serão as pessoas que responderão nossa pesquisa. Alguns critérios devem ser considerados, tais como o nível de relacionamento que a pessoa tem conosco e a relação de confiança. Nós precisamos confiar nas respostas que receberemos e na capacidade crítica da pessoa, do contrário não fará sentido o levantamento. Não adianta convidarmos um "amigão" daquele tipo que só elogia, porque essa pessoa certamente não agregará muito valor.

O terceiro passo é termos uma explicação clara sobre o processo, destacando o quanto a resposta honesta contribuirá para o nosso plano de desenvolvimento. No quarto passo, nós devemos responder as questões antes de ter a resposta das pessoas convidadas. Em seguida, cruzar as informações para checarmos como está nosso autoconhecimento frente à percepção das pessoas com as quais nós interagimos.

Por último, devemos traçar um plano de ação, definindo o que deve ser prioridade ao nosso desenvolvimento e o que não deve ser esquecido sobre a evolução.

Bem, vamos começar agora com os comportamentos esperados para uma pessoa considerada inovadora. É claro que isso varia conforme o ambiente que ela está inserida, no entanto, pode ser observado que esses comportamentos costumam predominar nos indivíduos considerados inovadores.

1) Coragem - coragem para discordar da maioria ou apresentar uma ideia que não faz muito sentido naquele contexto. Não tem medo de errar ou mesmo de parecer ridículo. Gera conflitos construtivos e quebra paradigmas.

2) Conectividade – procura manter-se conectado a pessoas, ideias e contextos diferentes. Atuando como facilitador e gerando conexões entre indivíduos e grupos.

3) Inconformismo – questiona o que está estabelecido, procura analisar sob perspectivas diferentes uma mesma situação, buscando alternativas. É importante destacar que essa atitude deve ser acompanhada de consistência, ou seja, não é apenas questionar o status quo, mas fazê-lo com um propósito.

4) Curiosidade – costuma observar bastante, demonstrando interesse por pessoas, situações e coisas que não necessariamente estão relacionadas ao seu trabalho. Admira o novo e o diferente, tem interesse em saber mais, conhecer, descobrir.

5) Ousadia – procura novos caminhos, redireciona sua rota e promove mudanças constantemente, desde pequenas coisas na sua mesa, os móveis da sua casa, até mudanças maiores em processos estabelecidos. Ousa ir além.

6) Inspiração – mais do que inspirar os outros é preciso ter sensibilidade para se inspirar. Trata-se de uma pessoa que impacta o outro e que se deixa impactar pelas contribuições dos demais, não fica focada somente nas suas próprias ideias. Cria um ambiente de confiança onde é possível errar e opinar sem ter a preocupação de parecer ridícula.

7) Consistência – para mim, esse é o ponto mais importante. Todos nós devemos trabalhar nossa própria consistência e, para isso, é importante conhecermos bem o nosso trabalho, estarmos sempre atualizados e muito bem fundamentados conceitualmente, isso significa que precisamos ler e estudar constantemente. Não importa se a sua área é humana ou exata, o conceito existe em tudo o que fazemos.

Por último, você deve avaliar o contexto no qual está inserido, para entender o quanto ele vai favorecer ou não o seu desenvolvimento.

Contexto organizacional – esse é o último, mas tão importante quanto os demais e deve ser analisado separadamente. Essa análise deverá ser feita apenas pelas pessoas que convivem nesse mesmo ambiente. É aqui que você vai entender o quanto esse movimento seu de mudança será suportado e até estimulado pela empresa na qual você trabalha ou não.

Com o entendimento claro dessas questões, basta compartilhá-las com as pessoas que farão a sua avaliação pedir que elas deem uma nota de zero a cinco, sendo cinco para os comportamentos que você demonstre com frequência. Peça também um exemplo para cada um, pois isso vai ajudá-lo a entender a razão da avaliação. Não esqueça de fazer a sua avaliação antes, também, com exemplos. Em seguida, veja uma ferramenta que vai auxiliá-lo nesse processo de avaliação.

Comportamentos	Definição Significado de cada comportamento	0	1	2	3	4	Total
Coragem	Apresenta as suas ideias mesmo que sejam divergentes da maioria, não tem medo de discordar, errar ou mesmo de parecer ridículo. Gera conflitos construtivos.						
Conectividade	Busca manter-se conectado a pessoas, ideias e contextos diferentes. Atua como facilitador, gerando conexões entre indivíduos e grupos.						
Inconformismo	Questiona o que está estabelecido, não se conforma com o padrão, procura analisar sob perspectivas diferentes uma mesma situação, buscando alternativas.						
Curiosidade	Admira o novo e o diferente. Tem interesse em saber mais, conhecer, descobrir.						
Ousadia	Procura novos caminhos, redireciona sua rota e promove mudanças constantemente. Ousa ir além.						
Inspiração	Impacta o outro e se deixa impactar pelas contribuições de outras pessoas, não fica focado somente nas suas próprias ideias.						
Consistência	Conhece bem o seu trabalho, está sempre atualizado, lê, estuda e apresenta suas ideias bem fundamentadas.						
Total							
Contexto	O quanto o ambiente organizacional favorece e valoriza a inovação.						

Análise comparativa

Comportamentos	Autoavaliação	Resultado da pesquisa	Discrepâncias
Coragem			
Conectividade			
Inconformismo			
Curiosidade			
Ousadia			
Inspiração			
Consistência			

Não esqueça de considerar os exemplos, pois são eles que o ajudarão a entender as discrepâncias e a identificar o que você precisa ajustar.

Caso o contexto não seja favorável, você terá um desafio ainda maior para desenvolver a sua capacidade de inovar. Mas, caso esteja em um ambiente favorável será mais fácil desde que não haja excessiva pressão nesse sentido. A pressão pode gerar uma ansiedade maior, estabelecendo comportamentos inovadores que não são genuínos e são adotados apenas para atender a demanda do ambiente.

O que fazer com os resultados recebidos? O primeiro passo é identificar as diferenças entre a sua percepção e a das pessoas que fizeram a avaliação. Procure detectar se existe diferença entre o contexto pessoal e profissional. Nesse caso, é preciso entender o quanto o contexto que você está inserido impacta no seu comportamento, analisando as razões das diferenças.

O autoconhecimento é uma jornada, não é simples, demanda tempo e persistência. Nós conseguimos nos ver por meio do outro, não existe um espelho que mostre nosso comportamento, precisamos do próximo. Portanto, mãos à obra, lembrando que essa obra que está lapidando é, sem dúvida, a mais importante, pois trata-se de si mesmo.

Agora vamos identificar os pontos fortes que serão as alavancas para a mudança. Comece a se observar e defina um plano para potencializar esses comportamentos.

A auto-observação será crucial nessa etapa, pois você começará a exercitar o autoconhecimento na prática.

Por último, vamos trabalhar os *gaps*, que são aqueles comportamentos que necessitam de melhoras. Procure fazer diferente, exercite a mudança que você deseja, fique atento ao que o impede e respeite o seu limite.

Nunca esqueça, não gaste mais energia nesse ponto do que no anterior, as alavancas devem ser suas prioridades. Identificar os *gaps* servem para que você possa gerenciá-los, impedindo que eles comprometam o seu processo de mudança, pois as nossas limitações são, na verdade, nossas defesas.

Isso mesmo, nossos limites são as defesas que visamos proteger de frustrações e qualquer outro sofrimento emocional. Portanto, é preciso cautela em todo processo de mudança de destinos, incluindo questionamentos tais como: até onde podemos ir? A mudança é um desejo nosso ou é uma imposição do ambiente? Será que não vale a pena avaliar a continuidade nesse ambiente?

No final das contas, é o nosso desejo por transformação que nos tornará pessoas melhores e nos fará ainda mais felizes.

Outro ponto importante são as suas expectativas, lembre-se que um processo de mutação é lento e deve ser feito gradual. Não tenha urgência, confie na sua capacidade de mudar e, quando tiver alguma recaída, não desista. Dê uma outra oportunidade a si. Assim como você não deve ser complacente demais consigo, seja exigente e se cobre resultado, estabeleça um plano com metas claras.

Como já mencionado, trata-se de uma jornada, feita de pequenos desafios, procure se observar e tentar pensar sob diferentes perspectivas, fique atento às reações que você desperta, busque *feedback*, reconheça e valorize cada transformação. O mais importante é que você se conheça e, com isso, possa assumir a direção, fazendo a gestão dos seus próprios comportamentos.

Referências

DAUILIBI, Roberto, SIMONSEN, Harry Jr. *Criatividade e marketing - SAMPLE - O clássico dos livros de marketing.* M.BOOKS, 2008.

HOWE, JEFF ITO, JOI. *Como sobreviver ao nosso futuro acelerado.* Alta Books, 2017.

Seja extraordinário

Você investe tempo, energia e dinheiro para ser o melhor ou o menos ruim?

Ana Rodrigues

Ana Rodrigues

Ana Cláudia Rodrigues Müller é advogada, Professora Doutora de Direito Processual Civil e tem mais de 20 anos de sólida experiência profissional em gestão de pessoas, adquirida em empresas do setor público e privado. Possui o poder de solução de problemas empresariais nas áreas de liderança, cooperação de equipes e atendimento. Harmoniza e organiza equipes para o alcance da alta performance, produtividade e resultados. Tem vivência nas posições de coordenadora de cursos e em treinamento de equipes, com resultados altamente impactantes no desempenho, produtividade e lucratividade empresarial. Possui grande habilidade na condução das relações interpessoais e fortalecimento nos relacionamentos com clientes e fornecedores. É especialista em comportamento humano e *coach* empresarial.

Contatos
www.anaclaudiarodrigues.com.br
contato@anaclaudiarodrigues.com.br
fanpage: @anarodriguespalestras

44 | Criativos e inovadores

D esde que se documenta a existência do homem, tem-se que o ser humano só conseguiu sobreviver e evoluir porque vive em sociedade. Refletindo sobre essa convivência social, percebe-se que toda relação humana é um atendimento.
Tanto na vida profissional quanto na vida pessoal, somos obrigados a exercer a convivência com outras pessoas, o que exige, para o bom resultado das relações, que aprendamos a "atender" bem.

O verbo atender significa: ouvir atentamente; demonstrar disponibilidade para ouvir; receber; resolver; providenciar uma solução para; servir; socorrer; oferecer ajuda; a responder uma ligação telefônica; vender; ajudar quem pretende comprar. Todos esses comportamentos são identificados nas diversas faces do relacionamento humano, podendo representar boas ou más experiências, e é exatamente isso que definirá a sua imagem perante as pessoas com as quais se relaciona.

Soma-se a isso o fato de que o cotidiano de trabalho nas empresas se dá por meio de atividades praticadas por equipes. Se não fosse o trabalho em equipe o ser humano não teria alcançado tamanha evolução pessoal e tecnológica.

Justamente por causa dessa evolução, que provocou profundas transformações nas relações sociais, foi também preciso adaptar-se às novas tendências de atendimento, que envolvem tanto o público interno como o público externo, sempre com o objetivo de conquistar e preservar pessoas por meio do bom atendimento. Isso significa que as pessoas estão em constante "campanha"; muitas nem sabem disso e acabam tendo baixos resultados na sua vida pessoal e profissional.

O impacto do *turnover* nas organizações

Segundo definição do SEBRAE, *turnover* é a alta rotatividade de funcionários em uma empresa, ou seja, um empregado é admitido e outro desligado de maneira sucessiva. Numa conceituação mais ampla, o *turnover* pode ser ainda definido como circulação, giro ou movimentação. Todas essas expressões revelam a ideia de inconstância, algo efêmero e em constante mutação, o que, num primeiro olhar, pode revelar-se um problema para as organizações.

Sob a ótica da criatividade e da inovação, todavia, esse fenômeno pode ser menos traumático do que se imagina, podendo até mesmo ser explorado de forma positiva, na medida em que novas ideias e posicionamentos em face de antigos problemas podem ser muito valiosos.

As novas gerações, mais rápidas e ávidas de conhecimentos e experiências, valorizam a movimentação, sentem-se instigadas pelos desafios e podem ser muito produtivas nesse novo contexto das relações.

Para que o impacto negativo do *turnover* seja minimizado, é necessário que as organizações ofereçam estrutura e cultura adequadas. A estrutura dá a formatação das relações de trabalho. A cultura proporciona o ambiente psicológico e sociológico necessários. Ambas podem levar o talento humano a níveis de excelência sem precedentes.

Perda emocional e financeira

As empresas podem perder muito dinheiro por causa da rotatividade de colaboradores, especialmente quando não conseguem explorar seus aspectos positivos, mencionados no item anterior, e as pessoas perdem muita energia emocional por causa da instabilidade das relações. A causa dessas perdas é a falta de habilidade do ser humano em relacionar-se com o próprio ser humano.

Geralmente verifica-se que uma pessoa instável nas relações de trabalho também o será nas relações interpessoais, e isso porque "do jeito que uma pessoa faz uma coisa, ela faz todas as coisas". Se uma pessoa é mediana na vida, será mediana em todas as suas relações.

Por isso, utilizando-se das técnicas para alcançar excelência no atendimento, e sabendo que as relações humanas são na verdade o atendimento constante, é possível alterar o estado de ação das pessoas em um universo de 360 graus, pois se aprende a lidar com as relações interpessoais em geral evitando-se qualquer tipo de perda de clientes (os clientes empresariais e os clientes afetivos). Quando se aprende o trato com o ser humano, as regras para lidar com o outro serão sempre as mesmas, em qualquer tipo de relação.

Autorreflexão e autorreprogramação

Por meio da ampla observação, trabalhando com treinamento de equipes e se especializando em comportamento humano, foi observado que praticamente todas as pessoas já tiveram experiências profissionais e pessoais que resultaram em perdas significantes.

Estudando-se mais profundamente essas relações, percebe-se que o problema todo se iniciou por um mau atendimento. A relação pessoal ou profissional saiu do controle porque as pessoas envolvidas não souberam lidar com a situação, mas se tivessem feito uma abordagem diferente do seu cliente o resultado teria sido muito mais produtivo e menos dolorido.

Qual o ser humano que nunca passou por uma situação desgastante e somente depois percebeu que se tivesse conduzido-a de outra forma teria obtido um resultado provavelmente melhor e mais produtivo?

Esse mau atendimento e a perda do cliente ocorre por um problema no processo de comunicação. Grande parte da dificuldade do processo de comunicação vem da resistência que as pessoas têm em modificar seus comportamentos e evoluir. A mudança de comportamento é necessária para que a pessoa que ainda não é, aprenda a ser extraordinária nas suas relações.

Segundo Stephen R. Covey (2009), para que essa mudança ocorra, é necessário aprender a realizar as mudanças de dentro para fora, alterar nossos paradigmas sobre a forma de como interpretamos o mundo e saber o que fazer para desenvolver hábitos eficazes para que possamos atingir os objetivos e melhorar as relações interpessoais.

O processo de comunicação x relacionamento

Os relacionamentos se dão a partir do momento em que uma pessoa se apresenta a outra, ou seja, quando ocorre o que chamamos de primeiro atendimento. A impressão que se cria nesse primeiro momento é a que fica. A postura pessoal ou profissional criada é que vai impactar positiva ou negativamente o seu interlocutor.

Importante que se saiba: não haverá uma segunda chance para criar uma boa impressão nas pessoas. E, se a imagem for transmitida de maneira inadequada, não haverá uma comunicação positiva, e você perderá a oportunidade de construir a imagem de que você é extraordinário, seja como pessoa ou como profissional.

Ser extraordinário é impor o poder da sua presença, a construção da sua imagem. Para isso é necessário o exercício de algumas técnicas fundamentais que devem ser utilizadas logo no primeiro contato. Essas técnicas são a construção de um *status*, o entendimento do processo de dominação e submissão e a construção de um *rapport*.

Construindo seu *status*

Um Status se constrói a partir do que se demonstra e não do que se fala. O segredo para se tornar uma pessoa que se coloca na posição de alguém extraordinário é despertar a credibilidade e admiração na mente das pessoas. Isso somente vai acontecer se você conseguir tocar o emocional do seu interlocutor, porque quando se atinge o emocional acontece o encantamento, e seu "cliente" vai comprar sua ideia, seu produto ou mesmo sua pessoa (nos processos de conquistas pessoais). Ocorre o que muitos chamam de "química nas relações".

Dentre as várias técnicas para despertar esta química está o gatilho mental da reciprocidade. É a ideia de que gentileza gera gentileza.

O ser humano tem uma tendência natural de retribuir, e busca pagar com gratidão aquilo que é dado pelas outras pessoas. Quando se "atende" oferecendo algo ainda que singelo, como uma água, um café ou um brinde, cria-se quase que a obrigação de que o mesmo tratamento cordial seja retribuído. É nesta seara que se cria a chamada "química das relações". Um exemplo flagrante de reciprocidade é a situação em que uma mulher aceita um drinque oferecido por um homem num bar, e naturalmente se espera que em seguida ela seja mais receptível à sua abordagem. Mesmo quando não gostamos de alguém, acabamos cedendo se a pessoa tiver feito algo para nós.

Segundo Cialdini, a regra da reciprocidade faz com que você crie dívidas não solicitadas, pois a sociedade espera que sejamos recíprocos para com aqueles que nos dão algo.

Processo de Dominação x Submissão

Para ser extraordinário, ainda é preciso que a pessoa seja informada sobre o mundo. O conhecimento demonstra autoridade. Porém, o processo de encantamento ocorre somente se este conhecimento for demonstrado sem agressividade. Não é possível ser extraordinário nas relações sendo arrogante. Então, se você quer deixar gravada a sua imagem de pessoa fantástica, vai ter que observar seu "cliente" e verificar se seu comportamento é de líder ou de liderado.

No início desta relação profissional ou pessoal, busque saber se o "cliente" é dominante ou submisso. Se perceber que o outro é submisso, inicie a relação dominante, e, se for o contrário, inicie a relação de maneira submissa. Isso é possível através das técnicas de persuasão.

Aos poucos vá equilibrando a relação para deixar seu cliente no mesmo horizonte que você. Se o outro era dominante, você ficará marcado por ele por ser alguém do "seu nível". Se o outro era submisso você ficará marcado como alguém que o valorizou.

Estabelecer esse nivelamento é fundamental para que ocorra o processo de conexão, pois a outra pessoa sairá deste contato certamente impressionada. Neste contexto, Karl Albrecht (2006) ensina que a dimensão da Inteligência Social - percepção, compreensão situacional e habilidade de interação - é a chave para o sucesso no trabalho e na própria vida. Ele chama de "radar social" uma combinação de percepção e sensibilidade para as necessidades e os interesses das pessoas.

Entendendo esses conceitos e os aplicando, haverá o alcance dos relacionamentos extraordinários.

Rapport

Uma vez estabelecido o nivelamento e a conexão da relação, você terá criado com seu "cliente" o que se chama de *rapport*.

Criado o *rapport*, seu cliente está pronto para a compra. Se for uma relação profissional, haverá o fechamento de negócio ou a compra de um produto. Se for um relacionamento pessoal, haverá a continuidade. Em ambos os casos haverá a fidelização.

O *rapport* é um estado emocional que se cria por meio de comportamento calculado. Para Daniel Golleman (2007), o poder da interação social influencia o humor e a química cerebral. Uma ofensa ou uma experiência social desagradável podem ser prejudiciais. Porém, as experiências emocionais positivas revelam os efeitos benéficos de substâncias neuroquímicas que são liberadas em situações envolvendo amor e cuidados.

Trata-se de uma nova perspectiva sobre as relações sociais, que mostra que a mente humana está conectada por valores como altruísmo, compaixão, preocupação e compreensão, e desenvolve a inteligência social para estimular essas "habilidades", em si próprio e nos outros.

O estímulo dessas habilidades é que desperta no interlocutor o estado de encantamento que levará à impressão da excelência.

Durante esse estado de *rapport* é necessário que seja demonstrado ainda que a melhor forma de "prever o futuro" é criá-lo, ou seja, mostre para seu interlocutor como seria a vida dele em um futuro próximo com aquele produto ou serviço, ou demonstre a magia que seria a vida com você em se tratando de um relacionamento afetivo.

Nesta demonstração, encante tocando nas dores e necessidades que a pessoa já te reportou até este momento, deixando consignado que você ou seu produto é não só a melhor, mas a única solução para aquela angústia. Para conquistar o interlocutor no *rapport* é imprescindível que quem quer ser extraordinário seja um bom ouvinte. Desenvolver este hábito cria empatia. É importante compreender as pessoas para conquistá-las e, para isso, é importante ouvi-las (Stephen R. Covey – 2009).

Imagem – construção e manutenção

Pelos constantes contatos que temos com uma pessoa, empresa ou instituição, nossa imagem pode ser construída, reforçada, melhorada ou destruída. Uma imagem é a impressão total de alguma coisa na mente das outras pessoas (Ernest Ditcher).

Dependendo do modo como você é visto por seus "clientes", ou seja, da sua imagem, também estará sendo definida a forma que a sua marca será vista, entendida não apenas como uma palavra, um logo ou um símbolo adotado para identificar produtos e serviços de um fornecedor específico, mas como uma promessa que reduz o risco associado à sua pessoa.

A construção da sua imagem se dá ao longo do tempo. Embora o marco inicial seja de extrema importância, poderá ser reforçada, melhorada ou destruída dependendo da qualidade das informações e das experiências proporcionadas aos seus "clientes". Para que você construa uma imagem de excelência, consistente e duradoura, deverão ser realçados seus atributos e que estes sejam percebidos de forma única, como algo encontrado apenas em você, o que o diferenciará em meio à multidão.

Algumas empresas e pessoas quando conseguem ultrapassar a barreira da mediocridade para a excelência, acumulam valor à sua imagem, e isso não tem preço.

Considerações finais

As pessoas extraordinárias fogem do convencional e assumem riscos para obter o que desejam. Elas acreditam acima de tudo em si mesmas, nunca achando que estão velhas demais ou que ainda não chegou a hora.

Além dos riscos, enfrentam seus medos. Embora sentir medo seja algo natural, e até mesmo um mecanismo de defesa do ser humano, não se paralisam por conta deles. Sabem a hora de acelerar e o momento de dar passos mais lentos, mas desistir nunca é uma opção.

O fato de se arriscarem faz com que também cometam erros, porém não escondem suas falhas: as usam como uma grande lição pessoal e as expõem para ensinar os outros. Sabem que não existe sorte, portanto, trabalham duro, incessantemente pelo seu propósito. Dedicam horas de prática para o novo projeto.

Todas essas qualidades os levam a encantar todos à sua volta, formando um círculo virtuoso, de cativar e ser admirado. Com o aumento progressivo desse processo chega-se ao patamar do extraordinário.

Referências
ALBRECHT, Karl. *Inteligência social: a nova ciência do sucesso*. São Paulo: MBooks, 2006.
CIALDINI. Robert. *As armas da persuasão*. Rio de Janeiro: Sextante.
COVEY. Stephen R. *O 8º Hábito da eficácia e da grandeza*. Tradução Maria José Cyhiar Monteiro. Rio de Janeiro: Elsevier, 2005.
COVEY. Stephen R. *Os 7 hábitos das pessoas altamente eficazes*. Tradução: Alberto Cabral Fusaro. São Paulo: Vozes, 2009.
DICIONÁRIO VIRTUAL. <https://www.dicio.com.br/atender/> Acesso em: 13/05/2018.
DITCHER. Ernest. *Espelho, espelho meu, existe gerente mais eficaz do que eu*. Editora: Mcgraw Hill, 1989.
GOLEMAN, Daniel. *Inteligência social: o poder das relações humanas*. Rio de Janeiro: Campus Elsevier, 2007.
MORGAN, Garret. *Imagens da organização*. São Paulo: Atlas, 1996.
SEBRAE. *Saiba o que é turnover e entenda o impacto da rotatividade no negócio*. <https://www.sebrae.com.br/sites/PortalSebrae/artigos/entenda-o-que-e-turnover-e-o-impacto-da-rotatividade-no-negocio> Acesso em: 13/05/2018.

7

Quatro sacadas para alavancar a sua vida

A única pessoa capaz de provocar mudanças em você é você mesmo. Neste artigo, sugiro quatro sacadas para alavancar a sua vida e impactar o seu *mindset*. Os seus próprios recursos internos vão lhe proporcionar ações inovadoras, criativas e proativas, que buscam melhores resultados. Experimente, permita-se ousar e ir além a cada dia. Você pode e merece muito mais do que imagina!

Ana Slaviero

Ana Slaviero

Palestrante, *coach* de alta performance especialista em carreira e transição de carreira, empreendedora, mentora de *coaches* e escritora. Autora do livro *De freira a* coach *– Uma história de inspiração e sucesso*. Formada em Administração e Enfermagem, pós-graduação em Gestão Empresarial e MBA em Auditoria em Saúde. *Practitioner/ Master* em PNL, *Professional & Self Coaching* (PSC) e Analista Comportamental. Atuou por mais de 25 anos na área da saúde como enfermeira, administradora, consultora e professora, cuidando da vida e saúde das pessoas. Hoje, transforma a vida das pessoas e empresas, por meio dos processos de *coaching*, palestras e cursos na área comportamental, para que conquistem o seu diferencial e os melhores resultados. Com base na sua formação e experiência de vida, vem aplicando, em suas mais de 2.000 horas de atendimentos individuais, seu método próprio, "Os dez passos para a transformação e superação".

Contatos
www.anaslaviero.com
coach@anaslaviero.com
Fanpage: Ana Slaviero Coach
Instagram: anaslaviero_coach
Youtube: Ana Slaviero Coach
br.linkedin.com/in/ana-slaviero-coach
(51) 99666-2156

A única pessoa capaz de provocar mudanças em você é você mesmo. Neste artigo, sugiro quatro sacadas para alavancar a sua vida, que impactarão o seu *mindset*, despertando os seus próprios recursos internos, que vão lhe proporcionar ações inovadoras, criativas e proativas, em busca de melhores resultados. Experimente e permita-se ousar e ir além a cada dia. Você pode e merece muito mais do que imagina!

Como muitos pensadores e filósofos afirmaram ao longo da história, encarar a vida com sabedoria não é algo que se aprende nos livros, na escola ou apenas com as vitórias. A sabedoria deve ser cultivada ao longo de toda a vida, por meio de experiências, vivências, erros e acertos. E acredite, por mais sábio que você se considere, sempre há algo novo a aprender!

Ao longo da vida superei muitos desafios, tive muitos aprendizados e agora quero compartilhar com você quatro sacadas simples que fizeram toda a diferença na minha vida e que, tenho certeza, vão alavancar a sua. Para fazer acontecer, coloque-as em prática.

1 - Buscar o autoconhecimento

O filósofo Sócrates é conhecido como um dos fundadores da filosofia moderna. Ele dizia: conhece-te a ti mesmo e conhecerás o universo e os deuses. Não se sabe exatamente em que ano essa frase foi dita, mas seu significado continua forte nos dias de hoje.

Entender a importância do autoconhecimento e praticar esse exercício é essencial para qualquer pessoa que queira se desenvolver, tanto na vida pessoal, quanto na profissional. Isso porque podemos ver nossos maiores defeitos, capacidades, medos e desejos por meio de uma análise profunda e sincera sobre nós mesmos.

Muitas pessoas se veem perdidas e desanimadas quando surge um desafio, tanto na vida pessoal quanto na profissional. Seja um problema grande no trabalho, casamento desgastado, problemas com os filhos na escola, etc. Para aumentar a sua força e renovar suas energias, é preciso fazer um exercício de autoconhecimento para saber, exatamente, qual é o seu lugar no mundo.

Em 2006 passei por este dilema. Chegou o momento em que eu precisava me conhecer mais do que eu já me conhecia, para descobrir opções daquilo que eu gostaria e poderia fazer. O meu verdadeiro propósito. O autoconhecimento é tão importante que não basta simplesmente tentar fazer qualquer coisa, é preciso, sim, conhecer as capacidades, potencialidades e a partir daí desenvolvê-las. Pois só o autoconhecimento permite que você possa descobrir algo que dê satisfação e que, sobretudo, possa ser de interesse e contribuição para o meio e para a sociedade em que está vivendo. Só você mesmo pode descobrir e saber do que é capaz e pode desenvolver.

O primeiro passo para o autoconhecimento é querer. Porém, não basta simplesmente querer, é preciso conhecer aquilo que pode fazer. Se você conhecer o meu exemplo, pela minha história, vai perceber que aquilo que eu faço, eu amo fazer. E posso auxiliar outras pessoas a se descobrirem e se conhecerem melhor.

Por 25 anos trabalhei numa instituição religiosa, onde tive atividades específicas a serem desenvolvidas, especialmente no período em que, por nove anos, fui administradora hospitalar. Na instituição havia outras pessoas, com outras atividades e funções. Eu desenvolvi muito bem minhas atribuições como enfermeira e como administradora. Assim, quando me deparei com o desafio de encontrar uma nova atividade, ao romper com a instituição religiosa, precisava descobrir uma atividade em que pudesse desenvolver o meu potencial. Para isso foi importante eu me conhecer. Saber que eu poderia desenvolver uma profissão. Ou como enfermeira, pois gostava de cuidar das pessoas, ou como professora, pois gostava de ensiná-las, ou ainda como administradora, pela experiência que havia adquirido. Tendo clareza das minhas aptidões e experiências, não busquei naquele momento desenvolver atividades desconhecidas. Quando você se decide por uma transição de carreira, precisa se conhecer, buscando descobrir os verdadeiros talentos e potencialidades.

Por isso, é importante levar em conta que as mudanças ao longo da nossa vida são necessárias e que fatalmente vão ocorrer. Nestes momentos, a primeira coisa é conhecer-se a fundo e saber analisar atividades que já realizou durante a vida ou que gostaria de fazer, ou ainda um talento adormecido, ou mesmo um *hobby* que possa desenvolver e transformar em profissão e atividade. O mais importante é saber o que se pode ou goste de fazer. Só assim é possível desenvolver ou dar novo rumo à carreira.

É importante saber que, a partir do autoconhecimento, você pode buscar recursos para seu desenvolvimento e capacitação. Este autoconhecimento permite que se descubram qualidades, capacidades, bem como áreas que devem ser melhoradas. No livro *De freira a coach*, falo exatamente sobre a importância do autoconhecimento e mostro que este foi o primeiro passo na superação dos meus desafios pessoais e profissionais.

Por vezes, é preciso corrigir os rumos, sempre levando em conta suas capacidades e talentos. Eu mesma levei anos em busca do autoconhecimento, procurando saber quem sou de verdade, quem é a Ana em sua essência. Um processo dinâmico, nada fácil, porém possível. É necessário permitir-se e buscar a cada dia a sua melhor versão.

Um dos recursos mais preciosos, na busca do autoconhecimento, é o processo de *coaching*, onde você consegue, de uma forma assertiva, entender melhor como dar um novo rumo na sua vida pessoal e na sua carreira.

2 - Vencer o medo da mudança

O medo é natural e necessário, faz parte de nós, do nosso instinto de preservação. Muitas vezes temos medo porque não vemos, com clareza, o nosso estado de alerta. Quando passamos a ver claramente nos libertamos do medo.

Enfrentamos o medo como contraponto à coragem. Entretanto, a coragem não é a ausência de medo, mas a capacidade de enfrentá-lo. Toda a mudança produz, inicialmente, um momentâneo desequilíbrio e desconforto. É neste momento que pode surgir o medo. Exemplos clássicos são as mudanças de cidade, escola, ou emprego, ou até mesmo mudanças ainda mais radicais, como casamento, separação ou um procedimento cirúrgico.

Quem já não teve momentos de medo? Gosto de citar o meu próprio exemplo, em que enfrentei momentos de medo. Quando deixei abrigo, proteção, conhecimento e segurança de 25 anos em uma instituição religiosa para arriscar uma nova vida, senti medo. Ao recomeçar a minha vida fora da instituição, com poucos recursos financeiros e materiais, precisei recomeçar a minha história com a certeza de que cada dia é uma nova possibilidade de transformação e superação do medo.

Existem coisas que você pode fazer para superar o medo da mudança. Vou passar a seguir três dicas para que você possa superar o medo de uma mudança, seja pessoal ou profissional:

1. Uma das primeiras coisas é a batalha com a sua mente. O pensamento inicial é de que a mudança possa não dar certo. Sempre que surgir esta sensação, você precisa estar atento para mudar este padrão de pensamento. Substitua-o por um pensamento positivo e afirme com clareza a si mesmo de que vai dar certo. Este exercício deve ser constante.

2. Toda mudança precisa de um planejamento. Eu, particularmente, precisei fazer uma mudança abrupta, pela necessidade de uma decisão urgente. Entretanto, é sempre aconselhável o prévio planejamento de uma mudança. Por vezes, é importante planejar a mudança com a família, planejar a parte financeira, quais os passos que precisa dar e criar uma rota de ação.

3. Estabelecer data e horário para iniciar a mudança. Para sair da zona de conforto, entrar em ação e ter a clareza de qual o primeiro passo que irá dar, escreva as coisas que precisa executar, estabelecendo com clareza a data e mesmo horário em que será executado.

Mudança dá trabalho e precisamos nos preparar, pois são as mudanças que nos proporcionam a evolução. Imagine se eu não tivesse tomado a decisão de mudar. Provavelmente não estaria hoje aqui, falando com você. Encare a mudança de forma positiva, sendo protagonista nesses processos. Desapegue-se do passado e viva seu presente, pois quem vai mudar a sua vida é você.

Se tudo que estou lhe falando faz sentido até aqui, é sinal de que você está começando a entender os princípios da transformação que quer para sua vida e para sua carreira.

3 - Ser 100% responsável pelos seus resultados

Você deve estar pensando: como assim? Eu 100% responsável?

Sim! Isso mesmo, você é o responsável pelas suas escolhas, decisões e resultados que obtém. Na minha trajetória levei tempo para me dar conta disso. Muitas vezes achava que, ao não me sentir plenamente realizada, a responsabilidade fosse da própria congregação religiosa na qual estive inserida por 25 anos. Outras vezes, responsabilizava a minha família, pois pouco me apoiara. Você próprio pode estar pensando: tenho um chefe chato, um marido ou uma esposa que não me ajuda em nada, um filho complicado e você está me dizendo que sou eu o responsável pelos meus resultados e minhas frustrações? Isso mesmo! Você é 100% responsável pelos seus resultados. O seu resultado não depende do modo como as outras pessoas reagem, mas sim da sua ação e da reação que provoca!

Por que você faz o que faz?

Você tem basicamente duas opções. Pode responder: porque eu não tenho outra escolha e é o que me apareceu para fazer... ou pode responder: porque escolhi e gosto de fazer o que eu faço.

Precisei tomar decisões e encontrar uma carreira que me conectasse com o que as pessoas precisavam que eu fizesse e o que eu de fato gostaria de fazer. E fazer bem feito. Só assim me sentiria realizada.

Hoje me sinto 100% responsável pelos meus resultados, pois vivo a minha essência, o meu verdadeiro propósito, que é o de ser *coach*. Contribuo para transformar a vida das pessoas na sua melhor versão, para que assim possam transformar o mundo em um lugar melhor.

Persiga a sua felicidade! Que tal acordar todos os dias com paixão pelo que você é e faz?

Muitas pessoas me perguntam: "Ana, como você descobriu o seu propósito de vida?". A partir desta pergunta vou dar uma dica com base em minha experiência e que pode ajudar você a descobrir o seu próprio propósito.

Invista em si. É muito importante você se conhecer, saber do que gosta, do que não gosta, quais as suas forças e fraquezas, seus talentos, suas habilidades, seus interesses... Se você não sabe como, busque ajuda. O *coaching* é uma das ferramentas. O processo de saber quem você é de fato, bem como a sua missão de vida, não é fácil. Porém indispensável para que viva com satisfação e realização. "Conheça-te a ti mesmo", já dizia Sócrates. Conhecer-se possibilita que você passe a se sentir 100% responsável pelos seus resultados.

Quanto mais eu me conheço, mais eu me curo e me potencializo. Descubra qual a sua missão de vida. Permita-se viver na sua essência e ouse ser sua melhor versão em todos os sentidos! Ouse vencer as crenças limitantes que o impedem de ser um profissional, uma pessoa e ser humano mais feliz e melhor. Olhe para dentro de você, reconheça sua luz interior e expanda suas possibilidades.

Quando você pensa que chegou ao seu limite, você ainda está longe de alcançar o máximo de sua capacidade.

Crie uma vida que valha a pena ser vivida...

4 - Ter atitude de gratidão

Por muito tempo não dei importância ao exercício da gratidão na minha vida. Porém, depois de pesquisar a vida e a carreira de várias pessoas de sucesso, descobri que uma das atitudes que estas têm em comum é exatamente o exercício da gratidão.

A gratidão é a chave da transformação. Tudo aquilo que você sonha ou deseja ter, você precisa desejar, intencionar positivamente. A gratidão tem um padrão de energia positiva. Para que isso aconteça, você precisa expressar a gratidão, dizer obrigado.

Agradeça tudo o que você tem, por tudo o que você é, por tudo o que você passou.

Você sente gratidão pela vida que vive?

Compreenda todas situações da vida e seja grato. Atraia cada vez mais motivos para agradecer.

Que tal o desafio de iniciar diariamente com pelo menos cinco motivos para agradecer? Gratidão é, acima de tudo, o reconhecimento daquilo que você recebe da vida. Gratidão é dar e receber.

A gratidão, bem como o poder que dela emana, é algo fantástico. Normalmente as pessoas não a utilizam por não entenderem a dimensão que esse sentimento pode assumir em suas vidas. Antes de conhecer o poder da gratidão, a minha vida era muito mais triste e até negativa.

A gratidão se tornou um aspecto muito presente na minha rotina. Ser grato é um habito, um treino. Vivenciei a transformação que a gratidão me proporcionou. Sendo grata sou mais feliz, plena, satisfeita, próspera e abundante.

Você sabia que as pessoas que têm o hábito da gratidão são mais felizes? Você se lembra da última vez em que se sentiu grato ou demonstrou gratidão? Ou quando começou o dia agradecendo? Em sua opinião, você sabe agradecer e dar o devido valor a tudo que possui e às pessoas que o cercam? Em uma escala de zero a dez, quanto você tem deixado a gratidão fazer parte da sua vida? Você já agradeceu pelo dia de hoje?

Eu costumo agradecer frequentemente pela oportunidade de poder escrever e contar a minha história no livro *De freira a coach*. Para inspirar as pessoas, tenho manifestado constantemente: obrigada, obrigada, obrigada!

Acredite! Você pode aprender facilmente esses padrões de gratidão. E isso vai mudar a sua vida de forma positiva.

Se não puder voar, corra. Se não puder correr, ande. Se não puder andar, rasteje, mas continue em frente de qualquer jeito.
Martin Luther King Jr.

8

Criatividade e inovação: reformulando as relações de trabalho

Este breve texto aborda alguns aspectos históricos acerca do Direito do Trabalho e do contexto em que este foi instituído, os motivos que ensejaram a alteração na legislação trabalhista, bem como a necessidade de reinvenção dos agentes das relações de trabalho e dos operadores do direito

Carla Abduch

Carla Abduch

Advogada trabalhista no escritório Mattos Engelberg Advogados. Especialista em Direito Material e Processual do Trabalho pela Escola Superior de Direito e pós-graduanda em Direito do Trabalho pela Faculdade de Direito da PUC-SP.

Contatos
www.mattosengelberg.com.br
carla.abduch@hotmail.com
(11) 3938-1900

O Direito do Trabalho nasceu como consequência das razões política e econômica da Revolução Francesa e da Revolução Industrial, quando os direitos dos trabalhadores não eram regulamentados, pois o Estado interferia de forma mínima ou não interferia na economia.
Diante das precárias condições de trabalho, desemprego e exploração, os trabalhadores começaram a se unir em busca de melhores condições de emprego e contra os abusos cometidos pelos empregadores, com o propósito de regulamentar as condições mínimas de trabalho.

Em que pese o início do movimento ter ocorrido na França e na Itália, o primeiro país a proteger direitos dos trabalhadores foi o México, com a Constituição do México em 1917.

No Brasil, a primeira constituição a estabelecer normas específicas de Direito do Trabalho foi a de 1934, sendo que apenas em 1943 é que a Consolidação das Leis Trabalhistas foi promulgada.

A Consolidação das Leis do Trabalho foi criada pelo então Presidente Getulio Vargas, com o fito de buscar a proteção social do trabalhador, controlar as relações de trabalho e intervir nas mesmas.

Foi inspirada na Carta Del Lavoro do Governo Italiano, na Encíclica Rerum Novarum (documento da Igreja Católica sobre as condições dos operários) e nos fundamentos defendidos pela Organização Mundial do Trabalho (OIT, criada em 1919).

O Brasil da época era um país tipicamente agrário, marcado pelos movimentos sindicais dos operários inspirados nos movimentos italianos, que culminaram na implantação do chamado Estado Novo, caracterizado pela centralização de poder, autoritarismo e intervenção do Estado na economia e na organização da sociedade. Com a interferência estatal na busca da correção de distorções sociais e com o auxílio de capital nacional e estrangeiro, promoveu-se a industrialização do país.

A partir dessa industrialização, alguns procedimentos passaram a funcionar sem a necessidade de auxílio humano, culminando no surgimento de intensos conflitos entre os principais agentes da relação de trabalho, essenciais ao desenvolvimento econômico, empregados e empregadores.

Os cenários político e econômico atuais são diferentes daqueles em que as normas trabalhistas foram estabelecidas, entretanto, assim como naquela época, o panorama atual não é o almejado pelos brasileiros, eis que a má distribuição de renda, as desigualdades sociais e os índices de desemprego continuam impedindo o crescimento econômico do país.

Há quem elenque, ainda, como uma das principais causas de inviabilidade do desenvolvimento do país, a rigidez das normas trabalhistas, que não só elevam os custos de manutenção de empregados e do processo produtivo, como também não atendem aos novos modelos de trabalho almejados pela população economicamente ativa.

Como forma de conter a grave crise que assola o país, bem como adequar e atualizar as normas trabalhistas às atuais condições de trabalho e cenários social, tecnológico e econômico, em 13 de julho do presente ano, o Presidente Michel Temer sancionou o texto do Projeto de Lei nº 38/2017, da chamada Reforma Trabalhista, aprovada pelo Congresso Nacional, com vigência em 120 dias (12 de novembro de 2017).

Em que pese a Reforma ser uma realidade próxima, são grandes e acaloradas as discussões e divergências entre aqueles que são a favor ou contra tal proposta, sendo que, por alguns anos, não teremos uma conclusão final acerca dos benefícios e/ou malefícios por ela gerados.

No entanto, para nós, operadores do direito, há o entendimento de que neste cenário de incertezas trazidos pela Reforma Trabalhista, todos os agentes desta relação, quais sejam, sindicatos, trabalhadores e empregadores, precisarão se reinventar e atuar com criatividade para que o tão almejado progresso, desenvolvimento e crescimento econômico seja obtido simetricamente por toda a sociedade, sem sobreonerar quaisquer dos lados da relação de trabalho.

Aos que são contra a Reforma, esta veio apenas para suprimir os direitos dos trabalhadores, considerados hipossuficientes, tornando-se mais desamparados e desprotegidos pela regulamentação na relação de trabalho, posto que a finalidade única e exclusiva dos empregadores seria a otimização de custos para a maximização de lucro.

Para aqueles que são a favor da alteração, a legislação trabalhista em vigor no Brasil encontra-se ultrapassada, demandando reformas para se ajustar às atuais condições do mercado de trabalho.

Ocorre que as mudanças sofridas pela sociedade moderna nos últimos tempos foram expressivas, o que deu início à renovação dos valores, crenças, conceitos econômicos, políticos e de sociedade justa, em que a ética se tornou princípio básico das relações sociais.

Consequentemente, a criação de mecanismos passíveis de compatibilizar e adequar as mudanças do mundo e a realidade com o Direito do Trabalho se fazem necessárias, o que não traduz a ideia de que esses direitos podem ser precarizados.

De acordo com o Ministério do Trabalho e Emprego, em documento intitulado "Diagnóstico sobre a reforma sindical e trabalhista", de 16 de março de 2003, a reforma faz-se necessária para "conferir mais efetividade às leis trabalhistas" e "estimular a autocomposição dos conflitos e sua resolução por meio de novos mecanismos de conciliação, mediação e arbitragem".

Conforme o exposto, a sociedade vivencia uma reformulação da regulamentação da atividade econômica empresarial, motivada pela globalização econômica e pela flexibilização das regras de concorrência internacional, exigindo cada vez mais a otimização de custos, aumento da produtividade e da qualidade dos produtos, ética e a responsabilidade social da empresa de um modo geral, incluindo-se a forma como ela lida com seus empregados e como estes lidam com seus consumidores.

Não bastasse, vivemos a era tecnológica, superexpostos à informação e às rápidas mudanças, o que nos torna indivíduos mais exigentes e com grandes expectativas, inclusive quanto ao meio e às relações de trabalho, exigindo que as empresas se adaptem, também, a esse novo modelo de empregado.

Desta forma, os fundamentos basilares do Direito do Trabalho, combinados com essas mudanças sociais e com a alteração da legislação trabalhista, trazem uma nova realidade às relações de trabalho como um todo, independentemente de quem é o agente, exigindo adaptações destes em aspectos como urbanidade, agilidade, multidisciplinaridade, conhecimento, resiliência e inovação no desenvolvimento das atividades econômicas.

Assim, serão necessárias muita criatividade e inovação nas relações de trabalho para que seja possível o fim do conflito entre capital-trabalho e a colaboração entre empresa e trabalhador, o que permitirá o desenvolvimento social e crescimento econômico de toda a sociedade e do próprio país, restando atingidas as finalidades constitucionais de dignidade da pessoa humana, do valor social do trabalho e da função social da empresa.

Referências
BRASIL, Câmara dos Deputados. *Projeto de lei nº 6.787, de 2016.* Disponível em: <https://goo.gl/Av3mNf>. Acesso em 20 ago.2017.

9

Financeiramente em paz

Para viver financeiramente em paz é necessário conhecimento, saber lidar com as emoções e crenças limitantes desconhecidas, buscar informação para mudar o estado indesejável e mudar a mentalidade quanto ao uso do dinheiro. Adquirindo educação financeira as escolhas serão mais inteligentes e assertivas

Cintia Gama

Cintia Gama

Diretora Financeira do Instituto Marchetti, palestrante, *Life Coach* formada pela Academia Brasileira de Coaching (Abracoaching) com certificação internacional pela International Association of Coaching (IAC). Por meio da reprogramação mental, ensina a modificar o padrão comportamental em relação ao dinheiro para transformar a sua vida financeira. Trabalha com orientação na área de finanças em grupos e individual, possui experiência em liderar equipes de vendas e desenvolvimento humano.

Contatos
www.institutomarchetti.com.br
cintia.gama@institutomarchetti.com.br
(11) 95786-9676

Na vida, passamos por vários desafios, a diferença de como os enfrentamos está em como lidamos com eles. As nossas emoções, na maioria das vezes, determinam o grau de dificuldade destes desafios. Para encontrar as soluções de diversas situações, precisamos estar com a nossa mente em paz. Temos várias áreas de nossa vida que precisam estar em equilíbrio, aqui quero me aprofundar na área financeira. Nossa vida acontece em pelo menos quatro remos distintos, esses quatro quadrantes são o mundo físico, mental, emocional e espiritual. O uso do dinheiro é totalmente emocional, se você tem dúvida a respeito dessa afirmação eu te convido a uma reflexão, pense agora em uma compra que você fez e se arrependeu, e depois que passou a sua emoção e chegou o momento da razão, você percebeu que seria melhor não ter comprado. Assim, você vai perceber no seu cotidiano que quanto mais usar sua razão com dinheiro, melhor será sua vida financeira. Analise algo comigo, nossa vida é totalmente governada pelas nossas crenças e pensamentos mais frequentes e profundos, principalmente na área financeira.

Nós crescemos e aprendemos desde muito cedo tudo o que acreditamos, mas quando se trata de dinheiro, não percebemos, porque está tudo no nosso inconsciente. Traga à memória as afirmações que você ouvia quando criança: dinheiro é sujo, não traz felicidade, só ganha dinheiro quem já tem dinheiro, ricos são desonestos, ricos são pessoas ruins, o dinheiro é a fonte de todo mal, poupe para os dias ruins, ricos são gananciosos, ricos são criminosos, você tem que dar duro para ganhar dinheiro, não se pode ser rico e espiritualizado ao mesmo tempo, dinheiro não nasce em árvore, o dinheiro fala mais alto, isso não é para o nosso bico, nem todo mundo pode ser rico, nunca se tem o bastante e, a infame frase, não temos dinheiro para isso.

No consciente, podemos não perceber, mas o nosso cérebro que foi feito para nos proteger vai entrar em ação toda vez que estamos com dinheiro. Vamos agir de forma a utilizar esses recursos até não ter mais, porque assim continuamos sem dinheiro e não seremos aquilo que nosso inconsciente acredita.

Você já ouviu falar de pessoas que ganharam muito, mas muito dinheiro e depois perderam tudo? Nossa mente e emoção têm que estar preparadas para passarem a um novo nível de finanças pois, se não reprogramarmos nossas crenças, voltaremos ao estado de sempre. Um bom exemplo são os ganhadores de loterias. As pesquisas mostram continuamente que, seja qual for o tamanho do prêmio, a maior parte desses felizardos acaba voltando ao seu estado financeiro original, isto é, a ter a quantidade de dinheiro com a qual conseguem lidar com mais facilidade.

Ao contrário, você já pode ter observado grandes empresários que, após terem passado por falência e perderem tudo o que possuíam, se reconstruíram e voltaram a ter mais bens e sucesso do que anteriormente. Posso afirmar que foram as crenças e o modelo mental que cada um tem, os fatores determinantes para o final de cada um desses casos.

Dinheiro, riqueza, saúde, doença e o seu peso são resultados. Vivemos num mundo de causa e efeito. Você já ouviu alguém dizer que a falta de dinheiro é um enorme problema? Na verdade, ela nunca é um problema, e sim um sintoma do que está acontecendo embaixo da terra. A falta de dinheiro é o efeito. Mas onde está a causa? Ela se resume ao seguinte: a única maneira de mudar o seu mundo "exterior" é modificar o seu mundo "interior". Quaisquer que sejam os seus resultados – abundantes ou escassos, bons ou maus, positivos ou negativos –, lembre-se sempre de que o seu mundo exterior é apenas um reflexo do seu mundo interior. Se as coisas não vão bem na sua vida exterior, é porque não estão indo bem na sua vida interior. É simples assim. Para agir com a razão, temos que nos anteceder aos fatos, ter um propósito maior, uma motivação e desejar a paz financeira ainda não é o suficiente para uma mudança de comportamento. Para atingir uma meta ou desejo, podemos abrir mão de prazeres menores por um maior. Eu tenho muitos casos próprios, onde eu fiz escolhas mais inteligentes para atingir uma determinada meta. Hoje eu aprendi como reprogramar meu modelo mental, eliminar crenças limitantes para transformar minha vida financeira, de meus alunos e *coachee* (clientes do processo de *coaching*) para um patamar que até então parecia impossível. Se eu consegui sair de uma posição de muito endividada para uma posição de investidora, com vários negócios, afirmo que você e qualquer um também pode.

O que é preciso, em primeiro lugar, é a conscientização e a clareza das suas crenças limitantes e do seu estado atual financeiro. Se você está com dívidas, não faça de conta que está tudo bem, coloque todas as contas a pagar em um simples papel, veja onde pode negociar, corte custos e elabore um plano de pagamento. Você deve começar das contas menores para as maiores, isso vai lhe dando motivação para continuar no foco. A cada conta paga, sua autoestima será elevada com emoção, mostrando ao seu cérebro o que é bom, assim ele vai criar novas formas de pagar mais contas.

    A maioria das pessoas está acostumada a colocar a culpa de seu fracasso financeiro na crise, no presidente, na família, enfim, sempre no outro. Porém, a partir do momento que entendemos o que é autorresponsabilidade, paramos de ser vítimas para sermos protagonistas da nossa própria história.

    Tenho meu próprio exemplo para mostrar o quanto é importante cuidarmos da nossa mente e de nossas emoções. Desde criança eu questionava minha mãe porque nós não tínhamos uma casa própria, e meu tio tinha. Eu pensava, se os dois nasceram da mesma família e cresceram juntos, eles deveriam ser iguais. Minha mãe não tinha respostas convincentes, então eu cresci dizendo que eu teria uma casa grande e acreditando sempre nisso, comecei minha vida profissional de forma bem simples.

    Casei e fui morar de aluguel, mas com a certeza que teria uma casa bem grande. Sendo assim, contratei um engenheiro para desenhar a casa grande que eu sonhava. A planta da casa ficou maior do que eu esperava, quando olhei já me imaginei morando naquela casa com todos os detalhes. Mesmo sendo uma garota jovem que até então não conhecia a inteligência emocional, financeira e tantas ferramentas que hoje conheço, eu tinha uma motivação maior para não gastar mais do que eu ganhava. Os pequenos prazeres da vida não me enchiam os olhos, porque a motivação maior era a casa. Para alcançar esse objetivo, eu não deixei de viver, busquei alternativas de passeios mais em conta com a família e tive muitos altos e baixos financeiros, pois não tinha muito conhecimento. Hoje, quero transmitir meu conhecimento para as pessoas serem libertas, pois situações de dívida tiram a paz de qualquer ser humano.

    Acompanho pesquisas que mostram que dinheiro é o segundo maior motivo de separação no mundo, perdendo apenas para o motivo da infidelidade. Sua má administração traz muitas consequências ruins que tiram a nossa paz. Embora pareça ser um desafio muito grande manter as contas em ordem e ter uma vida financeira abundante, saiba que é possível.

    Nas escolas não há estudos sobre finanças e nossos pais não aprenderam para nos ensinar. Então, temos que sair do papel de vítima e assumir nosso papel nesta vida, procurando os conhecimentos necessários para ter paz financeira, pois cada um planta o que colhe, mesmo sem saber.

Agora que você já entendeu que o uso do dinheiro determina seu futuro e não o montante que ganha, que tal buscar mais conhecimento e reprogramar as crenças limitantes que te impedem de mudar seu nível financeiro atual?

Use suas emoções com pessoas, com o dinheiro use a razão ao se deparar com uma possível compra, faça algumas perguntas a si mesmo: eu quero realmente isso? Eu preciso realmente comprar isso? Eu posso realmente comprar isso agora?

Se o valor desta compra é relativamente alto ao seu padrão de vida, avalie a possibilidade de comprar no dia seguinte, pois se era só emoção, essa necessidade irá passar sem arrependimentos.

Quando agimos com a razão, estamos mandando no nosso cérebro, quando agimos com a emoção é nosso cérebro que está mandando em nós, isso é muito perigoso, pois caímos em situações que inevitavelmente irão tirar a nossa paz. Assim é com o dinheiro, precisamos mandar nele e não ele mandar em nós, também temos que tratar bem nosso dinheiro, quanto mais bem-vindo ele for nas nossas vidas, mais ele virá. Este é assunto para um outro momento, quero aqui me deter nas emoções.

As pessoas bem-sucedidas financeiramente acreditam na seguinte ideia: "Eu crio a minha própria vida".

As pessoas de mentalidade limitante acreditam na seguinte ideia: "Na minha vida, as coisas acontecem".

Se você quer mudança em sua vida financeira, é imprescindível acreditar que você está no comando da sua vida, em especial da sua vida financeira. Caso contrário, tem uma crença enraizada de que exerce pouco ou nenhum controle sobre a sua própria vida e, consequentemente, de que exerce pouco ou nenhum controle sobre o seu sucesso financeiro.

Entenda que o uso do dinheiro é emocional e o mais importante é o que você faz com o que ganha e não o valor em si. O próximo passo é investir, não importa o valor que você tem, o importante é começar o mais rápido possível a criar esse hábito. Hoje é possível investir em tesouro direto com apenas R$30,00. Se você é uma pessoa que acredita que caderneta de poupança é investimento, eu te convido a estudar esse assunto, pois não existe pior lugar para colocar seu dinheiro, mesmo que nunca tenha parado para conhecer outras aplicações, sempre será um bom momento para pesquisar sobre o melhor investimento. Mas, é de suma importância que estude sobre o assunto, não espere sobrar dinheiro para aplicar.

Coloque um valor junto com suas despesas mensais, assim você não fica contando com sobra e faz uma aplicação todo mês, mesmo que seja de um pequeno valor a princípio. Crie uma reserva de oportunidade, há educadores financeiros que incentivam as pessoas a terem um fundo de emergência, eu particularmente prefiro ter um fundo de reserva para oportunidades, assim aparecerá uma oportunidade para eu aceitar e fazer um bom negócio e não uma emergência, onde vou usar o dinheiro com pesar. Lembra da casa grande? Pois é, hoje ela está igual à planta que o engenheiro desenhou. Foram muitos anos para essa conquista, eu não tinha inteligência financeira, mas depois de estudar sobre finanças, fazer muitos cursos, treinamentos, assistir vídeos de pessoas que são meus modelos de sucesso financeiro, pude colocar em prática os ensinamentos que recebi. Saí da posição de endividada para a de investidora e, com uma reserva de oportunidade que eu tinha, comprei um terreno em local de turismo e construí uma casa de aluguel de temporada. Essa casa é uma renda passiva onde o dinheiro trabalha para mim, mesmo sem a minha presença. Eu entendo que a aposentadoria no Brasil não é algo que eu possa contar quando eu estiver em idade avançada e sem forças físicas para fazer dinheiro. Fazer é o termo que eu uso, eu não gosto do termo ganhar dinheiro, acredito que fazemos e não ganhamos o dinheiro.

A conquista dessa já foi bem mais tranquila e mais rápida de acontecer. Hoje, eu tenho o conhecimento que na construção da anterior eu não tinha, o conhecimento liberta e é isso que eu quero levar às pessoas que vivem como escravas do dinheiro. Todos podem ter uma vida de abundância, basta reprogramar suas crenças e buscar conhecimento no assunto, pois viver financeiramente em paz não tem preço.

"Eu vim para que tenham vida, e a tenham em abundância." (JOÃO 10:10)

A todos foi dado o direito de viver financeiramente em paz, não aceite um estado de escassez. Saia da inércia e faça sua parte sem procurar culpados para sua situação atual. Não conte historinhas, seja autor de sua própria história, e que ela seja de muito sucesso e de muita paz.

Referência
EKER, T. Harv. *Os segredos da mente milionária.* tradução Pedro Jorgensen Junior. Rio de Janeiro: Sextante, 2006.

10

Domine seu tempo, dome os sabotadores

Você é um bom administrador do seu tempo? Trabalha na hora certa e descansa no momento apropriado? Produz ao invés de se ocupar? Termina o dia com a sensação de dever cumprido ou totalmente cansado e sem bons resultados? Neste capítulo será apresentado o que você precisa fazer para eliminar os sabotadores e ter uma vida totalmente produtiva

Claudete Silva

Claudete Silva

Life coach e palestrante, possui formação profissional em *coaching*, pela Academia Brasileira de *Coaching* (Abracoaching) com certificação internacional pela *International Association of Coaching* (IAC). Especialista em *coaching* individual e em grupos, ministra cursos e palestras de *coaching*, liderança, vendas e produtividade, auxiliando indivíduos a se tornarem altamente eficazes, desenvolvendo e aprimorando a inteligência emocional, produtividade, autogestão, autoconfiança, foco, planejamento e ação para o alcance de resultados.

Contatos
www.institutomarchetti.com.br
claudete.silva@institutomarchetti.com.br
Instagram: claudete_osilva
Facebook: www.facebook.com/claudete.silva.391

"Os conselhos são importantes para quem quiser fazer planos, e quem sai à guerra precisa de orientação." (PROV. 20:18)

Quando eu tinha mais ou menos dezessete anos de idade, me lembro perfeitamente de um fato que ficou gravado em minha memória e que teve total importância em minha vida. Algo que me fez refletir, modelou meu tratar com o tempo, me fez criar uma mentalidade produtiva e ser uma pessoa extremamente organizada.

Nessa época eu tinha uma amiga que convivia muito comigo, ela era uns vinte anos mais velha do que eu, era separada do marido, mãe de três filhos e uma excelente profissional que trabalhava em dois empregos e também cuidava da casa. Eu observava muito sua rotina e percebia o quanto se perdia no controle da própria vida, refletindo assim diretamente na vida dos filhos. Devido a tantos afazeres, ela se tornou cada vez mais uma pessoa totalmente desorganizada, tanto em casa, quanto a tudo que dizia respeito ao seu trabalho. Nunca conseguia manter a casa e muito menos seus trabalhos em ordem, se enrolando nos horários, na rotina diária, nos afazeres, terminando o dia quase na madrugada, sempre extremamente cansada. Um dia, observando o que intitulei como "tamanho sofrimento", perguntei a ela o que levava uma pessoa a viver daquele jeito sem se incomodar e achando que tudo aquilo era normal. Foi quando ela me respondeu que se sentia realizada fazendo mil coisas ao mesmo tempo, mesmo não fazendo nenhuma delas direito, preferia assim, do que fazer algo bem feito, mas ter que fazer uma coisa só. Achei aquela resposta uma verdadeira desculpa para a tamanha falta de administração do tempo, e foi aí que percebi que essa maneira dela viver, o modo de pensar e agir não duraria muito, e foi isso que aconteceu. Anos mais tarde encontrei nela uma pessoa totalmente cansada, física e emocionalmente, estressada, tomando remédios para dormir e sem paciência nenhuma.

Por outro lado, nessa mesma época eu trabalhava em uma empresa, no setor financeiro, onde meu supervisor era uma pessoa organizada, controlava sua agenda, nunca chegava atrasado, nos ensinava a fazer planilhas de controle de todo nosso trabalho e, com isso, nosso dia se tornava totalmente produtivo, sobrando tempo para reuniões em final de expediente, para *feedbacks* coletivos. Não me lembro de um só dia sequer ver algum papel em cima de sua mesa que não precisasse estar ali. Nunca o vi preocupado com alguma reunião na qual a pauta e os materiais que seriam utilizados na mesma não estivessem prontos e desenvolvidos com muita maestria e com muita antecedência. Ele dizia: tudo que fazemos com tempo e planejamento só tende a ter resultados de sucesso. Não me lembro de procurar algum documento nos arquivos que não fosse encontrado em tempo recorde. E, por fim, encontrava nele uma pessoa calma, tranquila, sempre muito bem-humorada.

Por que estou dizendo tudo isso? Porque tive dois modelos de organização de tempo em uma só época da minha vida, com duas pessoas com rotinas totalmente diferentes, e com resultados mais diferentes ainda, pude escolher em quem me espelhar, escolher quais hábitos eu queria desenvolver e tive a oportunidade de aprender o quanto o tempo, bem administrado, pode significar em nossas vidas. Sinto-me muito orgulhosa de ter seguido o segundo modelo, do meu ex-chefe, pois isso, além de fazer toda a diferença em minha vida, em todos os sentidos, me fez ter foco em tudo que sempre realizei, ter organização, ser uma pessoa comprometida, ter uma agenda impecável e, o melhor de tudo, falar da administração do tempo com a maior facilidade me tornando uma mestre em produtividade.

Aprendi também que aproveitar o tempo é algo vital que requer, antes de tudo, organização. Na prática, pessoas desorganizadas não conseguem localizar documentos e informações com facilidade e rapidez; marcam compromissos diversos para o mesmo dia e horário; estão sempre atrasadas ou mal preparadas para as reuniões; deixam a papelada se acumular, trabalham em meio à desordem. Desse modo, acabam duplicando os esforços desnecessariamente. Gente desorganizada precisa trabalhar duas, três, quatro vezes na mesma tarefa. Ao lado de profissionais competentes, quem é desorganizado tem má reputação e passa a ser considerado instável ou não confiável. A vida desorganizada também torna o convívio familiar conturbado, pois começa a faltar tempo para estar em família.

Usando o tempo com inteligência

A inteligência ao tratar o tempo é uma lição primordial para uma vida bem-sucedida em todas as áreas, inclusive na esfera profissional. Tempo é recurso-chave. Não importa a profissão ou a atividade exercida, todos nós temos um recurso em comum: o tempo. Ele é oferecido a cada ser humano na mesma quantidade, independentemente de origem, gênero, história pessoal ou classe social. Todos temos 60 minutos por hora, 24 horas por dia, sete dias por semana... E enfrentamos o mesmo dilema, que é saber administrá-los.

Justamente por ser difícil sequer tentamos e, apesar da verdadeira diferença que isso faz, a tendência é deixar que as coisas aconteçam de "ir levando como der."

Você já ouviu aquela frase: quem administra o tempo torna-se escravo do relógio. Pois bem, a verdade é bem outra, quem administra o tempo coloca-o sob controle, torna-se senhor dele e não um escravo. Quem não administra o tempo é dominado, pois acaba fazendo as coisas de qualquer jeito. Administrar o tempo é fazer o que você considera importante e prioritário, é ser senhor do próprio tempo e não programá-lo nos mínimos detalhes e depois tornar-se escravo dele. A boa administração do tempo é muito mais uma questão de autoconhecimento e gerenciamento pessoal do que a simples aplicação de técnicas. As técnicas funcionam melhor para quem tem um alto grau de autoconhecimento, exerce um bom controle sobre si mesmo, e sabe se autogerenciar. Grande parte das pessoas, que reclama do tempo, diz que não pode planejá-lo ou administrá-lo, pois sua vida muda tanto que não iria de qualquer forma cumprir o planejado. Convence-se de que essa é sua realidade e que não há solução, simplesmente acha que seu tempo não é administrável. Esse determinismo é o que impede certas pessoas de tentar mudar. Na verdade, o problema é que estas pessoas não se autogerenciam, se deixam gerenciar pelas circunstâncias que ocorrem ao redor delas e não percebem que isso nada mais é do que um grande sabotador.

Os grandes sabotadores nos rodeiam e nos cercam de distrações, como televisão, redes sociais, *smartphones* e, principalmente, a falta de organização. Eles roubam cada hora, minuto e segundo de algo que temos de mais precioso, e que precisamos reconhecer a importância do seu valor, o tempo.

Se você desempenhou tarefas o dia todo, envolveu-se em várias atividades ao mesmo tempo, mas não concluiu nada, você simplesmente não trabalhou, apenas desperdiçou tempo e energia.

Você precisa então conhecer os sabotadores do seu tempo e aprender a dominá-los.

O que são sabotadores?

São os inimigos internos, conjunto de padrões mentais automáticos e habituais, cada um com sua própria voz, crença e suposições que trabalham contra o que é melhor para você. São universais e mecanismos que nos auxiliam a sobreviver; para que consigamos lidar com as ameaças que percebemos na vida, tanto emocional quanto física. Logo, são padrões de comportamentos que criamos como resposta a situações corriqueiras.

O sabotador é silencioso, ele age sorrateiramente, você sabe que ele está ali, mas não quer enxergá-lo, não quer percebê-lo, ou quando percebe, finge que aquilo não é com você. Ele não é seu amigo, mas é seu companheiro o tempo todo, para você ele se torna um mal necessário, onde já não consegue tirá-lo daqui, não consegue neutralizá-lo. Mas, para dominar os sabotadores, você precisa conhecê-los e, para isso, deve listar tudo aquilo que denomina que rouba o seu tempo.

Você sabe quais são os sabotadores que roubam o seu tempo? Faça aqui uma lista, anote cada um deles, principalmente aqueles que o dominam mais (seja sincero consigo).

_____
_____
_____
_____
_____
_____
_____
_____
_____

Agora que você os conhece, precisa aprender a dominá-los e a melhor forma de fazer isso é criando hábitos no seu dia a dia. Qualquer pessoa pode controlar sua própria atitude e vencer o sabotador interno que nos impede de realizar mais coisas em nossas vidas.

Decida não ser controlado e, sim, controlar seu estado emocional e mudar os resultados do seu dia, aprenda a controlar suas atitudes, pois esse fato está em suas mãos, isso vai permitir a você fazer escolhas melhores, e com isso mudar seus resultados. As pessoas não fazem ideia do poder que têm para mudar seu destino para muito melhor. Assim como não fazem ideia de que negligenciar as pequenas coisas pode sabotar completamente sua vida.

Algumas atitudes para neutralizar os sabotadores

Não confunda estar ocupado com ser produtivo, nem agir com concluir.

Planeje seu dia vigorosamente, quem não tem um plano para o sucesso, inevitavelmente tem um plano para o fracasso.

Não conte com o dia de amanhã, ou seja, não deixe para amanhã o que pode fazer hoje, pois você não sabe o que este ou aquele dia poderá trazer, portanto, não adie as atividades que podem ser feitas logo.

Cultive a pontualidade, não viva chegando atrasado aos compromissos. Seja eficiente e conclua o que está sob sua responsabilidade.

Crie um ritual positivo, a mudança de um simples hábito pode impactar várias áreas de sua vida.

Estabeleça limites para tudo, desde a quantidade de *e-mails* que você envia e as mensagens que veicula em suas redes sociais à quantidade de projetos profissionais nos quais está envolvido.

Defina prioridades e mantenha o foco, pois ele é o fator mais importante para se atingir uma meta.

Elimine todos os sabotadores, finalmente pare de correr e comece a caminhar.

Referência
DOUGLAS, Willian; LAGO, Davi. *Formigas – Lições da sociedade mais bem-sucedida da terra*. Editora Mundo Cristão, 2016, p 87.

11

Estar no mercado de trabalho: um olhar positivo sobre esse momento

Como desmitificar esse instante tão particular de cada um e tirar o melhor proveito. De que maneira sair fortalecido e com muito aprendizado?

Claudia Monari

Claudia Monari

Formada em Psicologia pela Universidade Metodista, é pós-graduada em Administração Industrial pela USP, com MBA em Recursos Humanos – USP. Tem experiência em Recursos Humanos nas áreas de Recrutamento e Seleção, Treinamento e Desenvolvimento, Desenvolvimento Organizacional, *Assessment* e *Outplacement*. Carreira consolidada em empresas como General Motors, Novartis Biociências, Votorantim Industrial, Gerdau e consultorias de RH. É certificada em MBTI e em Coaching pelo ICI. Atua há mais de onze anos como Consultora e Gestora de Planejamento de Carreiras.

Contatos
claudiamonari@hotmail.com
www.linkedin.com/in/claudiamonari/
(11) 99127-3109

Receber a tão temida notícia que seus serviços não são mais necessários não é algo agradável para ninguém. Por mais que você esteja cansado de sua atividade profissional, por mais motivos que você tenha para não estar satisfeito, essa notícia nunca parece chegar no momento adequado. Muitas vezes chega a ser comparada com a perda de um ente querido, e algumas pessoas sofrem mais com essa perda do que com qualquer outra.

Ao longo de mais de dez anos trabalhando com profissionais passando por esse momento de transição de carreira, e mais de vinte atuando em Recursos Humanos, nunca conheci uma pessoa sequer que dissesse ser fácil e muito menos agradável passar por isso. É um momento solitário, supostamente tudo que aconteceu foi apenas culpa sua e qualquer solução depende única e exclusivamente de você. O que venho praticando ao longo desses últimos dez anos é fazer com que as pessoas não se sintam sozinhas nesse momento tão difícil. Manter o foco e a energia em busca de novos desafios nem sempre é uma tarefa fácil de se realizar.

No entanto, apesar de ser um momento de solidão e aparentemente de dificuldades, tenho me deparado com experiências muito singulares e de mudança de perspectiva. Ou seja, pessoas que aproveitam esse momento para fazer uma significativa mudança de rumo. E esse momento é propício? A resposta é: sim, muito propício, a não ser que sua reserva financeira não lhe permita parar o mínimo de tempo necessário para uma profunda reflexão e guinada na sua carreira. Por isso, muitas vezes a ajuda de um profissional que possa apoiá-lo nesse replanejamento é fundamental. Tudo começa com uma análise profunda de perfil; é muito importante que o profissional saiba exatamente quais são as suas competências, o que o motiva para o trabalho, o que não o motiva, sua perspectiva futura de carreira, enfim, uma análise realmente mais ampla no sentido geral da palavra antes de decidir qualquer movimento em direção à busca de uma nova oportunidade.

Não estou dizendo aqui que todo mundo nesse momento é obrigado a rever tudo e mudar totalmente, mas reforçar como pode ser, sim, um bom momento de reflexão. Diria que, apesar de ser um período duro, de mudança, alguns sentem lá no fundo um alívio, uma sensação de liberdade e de leveza. Parece antagônico, mas esses profissionais com esse sentimento podem parar e pensar no que realmente os estava incomodando, o que de fato merece uma atenção e poderia - e deveria- ser mudado.

Tenho alguns bons exemplos de pessoas que não se intimidaram com o momento econômico, com o fator idade e muito menos com os desafios que virão pela frente, e tiveram a coragem de mudar. Direcionaram seu foco de energia para ações que as levariam para obter seu sucesso não só na recolocação, mas, acima de tudo, na satisfação profissional.

Gostaria de citar dois exemplos que na adversidade acharam seu melhor momento profissional e eu tive a honra de acompanhar essa etapa de transição de carreira. A primeira delas da área de tecnologia, que trabalhou por mais de 25 anos no mesmo lugar, porém, ao mesmo tempo, empresas muito diferentes pelo fato de a organização ter sido comprada por companhias maiores quatro vezes. Quando foi demitida, relatou que a organização da qual tinha se desligado era muito diferente daquela que havia iniciado a carreira há mais de 25 anos. Outro fato interessante era que tinha atuado na área de tecnologia, e sua formação estava voltada para *marketing*. Ela iniciou como estagiária e foi alocada para um processo de implantação de sistema, como auxiliar. Fez muito bem o seu trabalho, no entanto, foi o início da mudança de rota na carreira para uma outra nada a ver com o seu perfil e escolha. O fato de receber sempre retornos positivos sobre a sua performance a colocou em uma posição confortável, e então foi se desenvolvendo e não se deu conta do quão infeliz e para longe de seus objetivos profissionais estava caminhando. Na hora da demissão veio aquele sentimento de alívio mas, também, teve a sensação do "e agora?".

Quando me procurou tinha muitas perguntas e incertezas, mas uma única certeza: não queria voltar a trabalhar com tecnologia. Aquilo fazia mal e consumia suas energias, apesar de ter alcançado resultados superiores ao longo de sua carreira. Ao começar o trabalho de avaliação de perfil, nos demos conta que a escolha lá no início da carreira, na área de Marketing, não tinha sido um simples acaso. Essa pessoa tem um perfil muito criativo, mais para o lado artístico, pensando de forma totalmente inusitada. Durante o tempo que esteve na área de tecnologia, a sua válvula de escape era fazer alguns trabalhos artesanais, que encarava apenas como um *hobby*, uma forma de tirar o *stress* do dia a dia. No momento em que se viu no mercado e com todas as possibilidades pela frente, tomou a decisão que era hora de fazer algo que pudesse acordar todos os dias e sentir muito prazer em levantar da cama para realizar alguma atividade. Pesquisou, falou com muitas pessoas e tomou sua decisão: era preciso aprender e se atualizar para a nova profissão. Voltou aos bancos de escola. Desenvolveu uma nova rede de relacionamento profissional, e hoje trabalha como fotógrafa de uma revista sobre natureza. Viaja muito e fotografa a natureza. Ela vê beleza onde ninguém vê e, através das suas lentes, transforma a atividade em algo prazeroso para todos. Hoje é uma pessoa transformada, realizada e diz não pensar na aposentadoria. Faz o que gosta, quer envelhecer fazendo isso e sentir, ao fim da vida, como fez dessa passagem a melhor possível e foi feliz.

Outro caso não tem a ver com uma mudança radical de área de atuação, mas com se conhecer profundamente e saber exatamente quais são seus verdadeiros interesses e de que forma poderia fazer uma entrega com excelência; voltar a acreditar em si mesmo e saber que pode ainda contribuir muito com seu trabalho. Essa é a história de um rapaz com alguns anos de empresa, não muitos, mas o suficiente para acreditar que era um profissional diferenciado por estar em uma grande organização multinacional. Essa companhia exigia muito de seus colaboradores e colocava para os mesmos metas bastante agressivas.

No início, tudo fluiu muito bem, com resultados acima dos esperados. Até que um dia a crise no mercado de trabalho fez com que as metas fossem mais difíceis de serem atingidas e, nesse momento, o rapaz foi surpreendido com uma demissão cujo motivo estava totalmente ligado à falta de alcance de tais metas. A sensação de que era um péssimo profissional veio à tona e não havia jeito de retomar sua autoestima.

Ele deixou de acreditar em si mesmo; afinal em seus pensamentos era um profissional incapaz de atingir metas. Foi necessário um bom tempo de acompanhamento e resgate de tudo o que havia feito em sua carreira profissional; quase um trabalho terapêutico, mas baseado sempre em resultados concretos, capazes de trazer um desempenho diferenciado em seu trabalho.

Tivemos que trabalhar com experiências de quando começou a carreira profissional, e caminhar em direção ao presente para obter um resgate de suas conquistas. Só assim ele chegou nos dias atuais com o sentimento de que o que importava não eram somente os últimos resultados, mas todos os que conseguiu conquistar ao longo de sua carreira. Acreditando em si mesmo e em suas capacidades e direcionando a energia para aquilo que fazia de melhor, foi questão apenas de um curto espaço de tempo para se posicionar novamente em outra empresa multinacional, onde atua nos últimos cinco anos, sempre conseguindo conquistar suas metas e atingindo, assim, seus objetivos pessoais e profissionais.

Com esses dois exemplos, diante de tantos que teria para relatar durante mais de trinta anos trabalhando com pessoas, apenas gostaria de esclarecer que o momento de uma transição é importante para o resgate de muitas coisas. Seguindo a máxima de que tudo tem o seu lado bom, acredito que podemos tirar de positivo desse momento justamente o aprendizado.

Cada ser humano tem sua própria história e necessidade de aprendizado. Alguns precisam de fato resgatar sua verdadeira vocação, outros, a autoestima, e alguns ainda necessitam reativar seus relacionamentos profissionais desenvolvidos ao longo de uma carreira. Cada profissional tem seu espaço no mercado, basta apenas descobrir primeiro qual procura; depois ficará mais fácil de visualizá-lo.

O trabalho de alguém especializado em gestão de carreira poderá auxiliá-lo nessa jornada, transformando-a em um caminho mais fácil e definitivamente você não se sentirá sozinho nessa empreitada.

Com o passar do tempo, identificamos que quem passa por um processo de transição de carreira nunca mais é o mesmo. Quando acompanhado de um profissional que possa auxiliá-lo, posso afirmar: encarará o mercado e a possível transição de forma muito diferente, mais leve, e sempre com muito foco.

Ao longo do tempo, todo processo de auxílio em transição de carreira deve ser revisto. Além disso, a personalização é muito importante. O que funciona em um determinado mercado e/ou segmento pode não dar certo em outro, assim como as características de um profissional não se encaixará nos demais perfis.

Nos dias atuais, procurar uma oportunidade é muito diferente, por exemplo, de como era na década de 1980.

As mudanças constantes no mundo devem ser observadas e a realidade adaptada ao processo. Não podemos ignorar a vinda da era digital. Ela veio para nos ajudar e facilitar o serviço. No entanto, nem tudo pode ser totalmente digital, afinal as empresas ainda são feitas, em sua maioria, de pessoas, de onde advêm os resultados. Por isso, o contato olho no olho faz toda diferença. Outro fator é que a relação do homem *versus* trabalho também está mudando. Surgem horários mais flexíveis e ambientes compartilhados. A colaboração começa a fazer parte do mundo corporativo em todos os sentidos, de tarefas a espaço físico. Sem contar o fato de que hoje, em um mesmo espaço, podemos atuar com cinco gerações completamente diferentes capazes de encarar as atividades de maneiras distintas.

O ambiente compartilhado auxilia no sentido de haver cada vez mais essa interação, nele deixamos de acreditar que a nossa geração é a melhor. Compreendemos a importância do ensinamento de cada ser humano e, sobretudo, o quanto temos a aprender com os demais.

O mundo está interligado. A globalização influencia diretamente no trabalho. Não temos mais fronteiras, nem obstáculos; basta querer e com um clique você atravessa o oceano e interage com o outro lado do planeta. Isso nos torna mais aptos, antenados e, consequentemente, flexíveis. Os líderes de pessoas na era atual precisam ser indivíduos capazes de lidar com as adversidades e a diversidade. Ao mesmo tempo, começamos a nos deparar com a crescente concorrência.

Pense nisso em uma transição de carreira. O que antes era verdade, hoje pode ter deixado de ser. Passar pelo período de mudança, como dito no início do texto, pode e deve ser encarado como um momento de crescimento e aprendizado. Não há necessidade de que seja um momento solitário, pois pode ser acompanhado por profissionais experientes para facilitar o caminho.

A verdade é que quem passa por isso sai diferente, fortalecido e preparado às constantes mudanças.

Oportunidades estão sempre passando a nossa frente. A partir do momento em que você se conhece, sabe das suas potencialidades e de seu foco, é como se uma cortina estivesse aberta e, adiante, inúmeras possibilidades aparecessem.

Pensar diferente, pensar digital, imaginar possibilidades é tudo que quem está em transição precisa. Invista em você, no seu potencial. Trabalhe em rede, pense grande, aproveite o momento.

O conceito de sucesso é uma questão muito particular. Pense no seu. Vá atrás do seu. Encontre o verdadeiro profissional que existe dentro de você.

Como conciliar o compliance com as relações trabalhistas

- Definição de compliance, legislação brasileira, e sua integração com os dias atuais.
- O que são as relações Trabalhistas & Sindicais e qual seu papel frente às negociações nas empresas e entidades representativas.
- ABRADJIN
- O perfil dos novos sindicalistas no Brasil.
- Como se a Compliance Sindical frente às novas atuações do Ministério Público e Polícia Federal.
- A empresa pode demitir um empregado por questões de compliance? Riscos e responsabilidades.
- Quais medidas devem ser tomadas para prevenir as empresas na eventual autuação por questões de compliance?

Cleber Izzo

12

Como conciliar o *compliance* com as relações trabalhistas

- Definição de *compliance*, legislação brasileira e sua integração com os dias atuais.
- O que são as chamadas relações Trabalhistas & Sindicais e qual seu papel frente às negociações nas empresas e entidades representativas.
- AERADOIN...
- O perfil dos novos sindicalistas no Brasil.
- Como está o *Compliance* Sindical frente às novas atuações do Ministério Público e Polícia Federal?
- A empresa pode demitir um empregado por questões de *compliance*? Riscos e responsabilidades.
- Quais medidas devem ser tomadas para prevenir as empresas na eventual autuação por questões de *compliance*?

Cleber Izzo

Cleber Izzo

Advogado. Coordenador de Investigações de Fraude & *Compliance* na Comissão do Acadêmico de Direito – OAB-SP. Diretor do Grupo GAP-RT na ABPRH (Associação Brasileira dos Profissionais de Recursos Humanos). Pós-graduado em Direito do Trabalho – OAB, Especialização em Liderança Sindical & Empresarial – FGV e MBA em Gestão de Pessoas – FIA-USP. Atuou na área de RH/Relações Trabalhistas & Sindicais e *Compliance* em empresas como Jaguar Land Rover, Grupo Ecorodovias e Ford Motor Company, na qual coordenou a área de Investigações Especiais na América do Sul. Técnico em Segurança do Trabalho atuou como Professor no SENAC por 12 anos. Possui vivência na condução de assuntos relativos a fraudes, desvios, violações de leis e normas internas e problemas que envolvem fornecedores e prestadores de serviços, recursos computacionais, assuntos relativos à saúde e segurança, questões de RH, bem como gestão do Código de Conduta e Canais de Denúncia. Hábil na condução de investigações sigilosas internas e entrevistas em português, inglês e espanhol. Palestrante para os assuntos de RH e *Compliance*.

Contatos
izzo.cleber@gmail.com
linkedin.com/in/cleber-izzo
+55 (11) 98367-9893

Definição de *compliance*, legislação brasileira e sua integração com os dias atuais

Simplesmente traduzir a palavra *compliance*, do inglês *to comply with*, que significa estar de acordo com; em conformidade com as normas, procedimentos e legislação em vigor seria muito simples. Agora, assegurar que a empresa cumpra e faça cumprir todas as regras, regulamentos e leis existentes, bem como garantir que seus empregados e prestadores de serviços o façam, é de fato o grande desafio imposto pela nova lei Anticorrupção brasileira. (12.846/2013).

A lei Anticorrupção traz à responsabilidade e ainda prevê punições severas para as empresas e seus prepostos envolvidos em atos de corrupção ativa ou passiva, com penas que variam desde a reparação total do dano causado à determinada pessoa ou entidade, bem como a publicação da condenação na mídia; a proibição de recebimento de valores por instituições financeiras por um período de até cinco anos; a vedação de participação em licitações públicas; suspensão e/ou interdição parcial das atividades da empresa; multas elevadas que variam de 0,1% a 20% do faturamento anual bruto e, senão for possível calcular, o juiz poderá decidir valores entre R$6 mil a R$ 60 milhões; privação de liberdade de seus proprietários e até mesmo o encerramento das atividades da empresa, tudo isso sem que a empresa tenha que comprovar a culpa, basta ser comprovada a corrupção. Ou seja, o *compliance* deve ser muito mais do que um simples programa! Antes da lei 12.846/13 entrar em vigor, as empresas e entidades flagradas em alguma prática ilícita alegavam que determinado fato era algo pontual ou que havia sido praticado por algum de seus empregados, porém a empresa nem sempre recebia punição, aquele empregado eventualmente era demitido ou transferido e as coisas continuavam da mesma forma.

A Certificação ISO 37.001 (certificação na área de *compliance*) possui uma abordagem diferente dos demais certificados, pois as empresas precisarão se antecipar começando pelo chamado *tone at the top*, ou seja, os exemplos precisam vir de cima. Os proprietários, presidentes, CEOs, Diretoria precisam absorver a cultura e cascatear para todos os níveis da organização, incluindo estagiários, terceiros e prestadores de serviços para criar um ambiente ético e de responsabilidades.

O que são as chamadas Relações Trabalhistas & Sindicais e seu papel frente às negociações nas empresas e entidades representativas

A área de Relações Trabalhistas & Sindicais pode ter surgido de várias formas no mundo todo, estudos demostram que derivou da área de Recursos Humanos nas empresas mais organizadas. Nos Estados Unidos, as empresas possuem uma área ligada à área de Recursos Humanos, assim denominada *Labor Relations* ou, mais antigamente, da área de Relações Industriais, responsável pelas organizações do trabalho, documentação de pessoal e contatos com os sindicatos. Ocorre que muitas pessoas, empresas e entidades passaram pelo papel de "negociador" e talvez nunca pararam para pensar de que forma isto aconteceu, simplesmente foram fazendo.

Com base em minha experiência profissional nas áreas de Recursos Humanos e *Compliance* em empresas nacionais e multinacionais como Ford Motor Company, Grupo Ecorodovias e Jaguar Land Rover, atuando em diversas regiões do Brasil e da América do Sul, com mais de 21 Sindicatos e Federações diferentes, órgãos de classe, como Fecomércio, SINCROD, FIESP e SINFAVEA dentre outros, pude perceber que cada qual defende sua posição político-partidária e possui características pessoais definidas, as quais interferem diretamente nas negociações coletivas e na chamada relação capital-trabalho.

Dentre os principais objetivos e responsabilidades da área de Relações Trabalhistas & Sindicais (RT&S), destacam-se:

i) Conduzir as negociações sindicais da empresa, respeitando as peculiaridades de cada localidade, com o objetivo de equilibrar as práticas e cláusulas de gestão das diferentes áreas ou empresas do grupo econômico;

ii) Administrar os conflitos sindicais e as relações trabalhistas do dia a dia envolvendo empregados e prestadores de serviços;

iii) Cumprir e fazer cumprir as normas e os acordos coletivos firmados com sindicatos (de empregados e/ou da empresa);

iv) Prover pareceres técnicos, alinhados com o departamento jurídico e/ou escritório jurídico, onde houver;

v) Elaborar e/ou revisar, normas, procedimentos internos, acordos individuais e coletivos de trabalho;

vi) Analisar e recomendar a aplicação de medidas disciplinares;

vii) Acompanhar e divulgar alterações de leis e normas que impactam na gestão de pessoas e nas relações trabalhistas;

viii) Analisar e apresentar os indicadores e resultados (ex.: absenteísmo, negociações, pesquisa de clima, reclamações, fiscalizações etc.) para diretoria e conselho;

ix) Atender as fiscalizações e auditorias (internas e externas) e representar a empresa junto aos fóruns e órgãos públicos;

x) Suportar e/ou conduzir os assuntos identificados pelos canais de denúncia (código de conduta e programa de *compliance*), bem como treinar os empregados sobre os assuntos pertinentes à legislação e de Recursos Humanos.

AERADOIN

Criei esta expressão para reforçar que estamos vivendo a Era do/da "*in*" (Latim = dentro, inserido...). Estamos vivendo uma era de muita instabilidade, informação, inovação, a Era do Inadiável e, mais do que isso, a Era do Inaceitável... Antes, quando comprávamos um produto defeituoso, ficávamos com vergonha e assumíamos aquele prejuízo, hoje não, fazemos questão de retornar ao estabelecimento, trocar o produto, queremos nossas indenizações e fazemos questão de publicar o fato ocorrido nas mídias eletrônicas para que todos nossos amigos de perto e de longe saibam. Descobrimos a globalização, robotização, estamos cada vez mais preocupados com o meio ambiente, direito do consumidor e ainda sofremos a necessidade de ter qualidade de vida!

Vinte anos em cinco... Hoje, a cada seis meses nasce um produto novo! Vários são os exemplos de empresas que surgiram e desbancaram as tradicionais corporações, novidades como *Facebook, WhatsApp, Apple, Amazon, Uber, Netflix, Airbnb* etc., simplesmente não existiam ou não passavam de meras *startups* em garagens. Hoje, muitas pequenas empresas são vistas com bons olhos pelas grandes multinacionais.

O *compliance* deixou de ser teoria no Brasil e as operações do Ministério Público e da Polícia Federal, com o forte apoio popular e vasta utilização da mídia, reforçaram esta necessidade de mudança.

O perfil dos novos sindicalistas no Brasil

(O exemplo na prática) Guerra interna em São Bernardo do Campo – São Paulo, em razão da eleição sindical com chapa de oposição; o chão de fábrica ficou fazendo piadinhas, pois os representantes sindicais anteriores foram muito questionados em razão das negociações passadas dentro da montadora de caminhões SCANIA.

Os antigos dirigentes sindicais saíram e hoje há três novos diretores do sindicato que possuem curso superior, conversam bem, possuem boa postura, estão conectados e são bem vistos pelos empregados e empresa, ou seja, até o estereótipo de sindicalista está mudando.

Assembleia Geral x *WhatsApp* (ex.: eleições para CIPA). Para quem já participou de eleições internas na empresa, sabe que muito antes e até mesmo após o processo eleitoral, cria-se um clima de agitação na empresa, muitas vezes todos querem saber quem foram os candidatos e quais foram eleitos. O processo de apuração de votos era demorado, complicado e ficava na dependência da área de comunicação. Hoje há empresas que conseguem comunicar seus empregados por meio de *WhatsApp*, agilizando e garantindo a eficácia da informação.

A ideia, num futuro próximo, é ter sindicatos formados por este novo perfil de dirigente sindical, ou seja, "jovem e antenado". Sabemos que é uma mudança comportamental de longo prazo, que já começou.

Como está o *Compliance* Sindical frente às novas atuações do Ministério Público e Polícia Federal?

Mudou! Aquela antiga frase "companheiro não entrega companheiro" está em cheque, pois há sindicatos sendo convocados pelo Ministério Público do Trabalho para prestar esclarecimentos acerca de acordos coletivos firmados com determinadas empresas na qual há indícios de prejuízo aos empregados e/ou à sociedade – de forma mais ampla quando falamos em não recolhermos impostos devidos, por exemplo.

Sindicatos e empresas estão mais cautelosos nas negociações e os departamentos jurídicos nunca trabalharam tanto! Mesmo com o avanço do chamado "negociado x legislado", aprovado pela nova Reforma Trabalhista (lei 13.467/17) em vigor desde novembro de 2017, os departamentos jurídicos, estão mais atuantes e as partes (empresas e sindicatos) sentem a necessidade de criar uma relação de confiança de longo prazo.

Antes, quando um representante sindical recebia uma denúncia ou reclamação por parte de seus representados, tentava resolver sozinho a questão, muitas vezes não reportava e nem sequer informava a empresa sobre tal problema. Havia o sentimento de que não valia a pena levar o assunto adiante, ou, até mesmo, que se este resolvesse o assunto internamente ficaria "de bem com seus representantes".

Após a lei Anticorrupção (lei 12.846/13) uma denúncia não resolvida ou um caso mal investigado pode ter sérias consequências para o sindicato. Virou uma "batata quente" na mão de qualquer um. Então, eles sabem que precisam reportar para poder se resguardar juridicamente de eventuais punições, seja no âmbito trabalhista, civil ou até mesmo criminal. A figura de um *Compliance Officer* nas empresas tem um papel crucial neste cenário de apuração de denúncias.

A empresa pode demitir um empregado por questões de compliance? Riscos e Responsabilidades.

A resposta é: sim! Após um processo sigiloso interno de apuração dos fatos, a empresa pode demiti-lo, ou ainda, a depender do que fora constatado, aplicar a medida disciplinar cabível ao caso.

O que não pode: demorar a iniciar as investigações sigilosas internas; iniciar a apuração e não concluir ou monitorar; divulgar fatos e dados confidenciais a pessoas não relacionadas ao caso; deixar de aplicar as sanções disciplinares de forma imediata e perder o chamado "fulgor da sanção" se comprovado o envolvimento daquele empregado; tratar de forma diferente determinado empregado de acordo com sua posição na empresa ou influência que possui naquele estabelecimento.

Agora, e se o empregado possuir estabilidade empregatícia?

(ex.: Acidente de Trabalho, CIPA, Dirigente Sindical, Gestante etc.) A resposta é: sim também. (ex.: Inquérito para apuração de Falta Grave, art. 840, § 1º, e 853 da CLT combinado com art. 282, do CPC).

Importante: em ambos os casos devemos manter o sigilo das informações, evitar a exposição desnecessária dos envolvidos, preservar o denunciante e guardar todas as evidências para eventual processo judicial futuro (eficácia das investigações x punições).

Quais medidas devem ser tomadas para prevenir as empresas na eventual autuação por questões de *Compliance*?

Como dissemos anteriormente, o verdadeiro Programa de *Compliance*, se inicia pelo topo da empresa (*tone at the top*) e vem se disseminando a todos os níveis da organização, incluindo seus empregados, estagiários, prestadores de serviços, fornecedores etc.

Medidas Preventivas tais como: treinamentos, comunicação interna, implantação do código de conduta, canais de denúncia, ouvidoria e auditorias (internas e externas) fortalecem o programa de *compliance* e podem atenuar a pena em caso de punições.

Envolver todos os níveis da organização, capacitar empregados e seus prestadores de serviços aumentam a confiança e criam um ambiente de trabalho mais saudável no que tange às questões éticas e morais.

Criar e/ou revisar as normas e procedimentos internos, os contratos individuais de trabalho e até os acordos coletivos, demonstra a real vontade de se adaptar à nova legislação Anticorrupção e, desta forma, melhora a imagem e reputação da empresa.

É possível negociar com *compliance*!

Referências
LEC News – *Legal Ethics, Compliance*. www.lecnews.com. *Site* e revista especializada nos assuntos jurídicos sobre ética e *compliance*, ano 5, n°18, junho/17 - itens: 20, 35, 36, 41 e 44.
ASSI, Marcos. *Gestão de compliance e seus desafios*. São Paulo: Editora Saint Paul, 2013.
SILVA, DE PLÁCIDO E. *Vocabulário jurídico*. 27 ed. Editora Forense, 2007.
DEL DEBBIO, Alessandra; MAEDA, Bruno Carneiro; AYRES; Carlos Henrique da Silva. *Temas de anticorrupção & compliance*. Rio de Janeiro: Elsevier, 2013.
GIOVANINI, Wagner. *Compliance: a excelência na prática*. São Paulo: 2014.
SAAD-DINIZ, Eduardo; ADACHI, Pedro Podboi; DOMINGUES, Juliana Oliveira (organizadores). *Tendências em governança corporativa e compliance*. São Paulo: Editora Líber ARS, 2016.
FERREIRA DE HOLANDA, AURÉLIO BUARQUE. *Dicionário*. 6 ed. Editora Positivo, 2006.
IZZO, CLEBER. *Anotações pessoais – Participações em aulas, cursos e palestras sobre os temas de Direito do Trabalho e Compliance realizados pela Ordem dos Advogados do Brasil*, Escola Superior de Advocacia – ESA e no V Congresso Internacional de Compliance. São Paulo, 2017.

# 13

Criativos, inovadores e vencedores

A autoconfiança nos faz enxergar e transpor qualquer barreira, nos traz criatividade, inovação, força e perseverança. Ela nos renova para o dia seguinte. Se não acreditar em si mesmo, ninguém mais o fará; sua confiança o transforma em um vencedor

Denise Yumi Ezawa

Denise Yumi Ezawa

Formada em Administração de Recursos Humanos, Pós-Graduada em Gestão de Pessoas, cursando Direito. Realizou cursos complementares em: Auditoria em Folha de Pagamentos (IOB), E-Social (IOB), Gestão de Projetos, PNL, Rescisões de Legislação Trabalhista (SEBRAE) e Liderança. Experiência na área de Legislação Trabalhista há doze anos, com participação em projetos de capital humano x ações trabalhistas. Fiscalização e auditoria Trabalhista e Previdenciária, mapeamento para otimização dos processos no Departamento Pessoal, redução de custos, gestão de projetos, planejamento orçamentário. Saúde e Segurança, implantação de todas as Normas Regulamentadoras do Ministério do Trabalho, implantação de *E-social*, implantação de sistema de folha de pagamentos, encargos sociais e trabalhistas, declarações mensais e anuais.

Contatos
denise_ezawa@yahoo.com.br
(11) 98502-8180

Sorte? Ter sorte? Como funciona isso? Nos dias atuais e competitivos, os profissionais buscam sobrevivência em meio a tantas adversidades e avanço tecnológico. Ao longo da vida, passamos perto de inúmeras oportunidades e estas podem ou não nos abrir um leque de opções. Partindo deste pressuposto, podemos inferir que o sucesso não nasce, ele é criado!

Não podemos contratar alguém para fazer flexão em nosso lugar. Em algumas situações, somos nós quem devemos mergulhar nas profundezas e aproveitar ao máximo tudo o que nos faz adquirir conhecimentos, habilidades e sabedoria. Afinal, quantas pessoas comuns decidem fazer coisas extraordinárias e transformam suas vidas? Vale lembrar que saber não é suficiente, precisamos agir.

É difícil encontrar pessoas de sucesso que estão neste patamar porque tiveram "sorte". A vida se encarrega de nos entregar o que conseguimos suportar, ou seja, quanto mais capacidade tiver, mais habilidade terá para assumir maiores responsabilidades. A questão é: ou se cria ou se tolera o que acontece. Não se contente com pouco, você tem o que acredita ser capaz de ter. Ao se deparar com uma escolha, lembre-se: não importa quão pequena ela seja, tudo é importante. Nos detalhes construímos os maiores alicerces da nossa jornada. Sorte é o resultado de muito esforço e dedicação.

Desculpa

Algumas pessoas vivem a vida apoiando-se em desculpas, esquivando-se de situações e oportunidades pelo medo do novo caminho. É necessário saber que, independente de falhas, você pode mudar seu destino. Ao falhar, aprenda, e não culpe outras pessoas e situações ao seu redor; fugir da turbulência é o caminho inverso para adquirir aprendizado e sabedoria.

É fácil iniciar e logo depois parar por não conseguir dar continuidade; tudo o que as desculpas fazem é diminuir nossos planos. O ato de reclamar é inimigo dos nossos projetos, da força que nos carrega adiante. As críticas servirão para melhorar ainda mais seu processo de sabedoria. Você pode mudar o rumo pensando de forma diferente, positiva. Se você não gosta das consequências, mude suas respostas. É como um jogo de cartas: você não determina as cartas da sua mão, mas determina a forma como vai jogar. Se necessário, mude a estratégia.

Acredite, é possível

Em todas as situações da vida é primordial ter confiança, pois ela é a base para trilharmos um caminho e nos confortarmos diante das dificuldades. Você já percebeu que as pessoas vencedoras anteriormente confiaram na vitória? Seja convicto de suas opções; sonhe, acredite, tenha fé na sua capacidade.

Em algumas situações com as quais nos deparamos é necessário analisar a causa do problema e mudar o rumo. Em outras, o que nos falta é um pouco de persistência. Não se pode enfraquecer com resultados não esperados; os únicos limites para o nosso potencial são aqueles colocados por nós mesmos.

A autoconfiança nos faz enxergar qualquer barreira, nos traz criatividade, inovação, força e perseverança. Ela nos renova para o dia seguinte. Se não acreditar em si mesmo, ninguém mais o fará; sua confiança o transforma em um vencedor. Não é requisito fazer com que os outros acreditem em você, mas não se preocupe com os demais, pois o sonho é seu.

Metas e planejamento

O planejamento e as metas são o carro chefe do sucesso. É imprescindível para o primeiro passo decidir o que você quer e aonde quer chegar.

Não é fácil decidir com solidez o que se quer em meio a tantas mudanças e grande influência da globalização, mas quando imaginamos algo, e isso nos preenche com uma enorme felicidade, já temos o primeiro passo.

Os maiores desafios a enfrentar são pensar no dinheiro e em como agradar as pessoas ao nosso redor. A escolha é sua, e quando tomamos grandes decisões, nos tornamos muito bons no que fazemos. Conforme iniciamos um projeto, sentimos bem no fundo se aquilo nos agrada e nos deixa satisfeitos. Um exemplo é o estudante de medicina que inicia o curso e percebe não gostar do conteúdo, não se sente confortável. Esta é uma situação absolutamente normal, porém imediatamente deve se perguntar: de que eu realmente gosto? Por que escolhi a medicina?

Não podemos esquecer: as pontes que atravessamos rumo ao decorrer do êxito final não são fáceis, teremos alguns conflitos e isso envolve disciplina, pessoas, fatos e situações fora de nosso controle. Para viver um sonho também encontraremos pesadelos, mas são estes que nos fazem aprender e nos trazem sabedoria. Somente você poderá sentir se está desistindo dele por uma dificuldade ou porque realmente descobriu que não gosta. Um engenheiro não aprende somente matemática, um advogado não aprende apenas leis; existem inúmeras situações dentro desse contexto. Conheça-se, sinta o clima e tome decisões. Descubra a sua motivação!

Executando e rompendo barreiras

Executar é um passo necessário depois que planejamos. Atingir metas é como se você estivesse passando por cada fase. Coloque em ação o poder de estabelecer objetivos; o diferencial entre o sucesso e o fracasso é a capacidade de executar exatamente o que foi planejado.

Na execução, não deixe de olhar para os lados, mas não se esqueça do foco principal. Nesta jornada haverá desencontros, situações nos levarão ao limite e poderão nos deixar um pouco desconfortáveis. Entenda: é parte do processo! O gosto da vitória é cada vez melhor diante das dificuldades ultrapassadas em cada situação.

Mesmo na execução, não deixe suas metas esquecidas, pois cada passo deve contribuir com o planejamento feito. Inúmeras situações nos desviarão da atenção principal e a resiliência é uma ferramenta indispensável para continuarmos adiante sem medos e mitos.

Reagir a situações que o jogam no fundo do poço é um desafio constante na vida de qualquer ser humano. O problema não é a circunstância, mas sim as atitudes com relação ao problema.

Pessoas com grande nível de responsabilidade e *stress* devem ter resiliência, isto é, capacidade para saber lidar com situações muito difíceis, superar obstáculos, resistir à pressão sem afetar o lado psicológico, administrando assim as suas emoções e controlando os impulsos.

Ninguém é resiliente o tempo todo; além disso, o que é fácil para uma pessoa pode ser difícil para outra. É irrelevante comparar-se com aos demais, porque a resiliência e a vulnerabilidade variam de indivíduo para indivíduo, portanto confie nas suas esperanças e não nos seus medos.

Pessoas

As pessoas, dentre elas amigos, família e colegas de trabalho estarão ao nosso redor o tempo inteiro. A palavra-chave para estas pessoas é o "filtro". Saiba filtrar o que estas pessoas dizem, tanto para elogios como para críticas. Entenda que cada pessoa tem sua percepção da vida de acordo com o caminho vivido até o momento.

Algumas delas poderão colocá-lo para baixo e fazer você perder um pouco sua garra. A questão é: não podemos deixar de ouvir, mas precisamos essencialmente filtrar o que foi dito.

Em alguns momentos, até mesmo quem o ama poderá apagar a sua chama. Isso porque talvez essa pessoa tenha vivido algo peculiar em sua vida capaz de fazê-la acreditar que algo não poderá dar certo com você. A melhor opção é sempre tirar o positivo do negativo. Mesmo com críticas, conseguimos absorver o lado bom. A opinião das pessoas é muito importante, não para mudar o seu rumo, mas para fazer você avaliar se o caminho pode ser mudado, ou se a estratégia pode ser aprimorada; portanto reveja seus objetivos, revise suas expectativas, olhe para trás e veja seu progresso. Reconheça tudo o que foi feito por você até aquele momento, analise os acertos e as atitudes para corrigir.

Procure estar com todos os tipos de pessoas, desde aprendizes até grandes líderes. O homem esperto aprende com seus próprios erros, mas o sábio com os erros dos outros.

Fim do túnel

Não há fim do túnel, até mesmo porque quem chegou até aqui sabe que nós, seres humanos proativos, necessitamos sempre de muito mais. Você já observou aquele aposentado que mesmo não trabalhando fora não para um minuto? Gosta de se sentir útil em todas as circunstâncias?

Costumo dizer que o sucesso é um exercício. Quem aprende a chegar onde deseja e já sabe o caminho não consegue parar pelo simples prazer de ser um vencedor. Por isso, inicie agora utilizando sua criatividade e percepção. Inove a sua vida e seja um vencedor!

14

O despertar das infinitas possibilidades

Cada pessoa entende a felicidade e a sente de maneira diferente da outra, não tem mais como haver tantas regras e limites no comportamento de cada uma. As crenças limitantes podem deixar de existir por meio da inteligência emocional e da ressignificação consciente de direcionamento, e o *coaching* tem como proporcionar isso de maneira libertadora

Dieny Nogueira

Dienyfer Nogueira Parra

Formada em Odontologia em 2004 pela UNIDERP. Especialista em Ortodontia pela UNICSUL em 2010. Curso de excelência em Ortodontia em 2015 pelo SIOMS. Formação em *Coaching* pelo IBC em 2016, em Campo Grande – MS. Escritora da página "O poder vem de dentro", no Facebook. Atendimento nos processos de *coaching* individual e em grupo, com foco em ressignificação e quebra de crenças limitantes. Palestrante.

Contatos
dienycoach@gmail.com
Instagram: Coach Dieny Nogueira
Facebook: dienycoach
(67) 99987-8424

104 | Criativos e inovadores

Como a maioria das pessoas, fui condicionada a acreditar que minha vida era feita dentro de limites, de escolhas fixas e de parâmetros finitos de possibilidades.

Sou dentista e escolhi a odontologia por acreditar que a profissão me proporcionaria autonomia, pois tenho aversão a seguir regras de outras pessoas ou estabelecimentos. Por ter uma personalidade de liderança, precisava me encaixar em alguma área onde pudesse seguir meus próprios horários e planejamentos.

Não tinha muita ideia da rotina de um dentista e nem me espelhei em qualquer pessoa para fazer essa escolha. Hoje, entendo que o fato de ouvir o tempo todo da minha família que eu, com certeza, seria "doutora" (devido ao meu bom desempenho escolar), me levou a limitar essa escolha para áreas que me dariam tal título.

Queria algo na área da saúde. Medicina descartei por não gostar de cortes e sangue; veterinária estava fora de cogitação e então foquei em odontologia. A área de ortodontia pareceu se encaixar melhor nos meus anseios profissionais que me seguiriam para o resto da vida.

Aos 17 anos eu estava definindo um passo muito importante: a profissão que estaria exercendo por toda a vida, junto com uma vontade de ser uma profissional de destaque, ter independência financeira e fazer a diferença dentro do que escolhi. Pouca idade para tal decisão; diria até que considero injusto termos que decidir isso, algo "decisivo" assim, tão cedo.

O que sabemos aos 17 anos? Qual a experiência de mercado, de ganhos financeiros, de relacionamento comercial e até mesmo pessoal? Estava ainda na minha adolescência e já tinha que pensar como uma adulta que estava construindo uma vida inteira dentro de um sonho, sonho este que ainda estava na primeira etapa, que era passar em um vestibular.

Eu adoro desafios e percebo que levei minhas conquistas por meio deles: passar no vestibular, me formar na universidade, conseguir uma vaga em uma clínica após a formação, fazer uma especialização, montar meu próprio consultório e alcançar a tão almejada independência financeira, e, claro, conseguir constantemente aumentar meu lucro.

Sempre fui uma pessoa de ação, e graças a isso consegui colocar em prática tudo o que almejava. Então veio a formação e com ela minha primeira experiência como dentista fora da faculdade. Consegui uma vaga em uma clínica antes mesmo da festa de formatura. Colocar em prática a parte clínica foi fácil e muito prazeroso, mas não nos ensinaram como conquistar os pacientes, lidar com seus medos e anseios; uma nova "faculdade" pela frente...

No ano em que me formei, meus pais mudaram de cidade, terminei um relacionamento de seis anos e fui morar sozinha. Entendi, naquele ano (2005), o que significava a frase: "minha vida deu uma volta de 180 graus".

Agora eu já era a doutora que previram na minha infância. Fui a primeira da turma a conseguir um salário como dentista e, na época, isso me fez sentir que eu estava seguindo o ritmo dos bem-sucedidos, pois sentia estar na frente, conceito esse que eu sempre ouvia: "quem chega na frente usufrui das vantagens".

Minha nova vida estava cheia de novos desafios e estar tão dona de mim era meu maior prêmio. Não tardou para eu entender que trabalhar para outras pessoas não ia ao encontro dos meus anseios e, com um ano de experiência pós-faculdade, resolvi morar na cidade em que meus pais estavam, uma cidade menor e que oferecia maiores oportunidades.

Meu pai resolveu investir em mim e comprou uma franquia de clínica odontológica e, então, meu sonho de ter um consultório virou uma empresa familiar. Não foi muito fácil a relação familiar no trabalho e logo eu estava administrando a clínica sozinha: vinha outra faculdade pela frente, pois também não aprendi, dentro da faculdade de odontologia, nada sobre administração, fluxo de caixa, planilhas e qualquer tipo de controle que uma empresa exigia.

Agradeci, por gostar de desafios e ser uma pessoa de ação. Frequentei vários cursos que me trouxeram o aprendizado necessário e a troca de experiências com outras pessoas foi enriquecedora na minha nova vida (de novo).

Quando assumi a direção da clínica, percebi que não poderia ir muito longe com a franquia, pois a mesma funcionava como um patrão que dita regras e posicionamentos, me tirando a liberdade de fazer como eu gostaria. Saí da franquia e desenvolvi a minha marca, com as cores que eu gostava, com o logo que eu escolhi e com o meu método de funcionamento. Não ficou mais fácil, mas era eu quem decidia tudo, então estava mais confortável.

Aqui eu já tinha alcançado a minha independência financeira, ajudava meus pais e irmãos e conseguia fazer as viagens que tanto gosto e que também considero como investimento pessoal, por proporcionar tantos aprendizados novos.

Dentro do que eu havia programado, cumpri meus propósitos e alcancei o que almejava. Agora o objetivo era manter e aumentar mais o meu lucro.

Não havia mais tantos desafios e comecei a sentir falta das mudanças que balançavam minha vida; percebi que aquelas voltas de 180 graus eram o que me movia. Definitivamente a rotina não era para mim.

Comecei a me sentir vazia; muitas coisas passaram a não fazer sentido, eu havia seguido meu roteiro e o final dele não era o suficiente: precisava de algo mais, mas não entendia o que faltava.

Não encontrava uma solução, pois eu estava onde havia planejado aos 17 anos, havia conquistado o que seria o ideal para a maioria e tinha tudo dentro do que era esperado, pelo menos como me fizeram crer os padrões da sociedade e também da família, o que hoje entendo claramente como crenças limitantes.

Como resolver que queria algo diferente? Como entender que eu podia fazer mais da minha vida, sem ter que seguir os padrões formados pela sociedade, tendo aprendido desde sempre que era aquele roteiro que me levaria à felicidade? Como eu poderia querer mudar de vida, tendo tudo o que eu deveria querer?

A insatisfação somada aos meus "não posso" me desanimaram; me senti como uma borboleta que passa por toda aquela transformação dolorosa do casulo e quando ele se rompe não havia asas; logo, não experimentaria o voo: toda uma expectativa sem sentido.

Sempre gostei dos "por quês?" e dos "para quês?" da vida. Graças a eles, encontrei um caminho que estava escondido e resolvi desbravar. Brilhou um novo desafio à minha frente; as asas existiam e só dependia de mim aprender a usá-las.

Conheci o *coaching* e com ele entendi o que eram as crenças que estavam embutidas em mim e me faziam colocar tantos limites que só existiam pelo fato de eu tê-los criado. Chamou-me a atenção aquela nova forma de ver a vida e resolvi mergulhar em outra volta de 180 graus, mas, dessa vez, me joguei sem nenhum medo e com todo o prazer de saber que o novo me preenchia e que não precisava existir um limite novamente.

O *coaching* acrescentou muitos outros aprendizados, como física quântica, lei da atração, teoria da gratidão, cooperativismo em sua plenitude, desenvolvimento de potencialidades, ressignificação e muitos outros que preencheram minha vida de uma forma muito ampla.

Apaixonei-me por essa nova forma de desenvolvimento pessoal e comecei a estudar e participar de processos em grupo e individual, e tudo o que estava relacionado a essa teoria eu colocava em prática. Foi surpreendente a transformação que trouxe no meu jeito de sentir, de enxergar, de me relacionar com o próximo. Entendi que era o que eu queria para minha vida, principalmente pelo fato de que não seria algo limitado novamente, pois havia muita coisa a descobrir, a praticar e até mesmo a criar.

Fez sentido para minha vida que conseguir colocar em prática e espalhar esses aprendizados seria minha nova missão. Não poderia guardar só para mim algo que tinha sido tão positivo e transformador. Minhas asas tinham despertado com as infinitas possibilidades que estavam sendo reveladas nessa nova direção.

Resolvi investir na formação e me tornar *coach*, experiência maravilhosa e que me fez ter a certeza de ter encontrado o meu sentido de vida: aquele caminho que estava escondido, mas que era tão amplo e cheio de novas rotas a serem descobertas que me fez sentir plena. Eu teria muitas voltas de 180 graus para me jogar e usar minhas asas.

Entre o tempo de decidir o que queria e colocar em prática tal mudança vieram à tona as crenças limitantes de várias pessoas a minha volta. "Você não pode" era algo escutado com frequência por mim e me dava mais força ainda para continuar.

Transformei a clínica em um consultório e limitei os dias de atendimento a três vezes por semana, a fim de deixar os outros dias para colocar em prática minha nova profissão. A odontologia ainda me traz satisfação; a sensação de devolver o sorriso, a autoestima e a estética para as pessoas me realiza bastante.

Escolhi o nicho de inteligência emocional no *coaching*, pois trazer a ressignificação à vida das pessoas e por meio dela poder trabalhar a quebra de crenças que limitam o desenvolvimento e progresso e que na verdade não passam de conceitos aprendidos de forma errada, deixando tudo leve e possível, era estar passando ao outro a transformação ocorrida em mim e espalhando sementes de liberdade.

A experiência em realizar esses processos de *coaching* com outras pessoas e acompanhar a mudança de comportamento, o novo brilho no olhar, o positivismo ficando cada vez mais forte dentro da rotina diária e direcionar um novo sentido para as situações que antes eram tão pesadas, traz uma satisfação tão completa no sentido de estar fazendo a minha parte que não tem como deixar nenhum tipo de dúvida em continuar seguindo firme com esses aprendizados e os espalhando para o universo.

O *coaching* me fez despertar para as infinitas possibilidades que eu tenho e vou ter sempre na minha vida. Trouxe a consciência de que meu caminho é escrito por mim o tempo todo e tudo que eu quero sou capaz de realizar, absolutamente tudo, inclusive seguir com duas profissões tão diferentes.

15

Da incompletude à criatividade

É difícil achar alguém que não deseja ser criativo e inovador. Querer é uma coisa, conseguir é outra. Muitos esquecem que há uma questão de fundo a ser enfrentada: a incompletude humana. A criatividade é fruto dessa incompletude. Nascemos inacabados e inconclusos. Ninguém nasce pronto e completo. Estamos sempre "sendo". Em função disso, podemos nos educar, cresce e ser criativos e inovadores

Dr. Clovis Pinto de Castro

Dr. Clovis Pinto de Castro

Possui experiência como educador e gestor educacional. Foi diretor de escola de educação básica, reitor e vice-reitor de universidades, diretor de faculdades, coordenador de cursos, além de ter criado e dirigido, por quatro anos, a Escola de Negócios da Acipi – Associação Comercial e Industrial de Piracicaba – uma das mais inovadoras e criativas associações do país. Possui graduação em Pedagogia e Teologia. É mestre em Filosofia da Educação e doutor em Ciências da Religião. Com experiência internacional, conciliou períodos de trabalho, estudos e pesquisas na Inglaterra, Alemanha, Suíça, África do Sul, Coreia do Sul e outros países. Autor de diversos artigos e livros, e entre eles destaca-se *Para não ficar ausente da vida – a pedagogia do cotidiano*, publicado pela Editora Texto&Textura. Atualmente, é membro do corpo de formação do Instituto de Psicanálise Lacaniana, IPLA, presidido pelo Dr. Jorge Forbes, um dos mais expoentes psicanalistas do Brasil. Atua como consultor na área de Gestão do Ensino Superior e de Educação Corporativa. É responsável pelo projeto Caminhos da Psicanálise (www.caminhosdapsicanalise.com.br) e Diretor da AddUp, empresa que atua na área de educação corporativa.

Contatos
www.caminhosdapsicanalise.com.br
contato@caminhosdapsicanalise.com.br
clovis@addup.com.br

> "Educar para a criatividade é sinônimo de educar para a vida."
> Erich Fromm

Somos seres aprendentes. Se nascêssemos prontos e concluídos, os processos educativos – formais ou informais – não teriam sentido. Como humanos, aprendemos para além dos nossos instintos. Diferentemente de outros animais, nós habitamos o mundo e temos consciência disso. Temos a capacidade de nos questionar por meio das clássicas perguntas filosóficas: quem sou? De onde eu vim? Para onde eu vou?

Os demais animais nascem prontos. São completos em si mesmos. Não precisam se reinventar. No máximo, podem ser adestrados, treinados e motivados a repetir certos comportamentos. Não é solicitado a eles que sejam criativos. Por exemplo, uma abelha cumprirá seu *script* genético do nascimento à morte. Não cabe a ela ser singular e usar a sua criatividade em uma colmeia. Ela repetirá o que as demais abelhas fazem há milhares de anos. Não corre o risco de passar por crises de identidade. Viverá o ciclo de sua vida no mundo da ocupação, da repetição.

Nós nos inserimos no mundo de outra forma. Vivemos para além da repetição e do adestramento. Não estamos apenas no mundo, mas com o mundo. Criamos cultura. Rompemos com padrões preestabelecidos. Podemos ousar fazer e ser diferentes. Em qualquer área, tempo e idade. Em um breve olhar retrospectivo da história da humanidade, é possível verificar como o nosso mundo se transformou. Para quem habitava em cavernas – e não tinha a menor ideia de como lidar com as forças incontroláveis da natureza – houve muitos avanços.

Além do princípio da incompletude, há outros dois aspectos fundamentais para darmos conta da existência de forma criativa e inovadora: a imanência e a transcendência. Temos raízes que nos localizam no tempo e no espaço e que permitem saber quem somos e de onde viemos (imanência), ao mesmo tempo, podemos romper todos os interditos, ir além e criar algo novo (transcendência). Para Leonardo Boff[1] : "temos uma existência condenada – condenada a abrir caminhos, sempre novos e sempre surpreendentes". Qualquer processo criativo pressupõe, além da incompletude, o fato de que temos raízes e asas.

1. BOFF, Leonardo. *Tempo de transcendência: o ser humano como um projeto infinito.* 3. ed. Rio de. Janeiro: Sextante, 2000. p. 22.

Estar com o mundo pressupõe a capacidade reflexiva. Sem a curiosidade que nos move, que nos inquieta, que nos insere na busca, não aprendemos, não ensinamos, não criamos. Destaco três características para ser criativo e inovador: curiosidade, inquietação e busca. São movimentos essenciais para manter a chama do conhecimento acesa e se colocar como aprendiz da vida. Abrir-se ao renovo diário da vida é o primeiro passo para ser criativo. É se colocar no mundo com um otimismo responsável. Quando criança, adorava o desenho animado do *Lippy*, um leão super otimista que se aventurava pelo mundo na companhia do *Hardy Har Har*, uma hiena extremamente pessimista que, diante de qualquer pequeno obstáculo, dizia: "Eu sei que isto não vai dar certo... Oh, dia! Oh, céus! Oh azar!". O otimismo de *Lippy* nem sempre estava fundamentado em boas probabilidades. Por outro lado, o pessimismo de *Hardy* o imobilizava. São dois extremos perigosos que podem limitar a criatividade.

O pessimismo, invariavelmente, está vinculado ao medo. Há pessoas que se assustam diante dos desafios da existência. Têm medo de enfrentar o novo e de se (re)inventarem. O psicanalista Jorge Forbes[2] afirma que "talvez a gente esteja vivendo o período mais criativo da raça humana, mas para usufruir dele não podemos ficar assustados, pois o medo é o inimigo da criatividade". Forbes[3] também diz: "Uma pessoa com medo não cria. Para criar é preciso ousadia, entusiasmo". Uma das consequências do medo é nos colocar em uma posição reacionária. É quando, ao invés de darmos um passo à frente, andamos para trás e nos apegamos às respostas prontas do passado. Diante do medo de ter de enfrentar o presente e inventar o futuro, muitos preferem continuar vivendo nas zonas de conforto que lhes dão alguma segurança.

Certa vez, um amigo me disse: "Viver é fácil. Difícil é saber viver". Outras expressões semelhantes são ditas, aqui e acolá, com certa frequência: "A vida não está fácil para ninguém"; "Não sei como dar conta da minha vida"; "A vida é para profissionais". São formas de expressar que viver é mais do que estar vivo. É ter de dar conta dos inumeráveis desafios, papéis, funções e demandas que, para muitos, parecem se repetir na melancólica rotina cotidiana.

A afirmação do meu amigo trouxe-me à memória o livro *Análise do homem*, do psicólogo e psicanalista Erich Fromm[4]. Nele, o autor fundamenta a sua crença na capacidade do ser humano conservar-se firme e constante na tarefa intransferível de dar conta da sua própria existência para ser singular e criativo.

Para Fromm, as pessoas podem cometer o engano de achar "que viver é algo tão simples que não requer nenhum esforço em particular para aprender como fazê-lo". A vida não é simples. É complexa e exige atenção permanente daqueles

---

2. ORLANDI, Ana Paula. *Faça a coisa certa*.
3. DE CASTRO, Eliana. *Jorge Forbes: a sociedade colocou o medo como seu grande orientador*.
4. FROMM, Erich. *Análise do homem*. Rio de Janeiro: Zahar, 1978.

que buscam mais do que estar vivos. Para quem se propõe a ser o artífice da própria existência e inventar o seu futuro, viver dá trabalho. A vida pode ser comparada a uma obra de arte: "a mais importante e, ao mesmo tempo, a mais difícil arte praticada pelo homem" (...) "na arte de viver, o homem é simultaneamente o artista e o objetivo de sua arte: ele é o escultor e o mármore". Uma metáfora que mostra a vida bruta sendo lapidada cotidianamente para dar lugar a uma obra sempre inacabada e aberta a novas possibilidades de habitar o mundo.

Nem sempre temos as condições ideais e os recursos suficientes para sermos criativos. Por exemplo, o artista renascentista Michelangelo, para esculpir a imagem de Davi, aceitou trabalhar em um bloco gigante de mármore que estava abandonado e exposto ao tempo há 25 anos no pátio da catedral Santa Maria del Fiore. Ele usou um material que havia sido recusado por outros grandes mestres renascentistas. Michelangelo viu naquele material rejeitado a possibilidade de criar uma das obras mais belas da humanidade.

Esculpir a vida criativamente é tarefa diária. É colocar-se em processo constante de aprendizagem. É sentir-se inacabado, mas não paralisado pelo medo. É justamente o sentido de incompletude que nos permite ser criativos e inovadores. Pessoas completas não criam, não inovam. Repetem respostas prontas. Habitam o passado. Têm medo do futuro.

Ser escultor da própria vida pressupõe interrogar a vida e a nós mesmos. É o que nos ensina o jagunço Riobaldo, personagem de outro livro que me acompanha: *Grande sertão: veredas*, de João Guimarães Rosa[5]: "Eu quase que nada sei. Mas desconfio de muitas coisas". Segundo ele: "Quem desconfia fica mais sábio". Para Riobaldo: "Vivendo, se aprende; mas o que se aprende, mais, é só fazer outras maiores perguntas". A interrogação é um princípio básico da criatividade. É quando nos permitimos desconfiar dos clichês, das respostas prontas, rasas e sem consistência, que transformam em simplismo a tarefa de dar conta da vida. A vida é complexa. É risco permanente. Não cabe nos livros de autoajuda ou em manuais de sobrevivência.

Quando o ser humano não faz uso da sua capacidade reflexiva e deixa de constituir-se como ser único e singular, corre o risco de não exercer as suas potencialidades. Perde a oportunidade de dar nascimento a si mesmo e forjar uma maneira singular de habitar o mundo. Cada um de nós, por meio da subjetividade, constrói o mundo que habita. Para Nietzsche[6], essa construção é composta por dois circuitos: o nobre e o escravo. No predomínio do circuito escravo, somos prisioneiros do passado. É quando vivemos na dimensão do ressentimento. No circuito nobre, a vida não fica refém do passado e tem como força vital o presente e o que projetamos para as nossas vidas (o devir). Nessa dimensão, a pessoa assume as contradi-

---

5. GUIMARÃES ROSA, João. *Grande sertão: veredas*.
6. NIETZSCHE, Friedrich Wilhelm. *A genealogia da moral*.

ções do viver e não responsabiliza os outros por suas perdas e fracassos. Sabe que só cabe a ela dar respostas singulares diante do novo e do acaso da existência.

Recentemente, li um texto de Bruce Mau, famoso *designer* canadense, com o título: *Manifesto incompleto pelo crescimento*. É uma reflexão focada no crescimento profissional dos que trabalham no processo de criação e inovação na área de *design*. Na verdade, serve para qualquer pessoa que queira ser criativa e inovadora. Bruce Mau[7] afirma que "a alegria é o motor do crescimento". Para ele, os erros nos experimentos profissionais, assim como em outras áreas da vida, devem ser vistos "como belas experiências, repetições, tentativas, ensaios e erros" e, nessa perspectiva, devemos nos permitir "a diversão de falhar todos os dias". Ele também nos adverte que o saber ouvir é um dos princípios essenciais para quem quer aprender. Ouvir é mais amplo do que escutar, pois requer colocar atenção e ser impactado pela presença daqueles que reconhecemos como portadores de experiências, sonhos e desejos. Outra dica é não desprezar o conhecimento daqueles que nos antecederam: "Apoie-se nos ombros de alguém. Você pode ir mais longe carregado pelas conquistas daqueles que vieram antes de você". As conquistas possuem maior brilho quando iluminadas pelos que vieram antes de nós. Inovar não significa criar do nada. Ninguém se torna criativo sem o acúmulo de experiências e de saberes.

De todas as dicas, destaco uma que entendo ser fundamental para quem quer viver na dimensão da criatividade: "não limpar a mesa, pois amanhã de manhã você poderá encontrar alguma coisa que não conseguiu enxergar durante a noite". É ter tolerância e saber esperar, pois quando as coisas se assentam, temos mais capacidade para enxergar uma nova solução ou um novo caminho. No momento certo, somos brindados com o sol da manhã.

Paul McCartney é um artista extremamente criativo. Soube se reinventar em várias fases da vida. Quando do lançamento do álbum *New*, com composições inéditas, enfatizou que produziu algo com sabor de novo. Ao ser questionado por jornalistas sobre nostalgia e a relação entre o novo e o velho, McCartney[8] afirmou: "Num mundo impossível, seria legal se as pessoas não soubessem o que já fiz. Em geral as pessoas procuram no que estou fazendo uma continuação de todo o resto. Não esqueto muito com isso. Minha principal preocupação é não copiar o que fiz no passado". Por tudo o que viveu e construiu ao longo de sua carreira de sucesso, Paul McCartney poderia viver do passado. Além de ter sido um dos meninos dos Beatles, é considerado pelo livro dos recordes (*Guin-*

---

7. MAU, Bruce. *An incomplete manifesto for growth*.
8. MACHADO, Cassiano Elek. *'Não quero copiar o passado'*.

ness Book*) como o "artista de composição e gravação mais bem-sucedido de todos os tempos". São mais de 100 milhões de álbuns vendidos mundialmente.

Paul conquistou a fama ainda jovem e, ao contrário de muitos artistas, soube se reinventar ao longo dos anos. Optou por não transformar as glórias de outros tempos no seu eterno presente. Isso não significa que tudo o que fez e viveu tenha perdido sentido. Ele apenas não quis ser a cópia de si mesmo. Suas memórias lhe servem de inspiração para o presente e são como um alicerce para a construção de seus novos trabalhos. Durante a entrevista, Paul disse: "Já me peguei sentado com minha guitarra pensando: vou escrever uma nova *Eleanor Rigby*. Mas, em seguida, penso: Ah, não farei isso". Paul tem clareza do tempo vivido. Sabe que as condições que o levaram a compor a canção *Eleanor Rigby* eram próprias de um tempo singular que não se repetirá. As circunstâncias históricas não são mais as mesmas e ele vive outro momento de sua trajetória musical.

No caso do Paul McCartney, sua sensibilidade artística perene refina-se gradualmente e toma diferentes formas a cada novo álbum. Ao mesmo tempo em que se aprimora como compositor, músico e cantor, não perde a capacidade de contemplar o horizonte cotidiano e, a partir desse entrelaçamento com a vida, fazer poesia e transmitir pela arte a maneira como enxerga o mundo. Ele não perdeu a capacidade de se encantar com a vida e de se interrogar diante de novos acontecimentos. É hábil na arte de expressar sentimentos e fatos por meio de canções que se eternizam, como *Let it be* e *Yesterday*, que estão entre as músicas mais tocadas do mundo, regravadas por dezenas de outros cantores, e que fazem sucesso a cada nova geração.

Paul, ao não querer ser cópia de si mesmo, está pronto – numa linguagem lacaniana[9] – para fazer-se tolo de um Real. Ele suporta as variações da vida e revela, em sua singularidade, que a tolice – e não as certezas – é que nos salva. Crie, inove e habite o mundo a partir da sua singularidade. Que as glórias ou vitórias do passado não ofusquem a beleza daquilo que ainda está por vir em sua vida. Há sempre – no horizonte existencial – algo que nos convoca. Sonhos a serem sonhados. Horizontes a serem conquistados. Felizmente, como humanos, podemos nos reinventar e ressignificar em qualquer tempo e situação.

---

9. Jacques Lacan (1901-1981), psicanalista francês que fez uma releitura do pensamento de Sigmund Freud, especialmente pelo viés da filosofia hegeliana, da linguística saussuriana e dos trabalhos de Lévi-Strauss.

Referências
BOFF, Leonardo. *Tempo de transcendência: o ser humano como um projeto infinito.* 3. ed. Rio de Janeiro: Sextante, 2000.
DE CASTRO, Eliana. *Jorge Forbes: a sociedade colocou o medo como seu grande orientador.* Fausto Magazine, [S.l], set., 2017. Disponível em: <http://faustomag.com/jorge-forbes-a-sociedade-colocou-o-medo-como-seu-grande-orientador/>. Acesso em: 29 nov. 2017.
FROMM, Erich. Análise do homem. Rio de Janeiro: Zahar, 1978.
GUIMARÃES ROSA, João. *Grande sertão: veredas.* Rio de Janeiro: Nova Fronteira, 2012.
MAU, Bruce. *An incomplete manifesto for growth.* Disponível em: <http://umcf.umn.edu/events/past/04nov-manifesto.pdf>. Acesso em: 29 nov. 2017.
NIETZSCHE, Friedrich Wilhelm. *A genealogia da moral.* Tradução: Antonio Carlos Braga. 11. ed. São Paulo: Escala, 2013.
ORLANDI, Ana Paula. *Faça a coisa certa.* Revista Faap, [S.l], p. 11-19, ago.- set., 2017. Disponível em: <http://www.ipla.com.br/assets/files/Editorias/Acontece/FAAP295_debate.pdf>. Acesso em: 29 nov. 2017.

16

O caminho para o topo:
Resiliência e felicidade no trabalho

É interessante que quanto mais se convive no topo, mais se sabe sobre onisciência, onipresença e onipotência. Entender de gente é entender resiliência e felicidade. Uma não é um dom, é a capacidade de superar situações adversas e sair fortalecido. A outra não é um destino, mas uma viagem planejada, executada e vivenciada. Sendo fatores de sucesso para caminhar ao topo, vamos apreciar seus conceitos

Elton Moraes

Elton Moraes

Graduado em Psicologia pela Universidade Federal de Uberlândia (2004) e Mestrado em Psicologia Aplicada pela Universidade Federal de Uberlândia (2007). Atualmente é Doutorando pela Universidade Metodista de São Paulo (com imersão no Psychometrics Centre da Universidade de Cambridge - UK), atua como Senior Client Director em Solution Design LATAM na Korn Ferry Hay Group além de ser professor da Fundação Getulio Vargas (SP) e INSPER (SP).

Contatos
elton.moraes.psicologo@gmail.com
LinkedIn: elton-aamoraes-6354b220
(11) 95148- 4818

Era uma vez...
 Este é um termo usado para se referir a uma história que iniciou no passado. E, normalmente, essas histórias muitas vezes terminam com "e todos viveram felizes para sempre" ou, originalmente, "foram felizes até suas mortes".
 Considera-se que a definição de felicidade é aquela que nos ensinam nas histórias infantis, falar de felicidade é algo complexo e faz parte do desejo do ser humano. Assim falar do caminho para o topo, só faz sentido se você entender que essa jornada lhe trará, em algum momento, momentos felizes.
 Por esse movimento, todo ser humano dispõe de escolhas a partir de possibilidades oferecidas pelo mundo para criar sua existência. Dar a ela uma identidade é parte das condições de continuar na caminhada. Ao fazer escolhas, as pessoas criam e articulam trajetórias, direcionando sua existência para algo que faça sentido, que gere sentimentos positivos e realizações, ou seja, uma condição de felicidade.
 Por isso se ouve tanto falar em propósito. A história da sua vida não pode ficar no "era uma vez" e sim no processo de construção diária e contínua do caminho de sua felicidade. As pessoas com maior significado de vida são as que apresentam maior contentamento com a vida, saúde e o alcance de seus objetivos e se diferenciam dos indivíduos com sintomatologia negativa.
 Então, decidir caminhar até um topo e ser feliz parecem ser vetores indicativos da finalidade da vida humana. A felicidade é um condutor mágico capaz de direcionar suas forças e energias, convergindo para um mesmo *target*, o de estar bem.
 É importante constatar que muitos pensam na felicidade, poucos a buscam, alguns a conseguem. O pensamento humano está repleto de crenças. Muitas limitantes, fazendo com que o indivíduo deixe de acreditar na possibilidade de alcançar novos objetivos. Essas crenças limitantes são as principais responsáveis pela desistência da jornada.
 As crenças limitantes são construídas na sociedade, Adam Smith (1723 – 1790), considerado o pai da economia moderna, postulou que o trabalhador é naturalmente preguiçoso e que só trabalharia por dinheiro. Esse pensamento perdurou por tanto tempo que até hoje alguns ainda

acreditam, mesmo com várias pesquisas refutando e mostrando que o engajamento vem de outros valores do ser humano.

O reconhecimento do ser humano produtivo e com bom desempenho parte do princípio que tem seus aspectos emocionais, valores e aspirações tratados com justiça. As teorias e as práticas buscam compreender o impacto desses fatores na vida produtiva do indivíduo, mas o que se constata é muito discurso, pouca prática. Analisando o propósito ligado a comportamentos positivos e levando a bons desempenhos, existem alguns pontos comuns, principalmente no que tange à busca da felicidade no trabalho.

Compreender que a felicidade no trabalho incorpora vários itens como satisfação, engajamento, comprometimento e, por isso, são expressões comuns em qualquer cultura, mostrando que isso possibilita entender que todos podem alcançar sua definição de felicidade. Malvezzi (2015) considera que a felicidade no trabalho é um estado psicológico do indivíduo que influencia positivamente seu comportamento e as consequências desse comportamento são melhorias nos indicadores de produtividade. O que importa não é chegar ao topo, mas como você está construindo suas conexões até lá.

O caminho da felicidade não é a ausência de dor, tristeza, frustração, mas sim uma condição de vida que vai além da questões da existência humana, que não é limitado à permanência de sensações agradáveis ou ausência de qualquer sofrimento. A intuição que as pessoas têm sobre a felicidade é algo que transcende as questões sensoriais e consistente com o equilíbrio entre as contingências estruturais e subjetivas do ser humano.

Por esse motivo, não há nada mais forte do que entender a estratégia do que se espera do seu papel numa organização, ou seja, como um bom mineiro digo que no caminhar rumo ao topo, as pessoas necessitam, no mínimo, entender "ônconto" e "ôncovo". Segundo o "minerêz" "ônconto" representa uma desorientação e significa onde é que eu estou, "ôncovo" significa uma orientação e representa a afirmativa de que sei aonde eu tenho que ir.

Caminhar rumo ao topo vivenciando a felicidade é, na verdade, saber tomar maior consciência sobre quem é você e o que quer. Todas transformações culturais levam a contradições, caos e complexidades, os que mais rápidos se adaptam são aqueles que sabem para onde ir. Os diagnósticos organizacionais apontam que não saber para onde ir é um sintoma grave, e desencadeia reações em que as pessoas ficam contrárias, não querem se mover, fazem o que mandam, esperam o dia do pagamento, etc. Muitas empresas definem sua estratégia, o principal problema está na forma de comunicá-la.

O nível de energia perdido em conversas desnecessárias, conflitos irracionais, comunicação ausente e liderança ineficaz, financeiramente é um custo alto que não entra nas estatísticas do balancete, pois são intangíveis.

É fundamental em qualquer caminhar, seja de sua carreira, de empreender, de chegar ao topo, primeiro saber o que você quer. O processo é dinâmico, a mudança está em função do ambiente, da tecnologia, da situação em que você como ser humano se encontra, porém o único que pode agir sobre isso é você mesmo.

Se não quer ser substituído por um robô, deve parar de agir como um. Pensar muitas vezes dói, não no sentido sensorial, mas no sentido de que o força a fazer escolhas e tornar-se mais consciente do meio em que está. Aprenda a exercer os princípios básicos da reciprocidade; da ajuda mútua. Parece simples, mas deter informação achando que é poder já é parte do passado, saber o que fazer com a informação, com quem e rápido é parte do presente.

Nesse sentido, muitas organizações e pessoas deixam de acertar, o que significa que, na ausência da clareza, não sabem o que querem, se qualquer coisa serve, qualquer coisa virá. O que é mais interessante é que ainda se acredita na filosofia do controlar. É fácil encontrar áreas na organização onde duas pessoas digitam e cinco conferem o seu trabalho. Ou seja, você não tem um financeiro eficiente, mas uma área de *business prevention*, que previne a realização de negócios, por um exagero de controles. Será que a produtividade é maior controlando as pessoas? A produtividade é maior conquistando e confiando em pessoas. O senso comum dos bons pagarem pelos maus mostra que controlar sem entender porque controlar é quase uma burrice, uma sensação de alívio falso. Infelizmente no caminho para o topo ainda há muitos "burros bons" por aí.

A expressão do "burro bom" veio de minha vivência na fazenda, ao passar por um pasto bem verde, vi um monte de cavalo pastando o melhor capim, enquanto meu pai "descia o chicote" em um burro que puxava toda a madeira na charrete. Observando a situação, vendo o burro pequeno e os cavalos mais altos, resolvi perguntar porque não se utilizavam os cavalos para puxar a carga. Sabiamente ele respondeu que o burro é mais forte, mais equilibrado e trabalha mais anos do que o cavalo, afinal "quando o burro é bom, carga nele". O burro tem um porte pequeno, mas é mais resistente e dócil, atravessa trilhas pedregosas, acidentadas e íngremes. Além disso, possui a audição bem apurada, olfato e paladar mais rudes, permitindo que seja bem menos seletivo quanto à alimentação.

A ideia aqui não foi dar uma aula de zootecnia ou veterinária, mas mostrar-lhe que o "burro" é muito bom em suas atividades. A questão fica pior em termos de reconhecimento, normalmente o "burro" é o que mais entrega, mais faz e menos problema tem, por isso o líder tende a achar que ele é bom e não precisa de acompanhamento. E assim as empresas que têm mais controles do que a confiança estão ali com burros bem fortes fazendo a organização prosperar.

Sim, pois o "burro bão" precisa ser guiado ou, então, ele faz travessuras e se perde no seu objetivo, por isso que precisa de muita carga para trabalhar no seu máximo. Mas no caso do ser humano, trabalhar no máximo significa muitas vezes estresse, falta de entendimento dos aspectos emocionais, falta de confiança, finjo que trabalho, você finge que me avalia e no final do mês o salário não atrasando, tudo perfeito.

A medição desse modelo ineficaz pode ser constatada numa pesquisa de clima com resultados horríveis, ou mesmo, o medo e a ausência de diagnósticos, ou seja, deixem os burros quietos, estão puxando a carga, não quero saber o que está afetando eles, quem não quiser ficar que peça para sair. Outros pontos o *turnover*, absenteísmo e o próprio aumento de sinistralidade no convênio médico são bons indicadores de alto controle.

Esses exemplos só mostram a revolução na relação do homem com o trabalho, muitos se tornam mais conscientes e não querem ser só controlados, mesmo que seja para ganhar menos. O ser humano é, por natureza, alguém que faz vínculo, exercitando um contrato psicológico. É óbvio que se você tratar seus burros como bons, o retorno também será à altura da burrice praticada. A ausência da comunicação transparente, da comunicação direta e da autonomia só mostram que o contrato econômico ao longo dos anos produz frutos ruins. Quem senta em sua posição para seguir a cartilha não são as pessoas que transformam negócios. O melhor contrato que gera produtividade, alto desempenho e retornos sustentáveis é o contrato psicológico.

Por isso que, no caminho para o topo, envolver e conectar faz parte do processo, ser resiliente é saber passar pelas atrocidades e se refazer rapidamente sendo fundamental para gerar propósito. O sonho do pequeno empreendedor é crescer mantendo o seu jeito de ser, o do grande é aprender como o pequeno consegue manter seu jeito de ser, mesmo sem os melhores salários. Esses são dilemas que rodeiam a cabeça de quem quer decidir e partir para fazer a diferença no mundo, nos negócios, na vida, desafiar as crenças limitantes e o *status quo* de como as coisas são feitas.

E, assim, a felicidade também dependerá de amadurecimento. Já que ela é uma viagem, o indivíduo aprende a identificar estados de felicidade de acordo com o seu amadurecimento. É comprovado que a felicidade não está totalmente relacionada à aquisição de bens materiais ou ao enriquecimento financeiro. Aprender a reconhecer que se é feliz, mesmo tendo que suportar algum incômodo físico, cansaço, dores, é sentir a sensação de dever cumprido, de satisfação com o momento vivido.

Mihaly Csikszentmihalyi (2004) denominou esse momento de *flow* (fluxo ou fluidez). Quando você está em um momento muito confortável, bom e prazeroso que até esquece o passar do tempo, esse fenômeno é denominado *flow*.

Dessa maneira, a felicidade e a resiliência estão na sabedoria de viver as adversidades de uma maneira tão sútil que faz a vida valer a pena, independentemente de onde e o que esteja fazendo, você dá sentindo a sua vida. E alguns pontos são fundamentais para se buscar esse amadurecimento e entrar no *flow*, 1 - foco no que você quer – saiba "ôncotô" – "ôncovô", 2 - senso de êxtase com o que faz – sinta prazer, 3 - clareza, sabendo o que se faz, estará mais apto a receber *feedback* e corrigir rumos, 4 - entender que o que você está fazendo é factível de acontecer, sendo de realidade, você precisa entender qual sonho é realizável e quando não é possível naquele momento, 5 – senso de serenidade – olhar além de si mesmo e reconhecer quem está a sua volta, não fazer tudo olhando só para o seu ego, 6 – intemporalidade – saiba que o tempo é relativo, aprenda a lidar com ansiedades desnecessárias, 7 – motivação intrínseca – você precisa desejar querer fazer. Aprender a deixar esses passos se tornarem valiosos para você e dar sentido a sua jornada ao topo.

Se você não consegue enxergar desafios no que faz, cuidado, esta é a zona de conforto, ela traz apatia, ansiedade e preocupação, o que realmente o afasta e muito do *flow*. Se você encontrar esses momentos de fluidez, estará elevando sua consciência e sendo mais atuante sobre o que fazer para ser feliz com o que tem hoje.

Nas contradições do mundo com tantas necessidades de *digital transformation* e diversidades é preciso encontrar sua conexão, seus relacionamentos verdadeiros, sua resiliência. Para Texeira e Bissoto (2018) a palavra resiliência teve origem no latim *resilire*, que significa a capacidade de elasticidade de um corpo, ou sua tendência de se reconstruir ou de retornar à sua forma original.

Segundo Martins (2015), resiliência não pode ser confundida como um dom ou como características de alguém imune a qualquer adversidade. Essa má utilização do tema pode caracterizá-lo como uma espécie de mágica, herança genética ou heroísmo instantâneo, negando seu caráter de aprendizagem, de construção e de relação com o ambiente. Resiliência é enfrentar as dificuldades com a possibilidade de superação delas, mantendo a qualidade da vida da melhor maneira possível.

Martins (2015) define que resiliência é a habilidade de um indivíduo se recuperar das adversidades e se adaptar positivamente em situações de tensão e estresse. É um processo passível de modificações que depende da evolução do indivíduo, de novas forças e resistências conforme as dificuldades da vida.

Então, se você vislumbra caminhar para o topo, resiliência deve fazer parte da jornada, porém se trabalha em uma organização onde o controle se sobrepõe à confiança, treinar e desenvolver a resiliência é seu primeiro passo. Pessoas resilientes respondem de modo mais rápido e eficiente às mudanças com nível mínimo de estresse, dirigem esforços para realizar seus objetivos e revelam persistência para realizar tarefas complexas. A resiliência deve ser aprendida, é importante para enfrentar situações difíceis e se recuperar.

Alguns pontos precisam ser aprofundados para entender sua influência no ambiente de trabalho. Ser resiliente também ativa o engajamento, focando em relações fortes e sadias que ajudam ambos a crescer. Crescer é decorrente de características positivas, e não simplesmente da ausência das negativas. No âmbito dessa preocupação e do aumento das adversidades coletivas, desenvolver a resiliência pessoal e coletiva são formas sustentáveis de chegar ao topo.

Depois da felicidade e da resiliência, a discussão final é sobre o topo. O capítulo versa sobre um caminho para o topo, a reflexão é que o topo tem diferentes significados. Esses significados irão depender justamente do que você quer. Ter a família próxima é um topo, ser um empreendedor de sucesso, também. Tornar-se um diretor ou CEO de uma grande organização, igualmente. O que diferencia isso tudo é a jornada, é o como você quer chegar e alcançar o topo.

Em todas essas relações a que fica mais evidente dos que chegam lá é que nos seus relatos contam mais do caminho e pouco sobre estar no topo. A conquista continua sendo o princípio de ter propósito com o que faz.

A sobrevivência das organizações não está no poder de seu produto, no caixa que tem ou na possibilidade de aplicar tecnologia de ponta. A sobrevivência das empresas contemporâneas está intimamente vinculada à experiência do cliente, a atrair e reter profissionais engajados com o seu trabalho, sendo capazes de assumir responsabilidades, de ter coragem de arriscar e alcançar resultados, o que dependerá da forma como serão tratados e desenvolvidos.

Seja empreendendo ou prosperando em sua carreira, lembre-se de que viver a jornada almejando felicidade e equilibrando sua resiliência é um requisito importante do que você quer. Escolha e tenha atitude!

Referências

CSIKSZENTMIHALYI, M. – *Gestão qualificada – a conexão entre felicidade e negócio*. Artmed, 2004.

MALVEZZI, S. – *Felicidade e trabalho* - In: *Dicionário de psicologia do trabalho e das organizações*. Bendassolli e Borges-Andrade Org – Casa do Psicólogo, 2015.

MARTINS, M.C.F – *Resiliência* – In: *Dicionário de psicologia do trabalho e das organizações*. Bendassolli e Borges-Andrade Org – Casa do Psicólogo, 2015.

TEIXEIRA e BISSOTO – *Resiliência* – In: *Dicionário de saúde e segurança do trabalhor* – René Mendes. Proteção, 2018.

17

Analytics: a nova competência essencial no mundo dos negócios

Analytics é a capacidade de extrair *insights* a partir de dados, que são cada vez mais abundantes e mais disponíveis. A novidade é que esta competência deixou de ser exclusiva dos profissionais de TI (Tecnologia da Informação). Agora é cada vez mais requerida por todo profissional, independentemente do nível de senioridade e de área de atuação e indústria. Quem possui esta competência hoje tem um grande diferencial de carreira, e sai na frente no mundo corporativo. Este capítulo introduz o caminho para desenvolvê-la

Fabiano Castello

Fabiano Castello

Iniciou a vida profissional na década de 1980 como programador de computadores e administrador de redes e na década de 1990 entrou no mundo corporativo em auditoria, na empresa Arthur Andersen. Atuou como executivo na Deloitte, Electrolux, Ambev e Oi, com forte atuação tanto no Brasil como no exterior. Possui formação em Computação pelo Mackenzie, Administração pela EAESP-FGV e Ciência de Dados pela John Hopkins University. Possui as principais certificações internacionais de auditoria (CIA, CCSA, CRMA), além de ser conselheiro certificado pelo IBGC no Brasil. Atualmente é sócio da Grant Thornton, liderando a prática de *Advisory* no Brasil, e professor de *big data* na Inova Business School.

Contatos
fabianocastello@gmail.com
(11) 99939-5959

Analytics como um diferencial vencedor

Há algumas semanas eu estava procurando um arquivo nos meus alfarrábios e acabei achando uma apresentação que eu havia feito há muito tempo, com dicas para *trainees* da Arthur Andersen. Eu ministrava esta apresentação sempre no encerramento do primeiro mês de treinamento deles e uma dessas dicas falava sobre a necessidade de cada um descobrir o seu "nicho", que eu definia para eles como "aquilo que você sabe que ninguém mais sabe", ou ainda "aquilo que vai fazer alguém decidir por desligar o outro e não você".

Para ter sucesso no mundo corporativo você tem que ser proativo, fazer relacionamentos, estar atualizado, etc., etc., etc. Todo mundo sabe o que tem que fazer. Mas o problema é que isto faz com que todo mundo seja mais ou menos igual. Quando eu defendia que cada um deveria descobrir seu "nicho", era no sentido de que você tem que ser bom em tudo, mas em alguma coisa você tem que ser muito melhor que todo mundo. Valia há vinte anos e vale hoje.

O "nicho" pode ser uma competência profissional. Competência vem do latim *competere* e é a aptidão para cumprir alguma tarefa ou função. O "nicho" é a aptidão que só você tem, ou que pouca gente tem.

Já foram "nichos" falar inglês, saber operar um computador e até mesmo ter tido uma experiência no exterior. No mundo do recrutamento atual, todas estas coisas, um dia diferenciais, são básicas. Nenhum *headhunter* se encanta com nada disso. Este é o problema do "nicho": ele tem validade. Fica velho. Fica básico.

Um dos "nichos" atuais mais promissores é a capacidade de saber obter e manipular dados para ter *insights* (capacidade de compreender algo de forma intuitiva) e usá-los como vantagem competitiva. De uma forma geral, o mercado chama esta competência de *Analytics* e quem a possui tem um grande diferencial. Mas apenas por alguns anos: este é mais um exemplo de uma competência que será básica no futuro.

Existem dois caminhos possíveis para quem quiser se dedicar ao desenvolvimento desta nova competência. O primeiro caminho é tornar-se um cientista de dados, um especialista no assunto. É uma carreira bastante interessante e, segundo

Tom Davenport, guru de TI, é a "carreira mais sexy do século XXI"[1]. Sobre ser cientista de dados existem muitos livros e cursos, tanto no Brasil quanto no exterior.

O segundo caminho possível, nosso foco aqui, é usar *Analytics* como uma competência adicional a todas as demais que você já tem. Isto significa que continuará sendo um profissional de finanças, de RH, de suprimentos ou da área comercial, mas com uma diferença: saberá usar o *Analytics* como um *plus* no seu trabalho e na sua carreira. É uma competência válida para executivos experientes, analistas e para quem está começando as atividades. Para quem trabalha em megacorporações e para quem opera pequenas e médias empresas.

Há cerca de dez anos, quando começamos a ouvir falar em *big data* e algoritmos de predição, o assunto estava restrito basicamente às áreas de TI e fazia sentido: como ninguém ainda entendia muito o que era, na dúvida devia ser TI, já que se tratavam de dados e estes ficam armazenados em computadores.

De lá para cá os computadores ficaram cada vez mais potentes e mais baratos, bem como mais dados estão disponíveis e existe memória barata para armazená-los. Some-se a isso programas para visualização de dados facílimos de usar e muito acessíveis, que foram desenvolvidos para usuários finais e não para programadores, e que permitem desde interagir com os dados de forma gráfica até algumas funcionalidades mais avançadas, como clusterização[2] e técnicas de predição.

Qualquer lista de como será o profissional do futuro inclui esta competência. O meu grande argumento é que será vencedor quem souber usá-la agora!

1. Como desenvolver esta competência

Para se usar *Analytics* como uma competência adicional é preciso desenvolvimento em quatro pilares, explicados resumidamente a seguir.

1. Saber os conceitos básicos de *Analytics* e como aplicá-los

Basicamente, significa saber o suficiente para entender o potencial de *Analytics* e, com isso, saber quando, onde e porque deve ser utilizado. É participar ativamente de uma reunião e fazer as perguntas corretas, demonstrando ser um profissional que está atualizado sobre o que é moderno e sobre as tendências de mercado.

1 Davenport, Thomas H., Patil, D.J. *Data Scientist: The Sexiest Job of the 21st Century*, Harvard Business Review, outubro de 2012.

2 Clusterização é uma forma de classificação não-supervisionada de dados, que cria agrupamentos ou "*clusters*". É uma etapa importante no processo de análise de dados (JAIN et al., 1999).

É importante conhecer as principais plataformas e ferramentas disponíveis, bem como as principais metodologias. Do ponto de vista prático, você não precisa saber como desenhar e testar um modelo que utilize um algoritmo, por exemplo, de árvore de decisão, mas precisa saber que existe e para que serve, de forma que você saiba quando resolver um problema de negócio com ele.

Vamos pegar um exemplo prático. Você está numa reunião do seu departamento e o problema apontado pelo diretor é que estão perdendo muitos clientes e isso terá um impacto grande no resultado do ano. Você, que além de profissional exemplar na sua área também tem a competência em *Analytics*, em vez de aguardar alguma sugestão do time, proporá uma solução em que, usando os dados históricos dos clientes perdidos, vai prever aqueles que sairão em breve. Periodicamente este modelo vai ser executado e produzir uma lista de clientes ativos com maior probabilidade de deixar de sê-los (ou seja, potenciais ex-clientes), e um time especialista em retenção entrará em contato com eles e oferecerá algum benefício que os surpreenda. Feito corretamente, não há como este não ser um projeto com resultado e a taxa de perda de clientes irá diminuir! Este é um *case* clássico de *Analytics*, usando modelos preditivos, bastante aplicado em empresas de telecomunicação.

Note que seu papel não é a construção do modelo. Isso será feito por cientistas de dados. Você precisa apenas conhecer o potencial de *Analytics* de forma que, aparecendo um problema a ser resolvido, tenha condição de propor uma solução, ou pelo menos mais uma saída para solucioná-lo.

2. Contratar cientistas de dados

Digamos que no exemplo anterior seu chefe adorou sua ideia e pediu para você tocar a iniciativa. Pode não ser desta vez, mas em algum momento você terá que contratar um cientista de dados. Não será fácil, porque são raros ainda hoje, mas, por outro lado, é a profissão que mais cresce nesta década, e tudo indica que vai continuar na próxima.

É um profissional multidisciplinar. Primeiro, o cientista de dados conhece TI o suficiente para obter, manipular, limpar e transformar dados para serem usados na construção do modelo, bem como para prover infraestrutura para executar os produtos de dados que serão gerados (por exemplo, o modelo do seu projeto que gera uma lista de clientes e suas probabilidades de deixarem de ser é um produto de dados).

Segundo, o cientista de dados também conhece matemática, mais especificamente estatística, absolutamente necessário para prover base teórica para a modelagem: qual modelo a ser utilizado (por exemplo, SVM, árvore de decisão ou regressão linear múltipla), com base em parâmetros como variáveis mais significativas, tempo de processamento e precisão do resultado.

Terceiro, o cientista de dados conhece negócios, e este é um aspecto fundamental a ser considerado, porque é preciso sensibilidade para interpretar os resultados que saem dos modelos.

Gosto de citar um exemplo de um projeto de *Analytics* que participei, na área de recursos humanos, cujo objetivo era reduzir o *turnover* de colaboradores. Uma das frentes de trabalho era produzir um modelo que, com base nos atributos dos colaboradores com mais tempo de casa, produzisse um *ranking* dos candidatos a uma determinada vaga, de forma a admitir aqueles que tivessem maior chance de serem contratados e de permanecerem mais tempo na organização. Se fôssemos utilizar o resultado "seco" do modelo, os sindicalizados seriam privilegiados com uma alta pontuação no *ranking* para serem admitidos porque, em geral, têm um tempo de casa maior que os não sindicalizados, inclusive porque gozam, por lei, de estabilidade. Esta informação, no entanto, não está necessariamente disponível no momento da contratação, bem como na maioria dos casos a sindicalização ocorre após o profissional já estar contratado. Sem um conhecimento de negócios ou, nesse caso, mais especificamente da área de recursos humanos e de suas peculiaridades, o modelo não cumpriria seu objetivo, ainda que do ponto de vista estatístico estivesse correto.

Pelo fato de ciência de dados ser uma profissão relativamente nova, o mais comum é encontrar cientistas jovens, que têm formação em tecnologia e também em matemática, mas não têm vivência em negócios, porque esta habilidade vem apenas com o tempo. Desta forma, ser competente em *Analytics* envolve não apenas conhecer o perfil de um cientista de dados, mas também saber quando alguma das competências não está presente, e como preencher este *gap*.

Um cientista de dados que desenvolve estruturas de fluxos de dados e algoritmos, sem um conhecimento sólido dos fundamentos da indústria em que atua e dos objetivos do negócio ao qual pertence, jamais vai conseguir alavancar suas habilidades técnicas para fazer diferença no longo prazo. O problema é que "fazer a diferença" é a essência do trabalho de um cientista de dados.

3. Gerenciar projetos de *Analytics*

Dentro da perspectiva anterior de que você deu a ideia e ficou responsável pela iniciativa, pode acontecer de você ter que estruturar um projeto e contratar uma consultoria especializada para auxiliá-lo.

Mesmo que você não seja certificado em gestão de projetos (PMP, por exemplo), é suposto que hoje todos têm os conceitos básicos: gerenciamento de tempo, escopo, custo e qualidade. Projetos de *Analytics*, que ainda são mais conhecidos no mercado como projetos de *big data*, são parecidos com os de implantação de sistemas de TI, mas têm aspectos bastante específicos e muito mais chance de não darem certo. Possuir competência em gerenciamento com *Analytics* significa conhecer quais são estes aspectos e, principalmente, como lidar com eles.

É impossível explorar todos estes aspectos aqui, mas é importante falar de um deles: muitos projetos de *Analytics* falham porque não começam com um a definição clara de qual pergunta deve ser respondida. É preciso ser assertivo! Um trabalho que começar tentando responder "Como melhorar a satisfação do cliente?" está fadado ao fracasso, enquanto outra questão, "Quais os principais atributos dos clientes que nos deixam?", tem mais chances de sucesso, já que fica mais fácil, durante o projeto, definir o conjunto necessário de dados para responder a questão, bem como os planos de ação para resolver o problema tendem a ser mais assertivos.

4. Utilizar *self-service*: DataViz

O nome é complicado, mas o conceito é simples. Sabe aqueles gráficos estáticos do Excel? Pois bem, esqueça-os. Agora você precisa mudar de patamar. O nome do jogo é interação e *storytelling*, cada vez mais conhecido como *DataViz*, abreviação de data *vizualization*, ou visualização de dados.

DataViz é uma forma excelente de ter *insights*, porque a possibilidade de enxergar graficamente uma massa de dados, e poder interagir com ela e segmentá-la, permite mais facilmente ver tanto agrupamentos (os chamados "*clusters*") como também pontos mais distantes do corpo de dados principais (os chamados "*outliers*", ou, mais popularmente, "pontos fora da curva").

Nos últimos anos nasceram e estão se popularizando os programas de análises gráficas de dados. Não que já não existissem, mas o que mudou é que estão sendo desenvolvidos para o usuário final. Alguém que, como você, certo dia aprendeu a usar *Excel*.

Um bom exemplo deste movimento é a empresa sueca *Qlik*. Conheci um produto deles, *QlikView*, há cerca de dez anos. Passou a fazer parte do meu dia a dia. Mas, apesar de ser fácil de usar, ainda era um produto que precisava um pouco de noção de programação. Em 2014, a mesma empresa lançou outro produto, *QlikSense*. Levei algum tempo para perceber porque o achava tão diferente: ele é feito para o usuário final, e muito mais simples de operar. Se eu perco alguma liberdade, como usuário avançado, o usuário final ganha um *software* que consegue compreender e começar a usar desde o primeiro dia, com excelentes resultados.

A vantagem do *QlikSense*, em relação a outros similares, é que a versão *desktop* você pode utilizar gratuitamente, mesmo que para uso comercial, por tempo indeterminado. Além disso, tem versão em português, vários tutoriais e uma ampla comunidade de usuários para interagir e solucionar problemas.

Existem opções *cloud*, como por exemplo o Watson *Analytics*. É importante, nesses casos, ter certeza de que você tem permissão para enviar dados para a nuvem, o que significa, antes de mais nada, que você está retirando-os do sacro ambiente de TI da sua organização. Cuidado! Há lugares em que isso dá demissão por justa causa!

Conclusão

Hoje em dia tudo à nossa volta coleta dados. Empresas que têm *Analytics* no seu DNA, como por exemplo *Google* e *Amazon*, crescem a passos largos muito em função da vantagem competitiva que conseguiram desenvolver. Parte significativa do faturamento da *Amazon* vem de compras recomendadas, ou seja, algoritmos mostrando aos clientes aquilo que nem eles sabiam querer comprar.

Analytics é o futuro e, neste momento, um diferencial relevante na vida de qualquer profissional, de qualquer área e de qualquer empresa.

18

Novas tendências e fundamentos aplicáveis em uma era de mudanças e instabilidade

Em uma época de acelerada (r)evolução, a receita do passado não é mais uma garantia de sucesso. Perceber as mudanças e adequar-se a elas são cruciais para o profissional e empresas do futuro

Fabio Yamakawa

Fabio Yamakawa

Consultor em desenvolvimento de negócios, com mais de 18 anos de experiência no mercado de dispositivos médicos, atuando em multinacionais e distribuidores na área de *marketing* e gestão. Graduado em Engenharia Eletrônica pela FEI, pós-graduado em Administração de empresas, com MBA em gestão empresarial pela FAAP e especialização internacional em gerenciamento e hospitalidade pela UCF (University of Central Florida).

Contatos
Linkedin: Fabio Yamakawa
fabio.yamakawa@ym.adm.br
fabio.yamakawa@uol.com.br

Lembro-me de quando iniciei minha carreira profissional. Naquela época, a Internet começava a se desenvolver. Os celulares eram artigos de luxo e, ainda assim, tinham como única função realizar ligações, com inúmeras limitações de conexão.

Meu início foi em uma empresa multinacional onde atuávamos com sistema básico de cadastro de clientes. Naquela ocasião, o termo CRM (*Customer Relationship Management*) era completamente desconhecido e o DOS (*Disk Operation System*), o sistema operacional dominante no mercado por ser compatível com a linha de PC`s de 1981 a 1995. Jovens profissionais certamente desconhecem este sistema que antecedeu o *Windows* e que foi a base da computação moderna.

Orçamentos, pedidos e documentações ainda eram enviados e recebidos via FAX, e a ferramenta do *e-mail* profissional começava a ser implementada. Ainda não era clara a diferença entre "responder" e "encaminhar" e anexar arquivos era um recurso limitado, assim como o acesso a *notebooks* e redes móveis.

Se compararmos com a nossa realidade atual, pode parecer muito tempo, mas desde aquela época já passávamos por uma revolução tecnológica que vem mudando o modo como pensamos, agimos e interagimos.

As empresas também vivenciam essas mudanças tecnológicas, porém, em velocidade ainda maior. A influência da globalização faz com que até as pequenas instituições tenham que ser inovadoras para continuar no mercado.

Diante desse cenário, é importante ampliar as percepções para um mundo em contínua transformação, onde os hábitos de hoje não são os mesmos de ontem e nem serão os de amanhã.

No passado, quando alguém precisava de uma informação ou fazer uma pesquisa, recorria a uma enciclopédia. Quantas pessoas nascidas no novo milênio já devem ter visto ou ouvido falar na famosa Barsa?

Depois da enciclopédia e antes da Internet, o recurso era o BBS (*Bulletin Board System*), o precursor da rede mundial, que por fim se consolidou por meio de páginas de busca extremamente eficientes.

Atualmente, até a digitação é desnecessária. Pode-se simplesmente perguntar a um dispositivo móvel e a resposta chega quase instantaneamente.

Num futuro próximo, toda essa tecnologia poderá estar implantada nas pessoas por intermédio de *chips* com inteligência artificial, e respostas ainda mais completas e complexas estarão à nossa disposição em um piscar de olhos.

Provavelmente não será mais necessário aprender novos idiomas, visto que a tecnologia poderá unificar a linguagem e finalmente estabeleceremos uma comunicação única e globalizada, coisa que o "Esperanto" jamais conseguiu fazer.

Outro ponto importante a ser observado é a relação com o mundo financeiro. O modo como os pagamentos são realizados e o acesso aos bancos mudou radicalmente.

No passado, o principal meio de transação comercial eram os cheques. Naquela época eram recorrentes os problemas de assinaturas falsificadas e falta de fundos. O cartão de crédito era artigo de luxo e antes de se tornarem mais populares, os famosos cheques pré-datados tornaram-se uma forma de pagamento parcelado.

Assim, era possível adquirir produtos de valores mais elevados e parcelar de modo a adequar-se ao orçamento mensal.

Em seguida vieram os cartões de débito, popularizaram-se os cartões de crédito e, em virtude de problemas de segurança, foi desenvolvida a tecnologia com *chip*, em que a assinatura manual havia sido substituída por uma senha pessoal.

Desde 2015 há testes com *chips* subcutâneos (identificador de radiofrequência) e logo as pessoas poderão fazer compras e transações usando implantes na face ou nas mãos, substituindo *smartphones* e tecnologias de reconhecimento digital ou facial.

Este avanço tecnológico vem causando uma revolução sem precedentes. Ainda que o ser humano tenha uma alta capacidade de adaptação, acompanhar estas mudanças que crescem exponencialmente é incompatível com a velocidade linear ao qual o nosso cérebro está acostumado a trabalhar.

Lembro-me de quando tive a oportunidade de atuar em um distribuidor nacional e lançar um produto desconhecido cujo concorrente era uma multinacional líder de mercado, com uma tradição de pelo menos duas décadas no Brasil.

Naquela ocasião, o conceito dos quatro P`s do *marketing* foi cuidadosamente aplicado e trouxe à tona a importância prática de cada um deles:

- Produto: estudo do produto a ponto de dominá-lo nos seus mínimos detalhes, com criação de posicionamento adequado e linguagem de abordagem específica a diferentes perfis de cliente;
- Pessoas: recrutamento das pessoas certas para promover, vender e prestar suporte ao cliente. Ninguém faz nada sozinho!
- Processos: criação de estoque adequado (*forecast*), agilidade interna, desburocratização;

- Praça: identificação de regiões geográficas estratégicas para lançamento do produto e disseminação por meio de líderes e formadores de opinião locais.

A aplicação provou ser eficiente e alavancou resultados comerciais acima do inicialmente planejados, proporcionando um crescimento saudável e sustentável a médio e longo prazo.

Esse foi o meu primeiro desafio desta magnitude há alguns anos. Após este, outros projetos surgiram ao mesmo tempo em que toda a revolução contextualizada no início deste capítulo acontecia.

Diante de tantas transformações e mudanças, era claro que repetir somente o que foi feito no passado não era garantia de sucesso para o presente e, com certeza, não seria no futuro.

Sendo assim, após outros lançamentos de marcas e produtos no Brasil, notei a importância de três novos fatores essenciais para as empresas do futuro.

1- Modelo financeiro: o modo como lidamos com as finanças mudou e fundamentos econômicos passam a ser cada vez mais levados em consideração no momento da compra de um produto ou serviço.

É fundamental que a empresa apresente planos capazes de suportar o fluxo de caixa do cliente e criar diferentes demonstrações financeiras que provem a relevância e segurança do investimento.

A carteira de modelos financeiros disponíveis servirá como um forte argumento de vendas, pois mostrará ao cliente um negócio sólido mesmo em fases de crise econômica e/ou instabilidade política.

Programas de financiamento, trocas, comodato e aluguel são algumas modalidades que combinadas ou isoladas podem fazer parte de uma solução financeira. Suporte de instituições bancárias e/ou parcerias estratégicas com outros fornecedores (ou prestadores de serviços) podem tornar o portfólio mais completo, agregar valor e viabilizar negociações por meio de soluções completas ao cliente.

2- Construção de reputação (foco: cliente): a competição empresarial nesta era da informação torna-se cada vez mais acirrada. A gama de produtos que executam as mesmas funções é cada vez maior, e a escolha entre um ou outro passa a ter uma ligação direta com a percepção do cliente sobre as instituições.

Redes sociais e internet tornaram-se valiosas ferramentas de pesquisa para entender como a empresa se relaciona com os seus clientes, formando a sua reputação. Ao fazer uma busca *online*, os maiores motivos de queixas estão relacionados com serviços prestados (principalmente pós-vendas), e a forma como reclamações são recebidas e solucionadas.

Diante desta nova realidade de mercado, é importante um planejamento de todo o ciclo de relacionamento com o cliente. Esse programa pode se tornar o investimento de *marketing* mais importante, ainda que não inclua nenhuma ação publicitária.

Os clientes satisfeitos serão os mais poderosos divulgadores da sua marca, por isso é importante estruturar um canal de comunicação e relacionamento eficiente, programas de treinamento inovadores, ações sociais e serviços de pós-vendas diferenciados.

A construção da reputação é determinante para as relações comerciais do futuro e certamente será um importante diferencial competitivo de mercado.

3- Criatividade tecnológica: atualmente, com a escassez de recursos, o tempo é um dos bens mais valiosos da humanidade, não pode ser criado e tampouco esticado... Ou nos tornamos reféns ou aprendemos a otimizá-lo.

No mundo corporativo também é importante atentar-se à forma como esse recurso é administrado. A ajuda da tecnologia de forma criativa é o maior aliado para a otimização do tempo. O famoso "fazer mais com menos" pode tornar-se possível ao mesmo tempo que respeita o horário da jornada de trabalho dos funcionários. Por meio da tecnologia, é possível promover produtos, recrutar pessoas, otimizar processos e expandir a área de atuação para qualquer fronteira que desejar.

Já o uso da criatividade tecnológica será a maior ferramenta para o famoso "encantamento do cliente" e superação de expectativas, utilizando algoritmos de inteligência artificial. Com isso, será possível prever tendências de consumo, antecipar o desenvolvimento de novos produtos e até mesmo criar novos modelos de negócios que envolvam outros parceiros até então desconhecidos ou inexplorados.

A tecnologia é cada vez mais indispensável para a otimização do tempo e usá-la com criatividade poderá aumentar a produtividade e eficiência, permitindo antecipar ações, conhecer cada vez melhor o mercado e, principalmente, os clientes.

Modelo financeiro, construção de reputação e tecnologia criativa são os três pilares que nesta época de acelerada (r)evolução ajudarão profissionais e empresas a trilhar um caminho mais produtivo, saudável e sustentável, criando diferenciação e valorizando a sua marca pessoal e corporativa.

19

C.I.V. - A MARCA DOS CAMPEÕES!

O possível é muito mais forte e real do que o impossível

Lilian Cury

Lilian Cury

Formada em psicologia pela Universidade de São Paulo com pós-graduação em Tecnologia Assistiva, pela Faculdade de Medicina do ABC – Fundação Santo André-SP. Coautora do livro *Psicologia do Excepcional*, da editora Guanabara. Fundou a LC Consultoria Empresarial em 1991 e atua como Consultora em Projetos de T&D – para Gestores e Colaboradores. Depois de perder a visão, novos rumos na carreira: tornou-se consultora em inclusão de pessoas com deficiência – para incluídos e incluidores e também é coordenadora educacional do CADEVI (Centro de apoio do deficiente visual). Participante do grupo "Cenário Organizacional e Inclusão", pela AAPSA. Participante do grupo Inclusão e Empregabilidade de PCD pelo Espaço da Cidadania. Parceira do Luciano Amato em projetos de inclusão – *Training People*. Convites de parcerias com Alessandra Araujo – Presidente estação 4, Ana Gabriela Ribeiro Desan – Direção da Fran's Café Franchising Ltda e Cris Gama, coordenadora Escola Jardim Ângela.

Contatos
lc.inclusao@gmail.com
Facebook: liliancury
(11) 5562-7119

O título deste artigo é composto por três letras em caixa alta, com um ponto após cada uma delas, um travessão e quatro palavras escritas também em caixa alta. Qual o significado de "C.I.V."? Cada leitor deste artigo pode pensar e imaginar quais palavras começam com essas letras. E será que existem palavras corretas ou pode-se pensar em diferentes significados?

Em seguida às três letras estão as palavras: "A MARCA DOS CAMPEÕES". Trata-se de alguma marca registrada, ligada ao esporte ou a outros campos que envolvam disputas? Não! A marca que senti e pensei ao escrever este artigo foi inspirada na história de uma vida real.

Quis compartilhar com vocês, leitores, ideias e mensagens que são o retrato de uma vida verdadeira! Sentir, pensar, agir e querer, sempre, e podemos ser campeões!

C de Criativos, I de Inovadores e V de Vencedores!

Vamos ler este texto, e tenho certeza de que todos nós podemos somar nossas energias e multiplicar as oportunidades de abrirmos nossa visão.

Vamos juntos nessa jornada, para que possamos refletir sobre a "vitória", um substantivo tão usado, cujo conceito é a meta de tantas pessoas. Vivemos em uma sociedade em que o poder é absolutamente ligado à conquista de vitórias; custe o que custar, sofra quem sofrer. Mas, aqui, não darei espaço para indivíduos aos quais faltam dignidade e honra, porém considerarei o que leva alguém a querer competir com outra pessoa.

Faremos uma viagem com um "jogo de letras", um acróstico e, assim, poderemos construir nossas definições.

Esta letra C, para mim, é elemento essencial para quem quer lutar por uma vitória. E nosso acróstico é o que segue:

Coragem, natural e presente. Competência conquistada para viver a disputa na situação em questão!

Rastrear os caminhos cognitivos e técnicos antes do desafio a ser enfrentado; ter segurança em si mesmo, o que determinará a motivação exclusiva e própria do competidor.

Inteligência necessária à prova. Inspiração, que libere as emoções e faça pensar sobre elas, para a ação ser melhor preparada.

Acreditar em si; saber vencer e perder, para que se possa aprender com novas experiências e crescer com cada uma delas.

Tenacidade é fundamental! Não temer desafios e conscientizar-se de que o querer é o início de tudo, e não é possível delegá-lo a ninguém.

Imprevistos: saber buscar recursos já adquiridos com naturalidade, permitindo ao competidor sair do programado e não se limitar ao que foi ensaiado, treinado e definido. E isso sem perder o foco, nem deixar para trás as metas, os sonhos e a razão de ser da competição.

Vencer nossas próprias dificuldades, pois todos temos que reconhecer que ninguém é perfeito. Somente ao olhar para a nossa realidade podemos ultrapassar os obstáculos e ir adiante.

Olhar além das aparências. Confiar em seu autoconhecimento, em sua potencialidade, na sua história e em tudo o que já aprendeu, querendo avançar e vencer os próprios limites.

Saber avançar e recuar; usar as técnicas e "fazer acontecer" com dignidade, ética e excelência, tanto em seus objetivos quanto na prática do que será realizado.

Assim, temos elementos reais para pensarmos em tudo o que já vencemos na nossa vida. Quantas competições vivemos dia após dia? E se não fôssemos criativos, jamais estaríamos aqui, neste lugar e nesta situação social.

Os motivos reais provam que a letra C do título deste artigo é o início da palavra CRIATIVOS! Para ser criativo, ter coragem é essencial; é deixar a emoção chegar e, a partir dela, pensar em como tomar a melhor decisão antes de agir. A criatividade é o ponto inicial de tudo! Sem ela, não se pode vencer; não se consegue superar os competidores e ultrapassar barreiras para ser o melhor!

Agora, seguindo nosso jogo de letras, vamos tratar da letra I do título deste texto.

Será que os campeões da vida real prendem-se – ou prenderam-se – somente ao conhecido? Será que para sermos campeões podemos contentar-nos só com o que já aprendemos ou com o que já atuamos?

Mais uma vez, vamos continuar deixando as emoções fluírem; vamos à letra I. Para os seres humanos se tornarem campeões, outra característica chave é que sejam INOVADORES!

Intuição: despertando a curiosidade humana, ultrapassando o já conhecido; querendo arriscar e conhecer competências novas e, assim, poder competir com muito mais segurança, permitindo-se superar as próprias conquistas.

Nunca desistir antes de alcançar e cumprir suas expectativas e objetivos! Não se entregar diante de possíveis problemas.

Ouvir mais do que se fala (e ao falar, escolher bem as palavras) e aprender a ouvir pelo tom de voz e pela comunicação não verbal, por meio dos gestos e expressões faciais.

Ver com outros olhos... Aprender a aprender a viver! Mover-se com o corpo físico podendo fazê-lo e, se não puder, encontrar alternativas, usar sua capacidade como um todo para atingir os objetivos: conhecer seus limites e querer superá-los!

Aceitar os "nãos" da vida e tomá-los como desafios e estímulos. Não deixar de querer, não se limitar e não se acomodar aos impedimentos reais.

Dedicar-se, com determinação e vontade de ir além. Conhecer seus próprios dons e saber transformá-los em talentos possíveis e efetivos, reais e verdadeiros.

Olhar para si mesmo com humildade, tendo a consciência de que ninguém nasce pronto. Querer cada vez mais, e saber lidar com as vitórias e fracassos, usando-os a seu favor.

Rever suas experiências vitoriosas e querer aprender com as que não o levaram ao sucesso. Saber que tudo depende única e exclusivamente de cada um de nós!

Energia transformadora, renovadora e real! Saber que talvez não conquistemos tudo na primeira tentativa. Buscar aperfeiçoamento contínuo e focar em suas metas, acreditando que o POSSÍVEL é mais real e mais forte do que o impossível.

Superação: vamos colocá-la como meta real. Não confundir superação com "super-ação", a ação do super-humano, do herói. Sentir-se como um eterno aprendiz e continuar se empenhando, dando o máximo de si.

Será que estamos criando uma imagem irreal relacionada aos campeões? Não! Nem é meu objetivo colocar tais características como inatingíveis! Meu propósito aqui é o de trazer a definição de campeão ao nosso dia a dia.

O que me inspirou a escrever é uma vida real. Estamos em um tempo conturbado em termos de crises, que atingem nossa vida econômica, social, financeira e política. Isso já é viver no meio de uma guerra de interesses, de ações vindas de várias instituições governamentais da nossa política e nos afeta como um todo.

Todos nós podemos vencer, e a vitória é um jogo de quebra-cabeças em que as peças são cada experiência, cada dificuldade, as competências já conquistadas... Tudo isso é próprio de cada um, e não podemos delegar a mais ninguém.

Prosseguindo: falta apenas uma letra do título deste artigo, a letra V. Mais um acróstico, agora com a palavra "VENCEDORES":

Vibrar com a possibilidade de competir! Não se contentar apenas com a vitória, mas saber disputar.

Escolher viver sua vida de acordo com o que acredita, com o que lhe faz bem e com o que o estimula a seguir. Sentir que existe o prazer de aprender mais, de conhecer novos desafios. Ter consciência de que não conseguimos viver, vencer e crescer sozinhos, pois somos corresponsáveis por nossa vida em sociedade!

Nada será como antes... Amanhã vamos despertar em nós mesmos o desejo de descobrirmos novas informações, de nos atualizarmos sobre o que acontece no nosso país e no mundo. Vamos saber investir nosso tempo planejando e desenvolvendo.

Colocar-se como aprendiz e como agente de mudanças. Aprender a ser proativo, antecipando-se às mudanças e unindo humildade e autoestima.

Encorajar seu adversário, pois não vale competir sem a disputa justa, competente e cidadã.

Dar e receber, sem ter conceitos preestabelecidos e sem defender mitos, que são vendas nos nossos olhos. Às vezes, poderemos ficar muito decepcionados, nos sentindo injustiçados e traídos, mas a vida, com sua marca real, é uma lição para valer!

Onde buscar as próprias competências? Tudo nasce com nossa força interior! Com a coragem e com nossa habilidade de suportarmos ser perdedores. Assim, vamos tomar cada competição como uma medalha, sabendo o que realmente queremos e sem deixar de defender as metas, mas sabendo perder.

Respeitar o competidor, respeitando a si mesmo! Pensar com o lado racional da mente - as emoções são anteriores e mais rápidas em termos neuronais. Emoção e razão são um ciclo indissociável e real, anterior às ações.

Elevar o nível da motivação, que é única, intransferível e indelegável! Nós somos agentes de nossa motivação e não podemos fingir que não somos donos de nós mesmos.

Soluções não são "compráveis"! É evidente que já sabemos e vivemos esta verdade: cada um é responsável por buscar e encontrar, aprender e solicitar apoio técnico-emocional, mas não podemos delegar a outros a responsabilidade pela perda ou pela vitória.

Bem, nós buscamos e encontramos significados para as três primeiras letras do título do artigo; elementos reais e imprescindíveis para que pessoas sejam campeãs. Não existe um campeão que não seja criativo e inovador.

Convido-os a pensarmos em campeões reais e que estão muito mais próximos do que podemos imaginar.

A realidade nos mostra quanto a inclusão de pessoas com deficiência definida, cientificamente como tal, está cada vez mais real! Por exemplo, o esporte nacional e internacional estão sendo desenvolvidos por atletas tanto com ou sem deficiência.

Vocês estranharam essa afirmação?

Para mim, a primeira pergunta seria: "por que as pessoas com algum tipo de deficiência podem ter medalhas, assim como as que não possuem deficiência?".

Bem, eu já conhecia a Associação Desportiva da Deficiência – ADD, que fica na cidade de São Paulo-SP; meu marido estudou com o fundador desta entidade, o Steven Dubner, no ensino médio, e eu o conheci anos depois. Em 1997, eu o convidei para ministrarmos juntos palestras sobre a "Resposta às mudanças", e ele levou exemplos de superação e de inclusão de pessoas com deficiência, estimuladas pelo esporte. A reação dos participantes e gerentes foi tão positiva que o Dubner foi chamado para levar essa palestra para outros locais do Brasil.

E eu nem imaginava o quanto minha vida ia mudar poucos anos depois, em 28 de fevereiro do ano 2000, o tema inclusão passou a ser uma realidade na minha vida. Perdi a visão por problemas nos nervos óticos! Recomecei, mas nunca sozinha! E busquei a reabilitação. Precisei ser criativa, inovadora e vencedora!

Não foi fácil! E cada um pode pensar nas mudanças que surgem em suas próprias vidas e em como lidar com elas. Ao deixar minhas emoções e pensamentos fluírem, fui vivendo o que escrevi até agora. Quantas situações inéditas aconteceram! Usei meus outros órgãos dos sentidos, aprendendo a viver de uma nova maneira!

A reação dos amigos, dos novos amigos e dos clientes que confiaram na "Lilian Cega". Novos clientes surgiram. E o quanto aprendi nas mesmas ruas de São Paulo... Vamos acreditar que não podemos controlar tudo o tempo todo, mas temos condições para superarmos imprevistos!

SOMOS CAMPEÕES NA NOSSA VIDA!

Por ser muito ligada à música; aprendi violão em 1975 e continuo tocando, além de gostar muito de cantar. Nos cursos que desenvolvo e ministro, sempre a uso como recurso didático. Então, vou concluir este artigo lembrando a letra de uma canção de que sempre gostei demais: "Aquarela", do compositor e interprete Toquinho. Só depois de me tornar uma pessoa com deficiência visual constatei como a letra dela tem tudo a ver com a vida real:

> O futuro é uma astronave, que tentamos pilotar/ não tem tempo nem piedade, nem tem hora de chegar/ sem pedir licença muda a nossa vida e depois convida a rir ou chorar/ nessa estrada não nos cabe conhecer ou ver o que virá, o fim dela, ninguém sabe bem ao certo onde vai dar/ vamos todos numa mesma passarela de uma aquarela, que um dia enfim... descolorirá.

Este "futuro" não pediu licença; chegou e levou a minha visão sensorial. Mas o quanto aprendi, quanto chorei, quanto sorri... De nada me arrependo e quero continuar vivendo a minha jornada!

20

Intraempreendedores: naturalmente criativos, inovadores e vencedores

Apaixonados pelo que fazem, persistentes e dedicados, atentos, autoconfiantes e proativos. Eles têm as competências que alimentam o processo de criação e inovação que se propõem a realizar com excelência, onde quer que trabalhem

Lú Nogueira

Lú Nogueira

Estrategista digital com mais de 15 anos de experiência em áreas de comunicação e *marketing* de renomadas empresas no Brasil e exterior. Intraempreendedora e especialista em comportamento na Internet. Defende a etiqueta digital como uma vantagem competitiva e divide conhecimento sobre educação digital em palestras, cursos, orientações individuais, treinamentos e livros. É autora do livro *A Linguagem da empregabilidade – O valor da exposição social em ambientes corporativos*, que propõe reflexões sobre como profissionais de diferentes áreas estão construindo e encarando as suas carreiras como vendedores de si mesmos. Graduada em Publicidade & Propaganda e pós-graduada em Semiótica Psicanalítica pela PUC-SP, pós-graduada em Administração de Empresas pela FGV-SP e certificada em *Personal Branding* pela University of Virginia/Coursera.

Contatos
www.portaldalunogueira.com.br
estrategistadigital@gmail.com
linkedin.com/in/luciananogueirasilva

Fórmula do sucesso

"Só não deseja o sucesso quem a ele nunca atribuiu as suas melhores intenções."

Saber em que momento a criatividade surge ou como a inovação acontece é algo que muitos profissionais procuram entender, já que o sucesso parece ser um resultado inevitável. Mas será que investigar as razões da ocasionalidade pode ser tão revelador quanto desvendar os comportamentos que estão por trás das grandes conquistas?

Gastar tempo, dinheiro e energia em busca de fórmulas mágicas para o sucesso é um comportamento comum de quem quer obsessivamente resultados rápidos e sem esforço. Poucos são os que se perguntam se o fator-chave para o sucesso não está dentro deles mesmos, e se a forma como encaram a vida, o trabalho, e a relação entre ambos poderia mudar completamente os seus resultados.

Lutar diariamente para ser bem-sucedido tem muitas nuances, desde a mais pura ambição até o desejo de ter uma vida mais confortável e feliz. Seja como for, desejar mudanças sem tê-las antes provocado em si mesmo significa viver de ilusão.

Provavelmente você deve conhecer profissionais que fugiram dos padrões, criaram uma nova ordem e se abriram ao novo e ao improvável. Profissionais que arriscaram e souberam usar fórmulas próprias de sucesso, ou ao menos as experimentaram para despertar algo diferente em suas próprias rotinas. Esse perfil é menos numeroso em relação à massa, mas ainda assim se destaca entre os demais. Basta reconhecê-lo ou descobri-lo, inclusive se você o tem.

Paixão por realização

"Lute por algo que mantenha vivo o que você tem de melhor."

Vencer. Seja o que isso signifique para você, ter clareza a respeito do seu objetivo é o que define se você está no caminho certo ou não. Afinal, você trabalhará todos os seus dias para isso. E a forma como você lida com o que faz parte da sua rotina, além das coisas e pessoas que valoriza até que consiga chegar aonde deseja, é tão importante quanto o resultado em si.

O entusiasmo com as atividades, o prazer pelos desafios diários, as pessoas com as quais você se relaciona e os conhecimentos que adquire ao longo da sua trajetória fazem parte de um emaranhado de conquistas que contam a sua história. Deixá-las de lado ou reduzir sua importância é um grande desperdício.

A paixão pelo trabalho é a característica principal de quem se realiza com o que faz. E se ser um vencedor para você significa também uma realização pessoal ou profissional, manter vínculos emocionais positivos com a sua trajetória, se orgulhando de cada etapa e de cada impasse que solucionou, é vital para a manutenção do seu sonho.

Ter metas desafiadoras e se manter em constante desenvolvimento são condições notáveis dos profissionais que se descobrem empreendedores, assim como os intraempreendedores (empreendedores internos ou corporativos), que sabem que são donos de seus próprios destinos porque assim escolheram, mesmo que não sejam donos de seus próprios negócios. Para eles, o CNPJ não os define nem é importante, pois estão envolvidos e apaixonados demais pela realização diária que seus trabalhos proporcionam.

Intraempreendedorismo na prática

"Não sabendo que era impossível, foi lá e intraempreendeu!"

No contexto empresarial, as boas práticas de ontem talvez já não façam mais sentido hoje, e nem sejam suficientes para a conquista de vantagem competitiva em relação à concorrência. O que significa reconhecer, cada vez mais, o capital humano como agente transformador e decisivo na criação e manutenção de um diferencial tão necessário, seja qual for o setor ou área de atuação.

É nesse cenário que surgem os intraempreendedores que, por sua vez, se perguntam: como gerar inovação, trabalhar com criatividade e conquistar resultados além dos já esperados sem, necessariamente, ter uma posição hierárquica privilegiada na organização, ou sem ser dono do próprio negócio?

Eis aí a união do "útil ao agradável", pois as propostas mais inusitadas, as mudanças mais significativas e os resultados mais surpreendentes só existem porque alguém com atitude os concebeu, assumiu e liderou. E pessoas com atitude intraempreendedora fazem exatamente isso.

Os intraempreendedores, ou empreendedores corporativos, trabalham em organizações, cumprem seus deveres, colocam energia e empenho no que fazem e, além de todas as responsabilidades assumidas contratualmente, buscam de forma espontânea soluções que possam contribuir de forma significativa para os negócios das empresas em que trabalham, ao mesmo tempo que preenchem ainda mais as suas vidas (e não só as suas carreiras) de emoção, de "frio na barriga" e, principalmente, de realização.

Intraempreender significa usar uma paixão e habilidades próprias como gatilhos de execução, desenvolver e gerenciar algo que possa interessar a outras pessoas, além de si mesmo, e ter uma dose extra de curiosidade e interesse para buscar conhecimento em toda oportunidade que surgir, sem ter alguém que dê um impulso para isso.

Tem algo mais genuíno que provocar transformações positivas e evoluir todos os dias por iniciativa própria?

Mas para intraempreender não basta apenas ter vontade. Competência é pré-requisito. Passar a se comportar como o dono da empresa em relação à proposição constante de ideias, o que é algo comum aos intraempreendedores, pode mudar radicalmente a relação do profissional com a organização.

O comprometimento com o empregador é naturalmente fortalecido, já que a principal motivação de quem se descobre intraempreendedor vem "de dentro".

Apaixonados pelo que fazem, persistentes e dedicados, atentos, autoconfiantes e proativos. Esses são os principais atributos dos profissionais intraempreendedores. E é exatamente esse conjunto de competências que alimenta diariamente o processo de criação e inovação que se dispõem a realizar. Cria-se, portanto, a oportunidade de diferenciação que a organização almeja, ao mesmo tempo que o profissional se diferencia e cria sua marca pessoal, positiva e com atitude vencedora.

Que vantagem "Maria leva"?

"Estar mais preparado que a concorrência parece ser uma boa opção. Não?"

As regras sempre existirão, assim como situações que talvez você não possa mudar, mas eventualmente é possível fazer uma proposta nova, mais interessante, mais produtiva e até mesmo mais divertida. Por que não?

Aproveitar as oportunidades que surgem é a missão do empreendedor, seja ele um empreendedor corporativo (intraempreendedor), empresarial (aquele que cria um negócio próprio, seja por ocasião ou por necessidade), social (aquele que busca mudanças para a própria comunidade, por exemplo), ou público (servidores que procuram novas soluções para processos já estabelecidos).

O espírito empreendedor está presente em todas essas facetas. E todos esses profissionais sempre se destacam onde trabalham pela habilidade que têm de empregar os recursos disponíveis de forma criativa, por assumir riscos, buscar oportunidades e inovar.

Quem não está disposto a fazer o que sempre fez de uma forma diferente pode também não estar disposto a descobrir alternativas para gerar novos negócios e oportunidades, o que necessariamente envolve uma energia extra.

É por esse motivo que o que mais desperta a atenção em relação a um empreendedor interno é a busca contínua por melhores resultados, além de proporcionar um aprendizado a todos que com ele se engajam, mesmo que isso signifique mudar tudo de cabeça para baixo.

O intraempreendedor gera um ativo socioeconômico a partir de sua iniciativa, que pode tanto produzir desconforto em modelos de gestão mais tradicionais como também inspirar outros profissionais a buscar alternativas para ir além em seus negócios e carreiras.

Movimentar a criação de ideias dentro das organizações, mesmo que de forma indireta, assim como inovar dentro de limites preestabelecidos, é uma possibilidade enriquecedora de desenvolvimento, profissional e pessoal, que vai além do que chamamos de escopo de trabalho.

Foco é uma coisa. Não se abrir para as oportunidades é outra. Por isso, os intraempreendedores estão sempre à frente dos profissionais que apenas executam suas tarefas "oficiais".

Sem comprometimento não é possível chegar a lugar algum. E esse comprometimento não diz respeito apenas às responsabilidades de um cargo, mas também à forma como ele entrega valor e contribui para a evolução própria e dos que estão a sua volta. Todos saem ganhando.

Os intraempreendedores não têm medo de compartilhar o que sabem. Pelo contrário. Procuram espalhar ao máximo as suas ideias para inspirar outras pessoas, ao mesmo tempo que validam suas experimentações. Nesse formato, que é colaborativo pois a opinião de outras pessoas contribui para a lapidação de suas propostas, todos crescem juntos.

Tudo isso diz muito a respeito do conceito de empregabilidade, ou seja, estar sempre preparado para mudanças radicais, mesmo que elas jamais aconteçam. O preparo nunca é demais.

Você em primeiro lugar

"Antes de ser inovador, criativo e vencedor, seja você!"

Não é incomum profissionais abandonarem suas maiores paixões profissionais em troca de melhores salários. Esse tipo de decisão é particular e depende do momento de vida de cada um. Porém, também há momentos na carreira em que ter uma atividade que realize o coração bate mais forte do que uma carteira com mais cédulas.

O importante é que as decisões aconteçam em função das motivações certas. E isso significa que ser intraempreendedor nada tem a ver com dinheiro, mas muito tem a ver com uma questão de identificação pessoal, e um jeito de encarar a vida. Não é todo mundo que quer fazer mais que "o combinado" onde trabalha.

O que você está disposto a fazer para avançar? Talvez empreender, em vez de intraempreender. Por que não? O que vale aqui é saber qual preço você está disposto a pagar para vencer (se isso for importante para você). É algo muito pessoal e que apenas você saberá como lidar.

Porém, lembre-se de que não há movimento sem uma prévia inclinação para a mudança. Seja essa mudança significativa ou sensível, há inevitavelmente uma concordância para que as coisas saiam do lugar.

E ainda que o perfil intraempreendedor seja valorizado pelo mercado de trabalho pela multidisciplinaridade e habilidade gerencial nata, não há nada de errado com quem decide fazer o que já foi previamente acordado. O que também não significa que vencer não seja possível. Cada qual com a sua natureza, seu ritmo e suas prioridades.

Seja você mesmo. Avalie o que é importante para você e estabeleça o seu próprio caminho.

Tome uma atitude!

"Aos que querem criar e inovar, sinto dizer: terão que dar mais a 'cara para bater'!"

Aproveite tudo o que possa fazê-lo avançar e provoque a mudança, com ou sem medo, pois quem deseja experimentar os prazeres que as mudanças podem proporcionar deve imediatamente implementá-las.

Provocar uma transformação positiva pode ser mais natural e simples que parece, pois todos somos capazes de mudar o rumo das coisas, inclusive do caminho que trilhamos. Mas serão o medo do erro e a possibilidade de fracassar barreiras tão rígidas a ponto de impedir qualquer tentativa de movimento?

Seja qual for a razão, o receio de colocar o que há de melhor em si para fora deve ser cessado, ainda que a sensação seja de risco iminente. Isso se a possível transformação for algo que valerá a pena.

Esteja você trabalhando para uma empresa ou para si mesmo, a sua presença na mente e no coração das pessoas precisa ser consistente, constante e cativante. Só que, para isso, é preciso ter muita atitude criativa e inovadora "na manga".

E embora a atitude criativa, inovadora e vencedora não seja uma exclusividade do intraempreendedor, é intrínseca e ele. O profissional que se propõe a gerar espontaneamente algo que pode contribuir com o desenvolvimento próprio e de outros a sua volta vence desde início, partindo da experiência que adquire, passando pelos desafios que supera, pelas pessoas que conhece e chegando ao resultado que tanto deseja.

A grande conquista do intraempreendedor é o caminho que ele percorre quando exerce algo que lhe traz satisfação pessoal e profissional. Ele se propõe a trabalhar em projetos que executaria mesmo se não fosse remunerado.

Caso você já se considere bem-sucedido, tenho certeza de que, ainda assim, deseja algo na vida. O fato é: intraempreendedor ou não, criativo ou não, inovador ou não, vencedor ou não, tome uma atitude. De preferência, que parta de algo no qual você realmente acredite.

21

Sistema de gestão integrado para melhoria de processos e ganho de mercado em empresas de prestação de serviços

Habitualmente a alta administração das empresas se reúne com objetivo de ganho de mercado e fortalecimento da marca perante as partes interessadas. Todas essas ações ficam mais factíveis com um sistema de gestão integrado estruturado que combina e sincroniza a junção dos sistemas de gestão da qualidade, ambiental, segurança saúde ocupacional e de responsabilidade social

Lúcio Paulo de Paula

Lúcio Paulo de Paula

Possui graduação e licenciatura em Engenharia Civil pela Universidade Mackenzie, com pós-graduação em Engenharia de Segurança do Trabalho (USP), Gestão na Construção (UFLA) e Engenharia de Qualidade Integrada (Uninove). Atualmente é Gerente de Saúde, Segurança e Meio Ambiente (HSSE) na G4S, auditor líder em QHSSE e professor da área de Construção e Segurança do Trabalho no Centro Paula Souza. Já executou obras e serviços em todo Brasil, América Latina e África. Principais campos de atuação são Sistema de Gestão Integrado, Segurança do Trabalho, Qualidade, Meio Ambiente e Gerenciamento de Projetos. Prêmios com projetos em equipe: Redução de Custos de Posteamento – empresa Telefônica - 2000; Execução de Obra do Projeto premiado no Inside Awards, Studio MK27, Livraria Cultura – Valor Construtora – 2014; Excelência em Segurança do Trabalho – América Latina – *Best Safety Performance* – G4S LATAM – 2016 e 2017; Excelência em Segurança do Trabalho – U.K. - G4S Group - *Awards Health & Safety* – 2017.

Contatos
www.zoonengenharia.com.br
luciopp@gmail.com
(11) 96313-2525/ 3361-4631

A discussão dentro das empresas em reuniões de resultados para melhorar a estratégia e garantir a redução de custos, aumento de produtividade, visibilidade da marca e ganho de mercado é grande; esses assuntos vêm sendo debatidos em toda a sociedade empresarial nos últimos anos. A preocupação é com a margem de lucro, previsão de orçamento, ganho de credibilidade do consumidor e crescimento de mercado, que estão diretamente ligados à boa performance do sistema de gestão interno de cada empresa.

A tecnologia vem sendo uma importante aliada dentro dos sistemas de gestão para padronizar processos e otimizar recursos.

No mesmo sentido, o sistema de gestão integrado combina e sincroniza a junção dos sistemas de qualidade, gestão ambiental, segurança, saúde ocupacional e responsabilidade social, a fim de atingir os objetivos estratégicos por meio de políticas, objetivos, metas, indicadores, instruções de trabalhos e processos.

Otimizar processos, unir sistemas, reduzir custos, melhorar a performance do serviço prestado, garantindo a gestão dos riscos e o que é contemplado no SGI, são passos que permitem que as empresas de prestação de serviço tenham maior controle dos seus processos, visando o foco na satisfação total do cliente. A responsabilidade com o meio ambiente ocorre com o correto descarte dos seus resíduos, que, além de reduzir o impacto ambiental, é indicativo de preocupação com a saúde e segurança do trabalho dos seus funcionários. Também gera vontade em seus funcionários, de que eles, de forma voluntária, promovam o bem-estar das partes interessadas internas e externas por meio da Responsabilidade Social.

Para o início da gestão integrada, é importante a clareza dos processos e a vontade de integrá-los. O manual do SGI tem o objetivo de prover informações sobre a política, procedimento, padrões, guia ou instruções sobre a empresa, e deverá ser atualizado sempre que necessário, refletindo qualquer mudança, seja nos requisitos da empresa, dos clientes, partes interessadas ou das infraestruturas. Ele é o norte de todo o sistema de gestão, junto com o macroprocesso dos serviços da empresa, e é concebido como um documento de primeiro nível e abrangente, no qual se orienta de maneira geral as políticas e processos organizacionais aplicados no SGI, apontando outros documentos de menor hierarquia para a consulta de procedimento mais detalhados.

O manual é orientado na estrutura da norma ISO 9001:2015, os requisitos das normas OHSAS 18001:2007 (em transição para a ISO 45001:2018 - Saúde e Segurança Ocupacional), ISO 14001:2015, SA 8000 ou NBR 16.001. Ele é um documento importante para integrar os escopos observados por estas normas, sendo um documento de referência para guiar as ações de todos os processos e funcionários da empresa.

Geralmente as empresas prestadoras de serviços possuem uma diversidade de serviços oferecidos aos seus clientes para garantir a adesão de comodidade a eles, isto é, uma única empresa que presta vários serviços terceirizados.

Os clientes estão divididos por capital público, privado e misto. Cada um com nichos de mercado distintos e variados, desde instituições financeiras, escolas, hospitais, indústrias de todos os segmentos, comércios, *shoppings*, condomínios até prefeituras, associações, transportes e órgãos não governamentais. Cada cliente com objetivos e metas distintos, e todos responsáveis pelo cumprimento da legislação aplicável ao seu negócio.

Com o SGI implantado, o cliente avalia com mais seriedade os processos do fornecedor, e utiliza a certificação do fornecedor como forma de medição do seu processo, diferenciando-o em licitações, concorrências privadas, auditorias internas de segunda parte, para homologação junto ao departamento de compras e ainda como diferenciação para novos contratos de prestação de serviço, ou ainda renovação anual de contrato.

Sistema de gestão da qualidade na empresa de prestação de serviços (SGQ)

A prestação de serviços é a execução de um trabalho que visa simplificar o dia a dia do contratante por meio de um funcionário ou equipe designada para a tarefa.

Fazer prestação de serviços é garantir a satisfação do cliente no pleito do seu contrato, executando de forma correta a tarefa, dentro dos procedimentos internos referentes ao serviço, com segurança e respeito ao meio ambiente em cláusulas contratuais.

Visando as necessidades do cliente, as empresas precisam desenvolver um sistema de gestão que garanta de forma efetiva o bom andamento dos serviços contratados.

No que compreende o foco na satisfação do cliente, ao implementar a ISO 9001 a empresa mostra ao contratantes, funcionários e fornecedores que tem visão de futuro e quer garantir metas e objetivos às partes interessadas.

Desenvolver profissionais focados e envolvidos é um diferencial a ser buscado dia a dia. A motivação dos funcionários desenvolve o sentimento de contentamento no ambiente empresarial, passando um a um o sentimento de pertencer à uma corporação séria, e fica mais viável para a empresa de prestação de serviços alcançar suas metas de qualidade total na prestação de serviços aos clientes.

Sistemas de gestão de segurança e saúde ocupacional na empresa de prestação de serviços (SSO)

Estar preocupado com saúde e segurança do trabalho dentro de uma empresa de prestação de serviços é sinônimo de cuidado e respeito com o maior bem da empresa, que são seus funcionários.

Nesta direção, a OHSAS 18.001:2007 (em transição para a ISO 45001:2018 - Saúde e Segurança Ocupacional) orienta sobre a construção de um sistema de gestão da segurança e saúde no trabalho. A norma foi feita para integrar as demais normas da família ISO, tais como qualidade, gestão ambiental, responsabilidade social.

A norma propicia a gestão dos riscos e prevenção das doenças decorrentes nos locais de trabalho pelo levantamento e análise dos riscos da atividade aplicada de acordo com cada função, ambiente de trabalho, equipamentos, ferramentas, veículos e materiais utilizados na empresa de prestação de serviço.

A política descrita pela alta direção orienta os objetivos estratégicos (interno e externo) da corporação.

Na análise geral dos Riscos, a intenção é que os riscos de saúde e segurança devam ser sistematicamente identificados e avaliados em todos os postos de trabalho, e logo após esta etapa é realizada uma matriz de prioridades com ações definidas que podem ser a eliminação em primeira instância, substituição, controles de engenharia e administrativos e equipamento de proteção individual.

Os objetivos e metas dependem da política e da estratégia do grupo, e é comum em saúde e segurança as empresas construírem uma cultura de zero incidentes para garantir uma forte liderança e ação imediata em caso de incidentes. Outra forma de propor metas é a empresa quantificar os incidentes no ano anterior e estabelecer o objetivo de redução para o ano seguinte.

A partir das metas estabelecidas, iniciam-se as implementações. Para garanti-las, um conjunto de ações é feito, como treinamentos, reuniões de trabalho, agenda de comunicação, DDS (diálogos de segurança), participação e consulta das partes interessadas e funcionários, novos processos e instruções de trabalho e campanhas de conscientização.

O próximo passo é medir o que se está fazendo, ou seja, encontrar uma métrica para garantir o resultado, e isso pode ser alcançado na forma de amostragem pelas auditorias, inspeções periódicas e pesquisas internas com funcionários.

No caso de incidentes, cada um é tratado como uma falha, e a causa raiz é identificada e tratada para estancar outras ocorrências do mesmo tipo. Existem várias causas ou combinações das mesmas para um incidente. Uma forma de se chegar ao que pode ser a causa da falha ou do incidente, isto é, a causa raiz é por meio do *brainstorming*, mais conhecido como "chuva de ideias". Essa técnica apoia a ação coletiva para apurar a possível falha, ou seja, várias pessoas, pelo conhecimento e avaliação do local de trabalho, opinam sobre o que poderia ter causado o incidente ou a falha sistêmica.

Sistemas de gestão ambiental na empresa de prestação de serviços (SGA)

Garantir a sustentabilidade do planeta para as gerações futuras é um trabalho que vem sendo feito por diversos setores da sociedade. Cabe à empresa definir seu papel de atuação perante o tema meio ambiente e garantir um sistema de gestão para o mesmo.

O objetivo do SGA (sistema de gestão ambiental) é propor uma estrutura sistêmica para garantir o cumprimento das legislações ambientais e ações que visam alcançar um equilíbrio entre a sua produção, o meio ambiente e o que a sociedade espera. O SGA é desenhado dentro da ISO 14.001:2015, definindo um escopo e tomando como base o PDCA. O contexto onde está inserida a organização, questões internas e externas, necessidades e expectativas das partes interessadas e resultados pretendidos norteiam as demais características macro do SGA.

A norma inicia o atendimento dos requisitos com a Política do SGA, em que se faz necessário o entendimento da organização, das partes interessadas, questões internas e externas direcionadas à sua atividade e seus possíveis impactos.

A direção da empresa deve comprovar a sua vontade de atuação na Gestão Ambiental, assegurando por meio da política e reuniões periódicas suas reais intenções, definindo responsabilidades, objetivos e metas.

A política ambiental tem que ser adequada ao contexto da organização e ao cumprimento das legislações vigentes, e seu escopo deve ser claramente definido.

Em conjunto com a política ambiental é obrigatório ter um levantamento de aspectos e impactos ambientais – LAIA – definindo os tipos de aspectos ambientais das atividades, produtos e serviços da organização que podem interagir com o meio ambiente, e mapeando os possíveis impactos ambientais (que são as alterações do meio ambiente), negativos ou benéficos, que resultem, no todo ou em parte, dos aspectos ambientais da organização.

A primeira etapa para o levantamento dos aspectos e impactos ambientais é identificá-los, e isso é feito pelo entendimento de todas as atividades, dos produtos ou dos serviços prestados. Cada atividade deve estar associada a uma área ou um processo, e posteriormente à identificação os aspectos identificados são investigados.

Sistemas de gestão de responsabilidade na empresa de prestação de serviços (RSE)

A responsabilidade social é formada por princípios políticos, corporativos e éticos que estão no DNA de uma empresa. Ter respeito ao trabalhador e às suas diferenças raciais, políticas, econômicas, religiosas, de sexo e ainda cumprindo as leis, os deveres e obrigações aos funcionários, terceiros, fornecedores e para com a sociedade em geral são pontos principais da RSE.

O sistema de gestão de responsabilidade social nas empresas especifica os requisitos para ela desenvolver, manter e executar seu processo, por meio de políticas e procedimentos com o objetivo de gestão sobre o processo que ela possa manter controle ou influência.

As normas de responsabilidade social trazem como princípios as convenções da OIT (Organização Internacional do Trabalho), Declaração Universal dos Direitos Humanos, Convenção da ONU (Organização das Nações Unidas), Pacto Internacional sobre os Direitos Econômicos, Sociais e Culturais, Pacto Internacional sobre os Direitos Civis e Políticos, entre outros.

As falhas ou melhorias devem ser tratadas ou implantadas, assim como no PDCA, e são categorizadas em duas opções de ações: as ações corretivas e as preventivas.

A importância do sistema de gestão integrado na empresa de prestação de serviços (SGI)

O sucesso do SGI está relacionado com a forte cultura e diretrizes da alta administração e o pleno treinamento dos funcionários, garantindo maior eficiência na prestação de serviços, reduzindo a probabilidade de se expor aos riscos e garantindo a consciência referente ao uso dos recursos naturais.

Para orientar o SGI foi criada a norma PAS 99, que garante a integração dos processos em comum de gestão da qualidade, ambiental e segurança e saúde ocupacional. Ela é estruturada como as demais normas, obedecendo o PDCA, com política, planejamento, implementação, operação, avaliação do desempenho, melhoria e análise crítica pela diretoria.

Atualmente, o cliente tem preocupações e necessidades que vão além do serviço em si prestado no posto de trabalho, mas também com a forma de como ele é feito, quais os resíduos gerados e as consequências dele para toda a sociedade.

Por outro lado, as empresas precisam reduzir recursos humanos, ou seja, ficar mais enxutas e competitivas para conseguirem baixar a margem de lucro com segurança e continuar atraindo mais clientes, desta forma consolidando e abrangendo mais clientes e ganhando mercado.

Juntos, esses quatro sistemas integrados de gestão fazem com que a empresa controle a qualidade da prestação de serviço, combinando a satisfação do cliente, o descarte correto dos resíduos e a eficiência e produtividade nos processos, e se preocupe com a saúde e segurança dos trabalhadores, com uma visão e missão de ações éticas de respeito à sociedade, ao meio ambiente e às partes interessadas, contribuindo para o pleno desenvolvimento da responsabilidade social.

Assim, o SGI garante a vantagem de mercado e um controle efetivo dos seus processos e riscos associados ao negócio, pois visa o cumprimento pleno das legislações, e das vontades das partes interessadas, gerando inteligência em todos os processos.

22

As constelações sistêmicas inovam soluções nas empresas em momentos de crise

Porque as técnicas de constelações sistêmicas estão em alta nos trabalhos de desenvolvimento nas empresas

Marcelo H. Canal

Marcelo H. Canal

Mais de 20 anos de experiência na liderança de projetos de mudança de cultura em empresas líderes de mercado. Presidente da Associação de Mentoria Sistêmica BR - Atuando como líder de RH em diversos segmentos de saúde, de bancos e de indústrias, como Pirelli, Cia Hering, Natura, Grupo Saúde S. Luís e outras empresas. Ampla experiência no alinhamento de líderes diante de estratégias de mudanças. Facilitador em programas de mentoria e *coaching* executivo nos níveis + C. Formação: administração – FGV, psicologia - PUC e mestrado em psicologia social – USP com MBA em gestão estratégica de RH – Licenciado em *master mentoring* pela NHSE - College UK. Formação em conselho de empresas IBGC - membro de conselhos familiares de negócios. Consultor facilitador em aconselhamento biográfico de carreira - Emerson College England.

Contatos
www.marcelocanal.com.br
marcelo@defato.net
Facebook: Marcelo Canal Master Mentoring
(11) 98371-9719

Para atendermos aos grandes desafios de soluções inovadoras que as mudanças sociais, políticas e tecnológicas estão impactando na vida das empresas, novas abordagens estão sendo buscadas, e, uma vez que a inovação social depende de um processo de mudança sistêmica, são as técnicas das constelações sistêmicas que estão sendo aplicadas na busca por soluções criativas e bastante inovadoras. Isso porque a inovação de soluções depende principalmente da mudança de percepção do problema, e não só do entendimento dos sintomas. As constelações sistêmicas são técnicas capazes de desafiar o modelo mental que vive o problema, e, sobretudo, disponibilizam processos de aprendizagem social para o grupo, de forma a estimular as capacidades latentes dos participantes para que sejam criadas maneiras inovadoras de se buscar soluções que transformem o grupo como um todo.

O que é a técnica da constelação aplicada na resolução criativa de problemas?

Trata-se de uma técnica baseada no método da constelação familiar de Bert Hellinger e de outros pensadores da escola sistêmica, como, por exemplo, Virginia Satir e Mathias Vargas. Ela é trabalhada de forma a identificar os obstáculos dos processos do grupo e da busca por eventuais emaranhamentos ou interrupções do processo do trabalho nas equipes.

Qual a finalidade do trabalho de constelação estrutural?

Serve principalmente para equacionar questões relacionadas ao papel dos participantes e ao processo que cada um tem para garantir a integração dele por completo. E isso não só para organizações, grupos e equipes, mas para indivíduos em seu processo de vida e de carreira. Em suma, questões sobre escolhas ou sobre a necessidade de mudar de sentido numa iniciativa ou num empreendimento. No mais, permite ao profissional reconhecer uma posição em sua carreira que faça mais sentido em sua busca profissional como um todo. Desta forma, é possível ter acesso àquilo que é identificado como perdas energéticas do grupo ou dificuldades para lidar adequadamente com recursos e até com problemas de liderança em parcerias com sócios.

A essência do trabalho propicia o reconhecimento do propósito de vida e permite que se coloque verdadeiramente a serviço das pessoas para que cada uma possa se sentir realizada com o que faz e com o que obtém como resultado do trabalho.

Para o modelo sistêmico, a hipótese do acaso é muito remota. Estamos sempre no lugar que devemos estar e com as pessoas que temos algo a compartilhar. Desta feita, o grande trabalho é como tornar o membro suficientemente disponível para permitir que as suas funções tenham um lugar no sistema e que desta forma as pessoas possam acessar o fluxo mais promissor do sistema, ao par que possam estar livres para seguir com as suas vidas em direção ao seu próprio propósito.

Cada pessoa que participa de um organismo social, seja ele a família, uma profissão, uma empresa ou um projeto, participa de uma ordem, de uma atividade de troca e de uma diferenciação específica no sistema como um todo, e, a cada um, um lugar no sistema.

A partir dessa compreensão, pode-se passar a entender o funcionamento do membro da equipe no sistema com ou sem uma questão específica.

O participante sem questão específica também pode fazer uso da pesquisa da constelação para ficar prevenido de eventuais obstáculos ou de desvios do processo. Trata-se de trabalhos de constelações que trazem informações novas para a percepção do grupo. De ambas as maneiras, pode-se trabalhar com a investigação da constelação sistêmica, pois crenças, emoções e atitudes serão sempre afetadas pelo trabalho sistêmico.

No caso de se tratar de um projeto relacionado a um grupo ou a uma organização, o tema de investigação poderá ser trazido por seus representantes, bem como só por um participante que traz uma questão para o trabalho.

Quais são os elementos essenciais da constelação sistêmica na aplicação individual, em grupos e nas empresas?

São três os elementos essenciais que compõem a atividade da constelação: o processo, os agentes e o conteúdo.

Como se dá o processo na aplicação das técnicas da constelação sistêmica na busca criativa e inovadora por soluções?

Trata-se de técnicas aplicadas capazes de gerar uma integração de várias ideias competentes de um mesmo processo. São, por isso, muito úteis em processos criativos de modelagem para negócios e soluções que envolvam vários participantes. A técnica da constelação sistêmica é caracterizada pela sua dimensão processual. Outra característica está relacionada ao processo criativo de um ecossistema, a saber, quando estão envolvidos o negócio, a relação entre os profissionais e todo o sistema organizacional dentro e fora da empresa. Um bom exemplo dessa aplicação tem sido na modelagem de negócios em *startups* para que sejam identificadas as estratégias de ação contendo vários envolvidos. A constelação estrutural garante o alinhamento das soluções integradas, uma vez que de outra forma não seria imediatamente percebido. O processo da constelação é desenvolvido no âmbito das múltiplas relações instauradas dentre os diversos níveis envolvidos, como, por exemplo, o meio organizacional, o mercado, a sociedade e o meio ambiente. Nesse processo, até as competências técnicas da ação dos envolvidos com o desenvolvimento de um projeto permitem identificar a constelação.

Qual a diferença do processo no trabalho da abordagem da constelação familiar com a constelação estrutural?

Se na constelação familiar a informação do campo fica evidente, a partir das diretrizes gerais que unificam e integram todas as partes envolvidas, na constelação estrutural é permitido ter acesso à informação de parte do campo e se consegue verificar a ordem que o elemento tem em relação ao conjunto do sistema. A constelação familiar parte do todo para as partes, tal como a estrutural das partes para o todo. Isso permite que a integração de todo o sistema possa tomar decisões com mais clareza, assertividade e consciência.

E o papel dos agentes transformadores na inovação?

Para entendermos o papel dos agentes, precisamos entender o que é um facilitador sistêmico.

Trata-se de um profissional que coordena as dinâmicas da constelação e compartilha a visão com o grupo sobre os princípios de orientação à solução. O facilitador não é um professor que ensina os conteúdos, mas alguém que esclarece a função dos elementos do campo sistêmico do grupo e desperta o potencial interno de soluções, sempre baseado nos princípios das ordens sistêmicas.

Neste sentido, podemos reconhecer que o resultado do trabalho do facilitador faz parte da atual solução. Não é algo externo, mas a constelação gera conteúdos como parte integrante do grupo e está relacionada ao nosso sentido e ao propósito do trabalho da equipe. Para facilitar, a solução é fruto da experiência do próprio grupo. O facilitador possui um domínio de técnica que disponibiliza para a organização social uma experiência da equipe, de forma a ir muito além de um simples conselho ao grupo.

E quanto aos conteúdos que são trabalhados no processo criativo de inovação da abordagem das constelações sistêmicas?

Trata-se de atuar na relação de três princípios presentes nas relações sociais e de trabalho. São dinâmicas presentes na vida de toda organização social que constituem três regras que regem o funcionamento dos grupos para conseguirem ser criativos e inovadores. São eles:

**1. O princípio do pertencimento
2. O princípio da ordem
3. O princípio do equilíbrio**

O princípio do pertencimento compreende que todos têm o direito de pertencer a algum sistema. Então, o participante de equipe ou do grupo precisa responder se ele quer ou não pertencer ao sistema da organização, da profissão, do grupo social etc. Então, ele precisa responder onde ele quer estar...

No princípio de ordem, o mentorado precisa responder como ele quer estar lá, que lugar ele ocupa na hierarquia, na linha de autoridade ou na linha de notoriedade, isto é, cargo, função de conhecimento e tempo de experiência.

No princípio do equilíbrio, o participante deve responder qual é a finalidade da atividade que a equipe está envolvida e para que causa deve atuar. Ele verifica se a dinâmica decorre de um desequilíbrio de esforços entre o dar e o receber. O que deve ser entregue e o que deve ser recebido por isso. O fluxo do trabalho é regido por relações de trocas entre os membros e a organização.

Todos os lados que participam de um mesmo sistema criam entre si uma relação de pertencimento, seguem uma ordem e estabelecem uma relação de troca entre si. Essa é a essência do princípio sistêmico. Por isso, na constelação tudo acontece de tal forma que é possível evidenciar como o todo é dado nas partes. A visão é de que nós não somos uma gota no oceano, e sim um oceano inteiro numa gota. Tudo que está acontecendo à nossa volta de alguma forma reflete em cada um de nós. O ser humano não é uma ilha isolada do resto.

Se não há barreiras externas, o maior desafio da vida é superar barreiras internas. E isso não se consegue sozinho.

O modelo de funcionamento da constelação sistêmica não é apenas entender o que está acontecendo do lado de fora, mas também o que está acontecendo do lado de dentro entre o membro e a equipe. E também entender o que você vai ter que realizar dentro de si para fazer acontecer o que está almejando alcançar.

Para concluir, precisamos falar em como a escola sistêmica tem desenvolvido no Brasil a técnica de constelação para as organizações, e, principalmente, como a escola sistêmica é aplicada a elas, bem como o porquê de como as empresas têm contribuído com as suas técnicas em programas de criatividade e de inovação.

Trata-se de programas que a Sociedade Brasileira de Mentoria Sistêmica tem realizado em vários níveis. São programas voltados para pessoas que estão buscando inovação para transformar a sua atuação e ajudar a transformar a vida de outros!

Os objetivos principais dos trabalhos dos facilitadores sistêmicos estão voltados para:

• Ampliar a visão das oportunidades de resultados diante dos novos mercados.
• Acelerar o processo de assimilação da metodologia e o uso das técnicas da mentoria sistêmica para o seu cliente.
• Tornar consciente o uso de instrumentos e de recursos na atividade de mentoria junto com o seu cliente.

Os programas também estão voltados para profissionais e para empresas que queiram subir para o próximo nível de seus resultados, como advogados, médicos, fisioterapeutas, empresários, atletas, terapeutas, profissionais de multinível, *coaches*, publicitários, palestrantes, além de gestores de equipes de empresas e de instituições.

Entretanto, também estão voltados àqueles que tenham experiências para transmitir para quem está começando ou transformando a sua atividade! Em síntese, profissionais autônomos e outros.

Como se desenvolvem esses programas?

- 100% prático na aplicação das ferramentas de constelações aplicadas.
- São módulos com enfoque específico e com abordagem integral e vivencial.
- O aprendizado acontece por práticas e exercícios realizados nos trabalhos.

O programa de licenciado qualifica o profissional para atender o seu mentorado diante das questões sistêmicas de desenvolvimento profissional relacionadas ao sentido biográfico profissional, gestão de carreira, formulação de propósito de vida e missão, gestão estratégica de equipe, liderança transformacional, empreendedorismo e outros.

A constelação organizacional por um lado é uma arte de amadurecimento e de percepções sociais, mas por outro é uma ciência, pois as suas técnicas podem ser predefinidas e, por isso, podem ser controladas. A arte é a habilidade de estimular o desenvolvimento de uma pessoa, baseada na experiência que um profissional disponibiliza para outro. A ciência é uma metodologia que se aprende e que se pode fazer uso de instrumentos conscientes que permitem o contínuo aperfeiçoamento. Neste sentido, a constelação como técnica aprendida segue passos bem definidos que promovem a autonomia do mentorado, amplia os seus horizontes de vida e identifica os caminhos que fortalecem o sentido de vida da equipe como um todo.

Veja o link abaixo:
htttps://bit.ly/2JFvzej

Referências

HELLINGER, Bert. *Leis sistêmicas na assessoria empresarial*. 1. ed. Minas Gerais: Atman, 2014.
SCHNEIDER, Jahob Robert. *A prática nas constelações familiares*. 1.ed. Minas Gerais: Atman, 2007.
ECHEGARAY, Guillermo. *Para compreender las constelaciones organizacionales*. Navarra: Verbo Divino, 2011.
SATIR, Virginia. *Encontre o milagre em você*. São Paulo: Gente, 2000.
SCHNEIDER, Jahob Robert. GROSS, Brigitte. *Ah! Que bom eue eu sei: a visão sistêmica nos contos de fadas*. Minas Gerais: Atman, 2005.
MADELUNG, Eva. INNECKEN, Barbara. *Entering inner images*. Heidelberg: Carl Auwer, 2004.
SHELDRAKE, Rupert. *Sete experimentos que podem mudar o mundo*. 1. ed. São Paulo: Cultrix, 1999.
SHELDRAKE, Rupert. *New science of life*. São Paulo: Aleph, 2009.
SHELDRAKE, Rupert. FOX, Matthew. *A física dos anjos*. 1. ed. São Paulo: Aleph, 2008.

23

Conduta ética no trabalho: o caminho sem volta

A formação e a paixão pela área de comunicação não foram obstáculos para Marcia Cristina identificar oportunidades e trabalhar em áreas muito diferentes, ainda que dentro de uma mesma empresa. Flexibilidade e criatividade na busca de soluções sempre abrem portas! O resultado foi o livro *Ética no ambiente de trabalho*, uma prova de que é possível aproveitar até mesmo as experiências mais desagradáveis

Marcia Cristina Gonçalves de Souza

Marcia Cristina Gonçalves de Souza

Jornalista, escritora, palestrante e consultora empresarial em ética no ambiente de trabalho. Pós-graduada em Gerência de *Marketing* pela ESPM-SP. MBA em Gestão Empresarial pela Universidade Católica do Salvador em parceria com UFRJ. Gerente de Comunicação Social da Caixa em Salvador entre 1989 e 1991. Gerente Geral de agências da Caixa em Salvador entre 1997 e 2005. Especialista em estratégia de clientes na matriz da Caixa, em Brasília, entre 2005 e 2008. Escritora do livro *Ética no ambiente de trabalho – uma abordagem franca sobre a conduta ética dos colaboradores*, editado pela Campus/Elsevier, em 2009. Diretora e Coordenadora-Geral de Informação e Educação Antidopagem da ABCD – Ministério do Esporte, entre 2013 e 2016. Artigos publicados no site: https://goo.gl/KYr5J6, no blog https://goo.gl/QMMa97 e na revista *Defesa Latina*.

Contatos
www.trabalhoetico.com.br
marcia.cristina@trabalhoetico.com.br
(21) 97566-5548

172 | Criativos e inovadores

Comecei a trabalhar aos 20 anos. Como a maioria das pessoas, era ambiciosa e queria ter uma carreira bem-sucedida.

Meu pai ensinou que o caminho do sucesso era tentar fazer sempre o melhor possível, respeitando os valores éticos. Ajuda também ter disciplina, saber ouvir, querer aprender e encontrar soluções que atendam aos interesses da empresa, em vez de ficar apenas apontando e se queixando dos problemas. Pessoas antiéticas podem ser bastante inteligentes e até se dão ao trabalho de pensar para criar soluções, mas fazem isso para atender aos próprios interesses.

É justo registrar que as situações vividas nos 28 anos em que trabalhei na Caixa Econômica Federal são comuns à maioria das empresas. São fatos provocados pelas pessoas e não pelas normas internas.

Uma empresa é incapaz de decidir e agir por si só. Quem decide e age em seu nome são seus representantes, sejam eles donos, sócios, diretores e demais gestores ou empregados de qualquer nível. Na questão ética, a Caixa é bem estruturada. Foi uma das primeiras empresas brasileiras a criar um Comitê de Ética e oferecer canais de denúncia, inclusive de forma anônima.

A carreira

Comecei no BNH – Banco Nacional da Habitação – em 1980 e fiquei até ser extinto, em 1986. Todos os funcionários foram transferidos para a Caixa. Essa transição foi difícil. Uma fusão entre duas empresas estatais não provoca desemprego, mas a luta pela manutenção dos cargos comissionados – que chegam a valer até 3/4 dos salários – torna-se motivo de atitudes antiéticas das mais variadas. Nessa época eu tinha 27 anos, era solteira, morava com meus pais e não sofri tanto quanto colegas que eram responsáveis pela manutenção de suas famílias.

O valor da criatividade

Eu ainda cursava a faculdade de jornalismo e sonhava em trabalhar na área de Comunicação Social do BNH. Um ano depois, passei para a área de produção de material audiovisual. Foi uma época em que trabalhava feliz e realizada. Como nada é perfeito, foi nesse período que vivi experiências de sofrer assédio sexual. Fui assediada por três chefes. Como era concursada, não podia ser demitida, mas por duas vezes a consequência foi o esvaziamento de minhas atribuições. É uma situação aviltante!

Em 1984, assumi a responsabilidade pela produção de filmes institucionais. Estava adorando meu trabalho quando o BNH foi extinto. Em 1988 fui viver em Salvador. Foi uma época de crescimento profissional incentivada por um chefe criativo e empreendedor, que valorizava a área de comunicação.

Aprovada em um curso na extinta TV Manchete, trabalhei como repórter na TV Aratu. Foi uma experiência maravilhosa. Trabalhava em média 14 horas por dia (TV e Caixa) e sem folgar nos finais de semana. O editor-chefe queria que eu dedicasse ainda mais tempo à TV, e assim precisei sair.

Na gestão da época na Caixa, os estados tinham mais liberdade e recursos para criar seus próprios projetos na área de comunicação. Pude criar e desenvolver ações inovadoras para a Caixa na Bahia, com destaques para:

- Projeto "Golfinho", que patrocinava quatro jovens nadadores baianos com destaque em âmbito nacional;
- Patrocínio de competições de *triathlon*, que deu exposição positiva para a marca da Caixa em Salvador;
- Projeto Verão, que fornecia material promocional da Caixa para algumas barracas de praia da região de Salvador;
- No carnaval de 1990, à custa de forte empenho pessoal, pela primeira vez a Caixa patrocinou o Trio Elétrico de Armandinho, Dodô e Osmar. Um anúncio de meia página no jornal "A Tarde" com a imagem de Osmar e o seguinte *slogan*: "Caixa, Osmar e você; o Trio deste Carnaval" foi bem comentado.

Transferida por opção pessoal para Curitiba em 1991, fui contratada para ser editora de reportagens na TV Paranaense, afiliada da Rede Globo, por um tempo predeterminado. Depois assumi a chefia do Conjunto Cultural da Caixa. Foi um período criativo: galeria de arte e teatro da Caixa, com seleção de expositores e peças, entre outras atividades.

Nas comemorações dos 300 anos de Curitiba, em 1993, indiquei o patrocínio de um mural do artista Poty sobre a história da cidade. Até hoje o painel permanece no centro histórico.

Em 1994 pude colocar em prática meu projeto mais querido: "Cliente do Futuro". A base do projeto era a realização de um concurso de redação sobre a Caixa, direcionado a alunos do 4º ao 8º ano do ensino fundamental. Fizemos parcerias com a Secretaria de Educação de Curitiba e com escolas privadas clientes para que seus alunos pudessem participar.

Para escrever sobre a Caixa, foi necessário que as crianças aprendessem sobre o tema. Um grupo de trabalho criou o curso que contava a história da Caixa e explicava os diversos programas, além de falar sobre a importância de poupar. O material didático aproveitou vídeos e material promocional para Copa do Mundo de 1994. Criamos um gibi com linguagem apropriada às crianças e protagonizado por um personagem infantil, o CEFITO. Miniaturas de talões de cheque da Caixa foram criadas para que as crianças pudessem aprender como preencher as folhas de cheque. O concurso foi um grande sucesso! Redações emocionantes foram escritas.

Enfrentando desafios = oportunidade

No final de 1994, assumi a gerência de penhor de uma das agências em Curitiba. Nos primeiros dias na agência eu estava triste, e analisava as razões que me levaram a estar ali. Tudo mudou às vésperas do primeiro leilão de joias. Começou com a reavaliação de cada um dos lotes de joias. Eu, recém-chegada, não entendia a necessidade daquela rotina, por mais que os avaliadores dissessem ser indispensável.

Na semana anterior ao leilão de joias, a agência ficou completamente lotada de clientes querendo atualizar seus contratos para impedir a perda de suas peças. A fila era enorme e parecia que nunca teria fim. Todos os documentos eram preenchidos manualmente. A confusão e o estresse eram inacreditáveis, com reclamações e discussões acontecendo em vários momentos.

Logo depois do leilão, reuni a equipe para avaliar o que tínhamos vivido. O grupo concluiu que a rotina poderia ser melhorada, agilizando o atendimento. Criamos uma "linha de produção" para os futuros leilões. O resultado foi muito bom! As filas diminuíram bastante e nosso modelo começou a ser copiado por outras agências.

Eu nem imaginava ainda, mas tinha acabado de fazer uma revisão de rotina operacional, o que abriu as portas para minha aprovação para o cargo de gerente de processos, com um salário três vezes maior.

Se eu não tivesse aceitado o desafio de passar a trabalhar em uma agência bancária, essa oportunidade não teria acontecido.

Aprendizado

Mesmo quando estamos desmotivados na carreira, nunca devemos desistir antes de buscar um novo caminho. Injustiças acontecem frequentemente, por isso é importante considerar todas as oportunidades que surgem, mesmo quando precisamos dar uma guinada e experimentar áreas diferentes daquela a qual estamos acostumados. Deixar a área de comunicação social foi doloroso, mas fundamental para que minha carreira avançasse, proporcionando satisfação e alegrias.

Em 1997, nova guinada. Assumi a gerência geral de uma agência em Salvador. Permaneci no mesmo cargo por oito anos em quatro agências diferentes. Vivi boas e más experiências nesse período e aprendi muito sobre a Caixa. Conheci a "cara" do cliente e como era difícil sempre atender às expectativas. Com 25 anos de experiência, decidi trabalhar na matriz da Caixa, em Brasília.

Durante os pouco mais de três anos em que trabalhei lá, nenhum dos projetos dos quais participei foi implantado. Foram três reestruturações, e muitos chefes diferentes. Passei da área de estratégia de negócios com clientes de alta renda para a operacional de empresas de médio e grande porte. A cada reestruturação, muito estresse. Vi pessoas capazes de todo tipo de atitude antiética para conseguir as nomeações que desejavam. Todos queriam ocupar cargos importantes. Entretanto, muitos evitavam o desgaste do fazer acontecer, de assumir responsabilidade por decisões e outros tantos só visavam defender seus interesses pessoais. Uma autêntica fogueira de vaidades.

Claro que havia exceções. Em qualquer local de trabalho é assim. O problema é que a parte podre é capaz de estragar a motivação e o empenho da parte boa.

O mal causado por atitudes antiéticas
Caso 1

Quando cheguei a Salvador, minha dedicação estava direcionada para o trabalho como repórter da TV Aratu.

Depois que deixei a TV, voltei a dedicar-me inteiramente à Caixa. Nesse mesmo período, a então gerente fez algumas viagens de férias. Na condição de substituta, procurei executar meu trabalho da melhor forma possível.

Quando ela retornou, a comparação entre nossas performances foi inevitável. Suas falhas ficaram evidentes. Ela falava muito e fazia pouco, além de perder prazos e não atender a várias demandas da superintendência.

Quando deixou o cargo, ela denegriu minha reputação na matriz da Caixa. Inventou que eu só havia sido nomeada porque havia me tornado amante do chefe. Eu tinha um ótimo relacionamento com ele, assim como vários outros colegas, mas daí a me tornar amante de alguém para conseguir uma promoção vai uma longa distância e é uma acusação grave, caluniosa e difícil de ser desmentida. Como eu ainda era desconhecida na matriz, minha imagem ficou prejudicada e foi necessário um bom tempo para que eu pudesse reverter esse quadro.

Caso 2

Em 1995, já na gerência de processos, fui designada para fazer o projeto de reestruturação das rotinas e do atendimento do penhor. Todo o trabalho foi acompanhado pelo então gerente nacional responsável, que depois de aprovar pessoalmente e até elogiar o trabalho da minha equipe, comunicou oficialmente à área a qual eu estava subordinada que o projeto não era adequado e que não estava aprovado.

Sem entender o que estava acontecendo, fiz contato verbal com ele para saber o motivo da não aprovação. Ele afirmou de forma convincente que o projeto estava aprovado e que tudo não passava de um mal-entendido. Acabei recebendo uma cópia do documento onde ele registrava a não aprovação.

Não obstante, meses depois, durante a implantação de um projeto de modernização das agências, chamado Projeto 500, as propostas apresentadas no projeto para a área de penhor foram implantadas.

Ele não aprovou as propostas, mas guardou o projeto e, tempos depois, apresentou as soluções como tendo sido criadas por ele!

Eu pensei em denunciar a fraude que podia ser facilmente comprovada mediante a comparação do projeto apresentado com o novo modelo que estava sendo implantado, mas nada podia remediar o fato já encerrado.

Pelo menos o trabalho da equipe não foi perdido. Anos mais tarde, quando fui trabalhar na matriz, esse antigo gerente havia deixado a Caixa e as pessoas a quem perguntei não sabiam dele.

Conclusão

Escrever meu livro, *Ética no ambiente de trabalho*, foi o resultado das más experiências que resultaram em aprendizado e em feliz realização. O limão azedo que virou doce limonada.

Enquanto dirigentes tolerarem e/ou tomarem decisões egoístas que não considerem os aspectos éticos e os interesses envolvidos, poucas empresas serão capazes de ter um gestor de ética que consiga ser realmente atuante.

Atualmente, quando um trabalhador consegue registrar uma denúncia contra um superior hierárquico, a chance de haver más consequências para o denunciado é quase nenhuma. E o denunciante tem grande possibilidade de ter sua carreira prejudicada e até mesmo ser demitido.

Os prejuízos causados pela tensão, medo e péssimo ambiente vivido por equipes chefiadas por gestores eticamente incorretos podem passar despercebidos.

Entendo que, de uma maneira geral, dirigentes empresariais querem que os seus colaboradores sejam éticos, mas não querem que suas decisões ou comportamentos sejam questionados segundo a ética. Um bom exemplo é o que aconteceu na Petrobras e na construtora Odebrecht, uma das envolvidas na operação Lava Jato. Desde 2001 grandes empresas têm sido destruídas por práticas antiéticas, como aconteceu com a Enron e com a Arthur Andersen.

Uma única decisão errada, movida por outros interesses que não os sabidamente corretos, podem causar enormes prejuízos, como aconteceu com a British Petroleum em 2010. Um técnico de plataforma do Golfo do México decidiu não substituir um equipamento por questões de economia de produtividade, provocando um dos maiores vazamentos de petróleo da história, e quase aniquilou a empresa.

O comportamento dos gestores serve de exemplo para as novas gerações, inspiram futuros dirigentes. O exemplo passado pela chefia e a forma como a empresa trata a ética faz toda a diferença. A conduta ética pode e deve ser ensinada e cobrada. Infelizmente, ainda hoje, inúmeros gestores são arrogantes, prepotentes, vaidosos e até mesmo grosseiros, contaminando o ambiente de trabalho, servindo de péssimo exemplo e provocando doenças físicas e emocionais em muita gente.

Cabe às futuras gerações aprender com os erros e não imitar os maus exemplos dos seus chefes. O livro que escrevi pretende ser um aliado nessa necessária mudança cultural.

24

Sabotadores mascarados de valores

Quantos de nós nos sentimos por muitas vezes paralisados em diversas áreas de nossas vidas ou até mesmo repetindo a mesma história e, obviamente, obtendo os mesmos resultados indesejados? Neste capítulo, você encontrará algumas respostas do motivo pelo qual vivemos assim e como podemos interromper esse ciclo para ter uma vida realizada e sem máscaras

Patrícia Marchetti

Patrícia Marchetti

Palestrante. Fundadora e Diretora Geral do Instituto Marchetti. *Master Coach* formada pelas instituições: Sociedade Latino Americana de *Coaching* (SLAC), Academia Brasileira de *Coaching* (Abracoaching), Analista Comportamental DISC-SLAC/HRTOOLS, *Practitioner* em PNL– *Master Solution Institute*.

Contatos
www.institutomarchetti.com.br
patricia.marchetti@ibae.com.br
(11) 97278-0781

A utoconhecimento é uma das ferramentas mais importantes do ser humano, pois é por meio dela que podemos identificar o tamanho da nossa ignorância e mudar o rumo da nossa história de vida.
 Por muito tempo andei me perguntando o motivo da minha quantidade de sonhos, mas eles nunca se realizavam, ficavam apenas em minha mente e, quando muito, paravam em um rascunho que logo era esquecido.
 Em alguns momentos eu me mantinha feliz na zona de conforto, mas em outros a vontade de empreender e fazer algo de extraordinário em "minha vida" voltava com força total como uma montanha russa em um sobe e desce de pensamentos.
 E você, em que fase da sua vida você se encontra?
 Essa foi uma das primeiras perguntas que me fiz e junto dela surgiu uma outra pergunta, por que ela se encontra assim?
 Em um certo momento, quando refletia nessas respostas, a palavrinha "valores" se destacou. Foi então que tudo começou a mudar em minha vida!
 Você sabia que todas as nossas decisões são pautadas em valores?
 Se você está lendo este livro agora, tenha certeza de que tem a ver com os seus valores.
 Nesse momento, você pode estar se perguntando: o que a decisão de ler um livro tem a ver com isso?
 Pois bem, quero saber se você sabe quais são os seus valores. Pare um pouquinho e pense quais são eles.
 Você conseguiu responder rápido, teve dificuldade ou nem quis pensar nisso e continuou a sua leitura?
 Independentemente de como foi para você se dar essa resposta, quero poder contribuir agora com uma ferramenta muito simples, porém muito útil que vai ajudá-lo a começar a entender a importância dos valores.
 Identifique quais são as quatro coisas mais importantes da sua vida...
 Escreva aqui:

1. _____
2. _____
3. _____
4. _____

Agora que você conseguiu identificar as quatro coisas mais importantes da sua vida, quero desafiá-lo a descartar três delas. Escreva aqui os três itens descartados:

1. _____
2. _____
3. _____

Como foi, para você, descartar os três itens? Como você se sentiu?
Escrever torna o exercício mais real do que somente pensar nos itens que você descartou.
O que você manteve, com certeza, é o seu maior valor, e todas as suas atitudes giram em torno de nutrir o que você não abriu mão.
Se isso não está acontecendo, será que o que restou é realmente o seu maior valor e o que você tem de mais importante na sua vida?
No momento que conseguimos entender a importância dos valores, e passamos para uma fase de descoberta, muitas coisas começam a fazer sentido.
Todos os nossos comportamentos giram em torno de satisfazer os nossos valores.
Imagine-se agora nas seguintes situações:
Você tem duas notas de R$50,00 na sua carteira, uma está novinha, em perfeito estado e a outra está velha e amassada, qual das duas você gasta primeiro?
Você vai ao supermercado e recebe um troco a mais do caixa, qual a sua atitude?
Você ganha R$1000,00 para gastar em roupas e sapatos, o que prefere:
Muitas peças e não se importa com a grife, gosta de quantidade.
Duas ou três peças, o que importa é a qualidade.
Em seu ambiente de trabalho você recebe elogios em público, como se sente?
Você recebe a proposta de trabalho dos seus sonhos, porém ficará longe da família por um ano, você aceita?
Todas as suas respostas a essas perguntas foram baseadas em seus valores que podem ter sido formados de várias maneiras:

-Estrutura familiar;
-Heranças emocionais;
-Cultura de criação;
-Vivências da infância;
-Experiências vividas, entre outras.

Faz sentido para você seus valores terem tanta autoridade sobre seus comportamentos?
Agora fica mais fácil entender por que as pessoas são tão diferentes?

Tutti –Nada

Gosto muito desse exemplo que vou compartilhar com vocês agora.

Imaginem um casal onde a esposa tem por valor qualidade e o esposo economia.

Pois bem, em certo dia a esposa pede a seu esposo que, entre os itens de compra semanal do supermercado, ele compre iogurte. Ele já no supermercado e conhecendo as marcas de agrado dela se depara com a promoção da semana: iogurte!

Ele sem hesitar, é claro (todo comportamento existe para nutrir um valor), nem olhou a marca e comprou logo o dobro do pedido da sua esposa, afinal, a economia valia a pena.

O que vocês acham que aconteceu?

A casa quase caiu!

Ela quando foi pegar o iogurte, olhou aquilo e disse:

-O que significa isso?

E ele respondeu em tom mais baixo e já tentando se justificar:

-Estava na promoção

Enfurecida, ela começa a falar que seu esposo/marido não liga para ela, que não é importante para ele e coisas deste tipo, porque onde já se viu ele comprar aquele *Tutti, Tutti, Tutti* – nada.

Ele por sua vez pensava no quanto sua esposa gostava de gastar dinheiro à toa.

Podemos olhar essa história e achar a maior besteira, mas quantas coisas tão banais como essas acontecem no nosso cotidiano.

Nesse caso se os dois conhecessem seus valores e tivessem a sensibilidade e o interesse de conhecer o valor do outro, tudo seria muito mais simples.

Você só pode mudar o que identifica

Quando passamos a conhecer os nossos valores temos nas mãos a possibilidade de gerenciá-los, porém, quando isso não acontece eles se tornam um verdadeiro sabotador que fica totalmente mascarado.

Os valores precisam ser alinhados, porque muitas vezes exercê-los com tanto ímpeto pode ser um dos motivos pelo qual você não está alavancando em áreas da sua vida.

Identifique e assinale a seguir entre os valores citados quais você tem.

Não se preocupe com os julgamentos.

Antes de assinalar pense se você tem esse valor ou na verdade você gostaria de ter.

Responsabilidade	Deus	Estabilidade	Ousadia
Lealdade	Poder	Aceitação social	Status
Mudança	Reputação	Honestidade	Fama
Previsibilidade	Respeito	Espiritualidade	Ética
Crescimento contínuo	Segurança	Reconhecimento	Amizade
Contribuição	Liberdade	Individualidade	Família
Competitividade	Sucesso	Organização	Rotina
Excelência	Liderança	Compaixão	Humor

Agora que seus valores foram identificados, pense em momentos que eles foram exercidos e selecione os cinco mais relevantes e evidentes em ordem hierárquica:

1. _____
2. _____
3. _____
4. _____
5. _____

Por meio do autoconhecimento sobre os nossos valores, passamos a deter um poder antes inimaginável.

Avalie o quanto o seu valor tem influenciado no seu momento atual.

O quanto o conhecimento dos seus valores irá ajudá-lo nas tomadas de decisões futuras?

Exerça os seus valores e não permita que eles se tornem sabotadores mascarados em sua vida!

25

Gestão emocional

A fim de alcançar a tão sonhada qualidade de vida com linha de chegada determinada, desenvolvi um novo modelo de trabalho, a gestão emocional – onde o empoderamento é a palavra-chave, tanto no âmbito profissional, quanto pessoal – tornando as pessoas mais resolutivas, assertivas e realizadas. O que se reflete no lado social, afetivo e íntimo, potencializando a qualidade de vida sistêmica integral

Paula Caputo

Paula Caputo

Biomédica diplomada pela Universidade Feevale, especialista em saúde pública e mestre em ciências da saúde pela Universidade Federal do Rio Grande do Sul. Psicoterapeuta pela Associação Brasileira de Psicoterapia Reencarnacionista (ABPR). Empreendedora, colunista do site O Segredo, palestrante e *coach* profissional pela Sociedade Latino Americana de *Coaching*, certificada pela *International Association of Coaching Institutes*. Analista de perfil comportamental com certificação DISC. Criadora do método Gestão Emocional e do projeto "Qualidade de Vida Sistêmica". Desenvolve trabalhos em quesitos pontuais, que possibilitem a pessoa reestruturar sua vida de modo amplo e dinamizador, (re)direcionando seus valores e crenças aos seus objetivos, metas e sonhos. Permitindo, assim, o encontro da realização pessoal, profissional, empoderamento, lucratividade e crescimento nos empreendimentos. Realiza sessões de *coaching* presencial individual e em grupo em Porto Alegre-RS e via *Skype* para todo o Brasil e brasileiros no mundo todo.

Contatos
paulacaputo.com
paulacaputoqvs@gmail.com
Facebook: qualidadedevidasistemica/

Viver é sempre muito exigente e dinâmico. Assim, torna-se imprescindível equilibrar a matemática da vida, o que na maioria das vezes não é uma conta exata, para que tenhamos uma melhor qualidade de vida, dispondo de mais equilíbrio e de mais harmonia.

Os novos tempos chegaram, e chegaram para ficar. A vida não é mais dividida em caixinhas de áreas de atuação: profissional, pessoal, educacional, amorosa, de relacionamentos ou de religiosidade como há algumas décadas. Hoje, é tudo junto e misturado - sistêmico.

Ao longo dos meus atendimentos individuais, como psicoterapeuta e como *coach*, fui percebendo que por mais que as pessoas procurem um terapeuta para a resolução de uma questão específica, a vida não se desenha dessa forma.

Em uma única questão, por mais exata que seja, sua origem pode estar numa área, se desenvolver em outra e, por fim, alastrar e "contaminar" todas as demais.

Um novo método

Pensando em proporcionar uma qualidade de vida maximizada, elaborei o conceito de Gestão Emocional. Uma metodologia que soma a psicoterapia e as áreas da saúde ao processo de *coaching* e mentoria, proporcionando uma linha de trabalho integral, com um processo exclusivo de ensinamento, a fim de obter um conhecimento diferenciado e abrangente sobre os diferentes aspectos que proporcionam uma qualidade de vida sistêmica.

Esse modelo de trabalho, exclusivamente estruturado na incessante busca por uma melhor condição de vida, é resultado da junção da experiência de mais de dez anos como pesquisadora clínica às observações nos atendimentos individuais em consultório como psicoterapeuta, além da atualização constante por meio de cursos e de estudo de artigos científicos – a chamada medicina baseada em evidência.

Esse método visa a quesitos pontuais que possibilitem reestruturar a sua vida de modo amplo e dinamizador – retomando o comando e (re)direcionando os seus valores e as suas crenças aos seus objetivos e sonhos, permitindo, assim, o encontro das realizações pessoal, profissional e de qualquer outra área da vida em que se deseje alçar voos mais altos.

Precisamos pensar fora da "caixa"

Você já deve ter ouvido esta frase: "pensar fora da caixa". Ela é repetida muitíssimas vezes, a saber, nas mais diferentes rodas de conversas, mas o que ninguém fala é que caixa é essa...?

A caixa nada mais é do que um modo de pensar.

Hoje, somos massificados com milhares de informações por minuto, sem falar na facilidade de acesso a essas informações todas, mas será que temos tempo para analisar, mesmo que rapidamente, a qualidade do que lemos ou do que ouvimos?

Desenvolver um senso crítico é parte fundamental do processo de construção do EU, da nossa autoimagem e do modo como visualizamos o mundo.

É mediante o pensamento que criamos o mundo em que vivemos e as possíveis melhorias para a nossa vida e a dos que nos rodeiam.

A caixa é saber identificar os componentes fundamentais para as suas vivências: valores, crenças, inseguranças, fatores limitantes, sabotadores – e essa é a parte complexa da história, isto é, saber identificar.

Cada um tem a sua caixa (pontos positivos e negativos, aptidões e talentos), mas, na maioria das vezes, ela é desconhecida pela própria pessoa.

É muito mais fácil alguém externo chegar e eleger as suas qualidades do que você entender e reconhecê-las sozinho, não é mesmo?!

Calma, não é você. Trata-se de um padrão – fomos ensinados e preparados a pensar dessa forma, assim, nem todos sabem receber elogios sinceros ou *feedbacks* negativos, mas, como tudo nesta vida, isso pode ser aprendido!

Aprendendo a pensar fora da caixa

O seu desejo é evoluir como pessoa? Ou você não deseja algo tão místico; você apenas quer ser diferente dos seus pais, do seu chefe, dos seus irmãos...? Ou, ainda, você apenas quer se destacar na sua área de atuação ou simplesmente quer ser um ser humano melhor?!

Ok, descubra quem você é e direcione todos os seus talentos ao seu objetivo.

Parece simples? Pois é. No entanto, é só isso mesmo!

A "caixa" é o que o mundo lhe ofereceu e mostrou desde que você nasceu, assim como o "pensar fora" é usar todos os presentes que a vida lhe deu (os bons e os não tão bons assim), ou seja, as suas crenças, os seus valores, as suas inseguranças, os seus medos, os seus talentos e as suas aptidões a seu favor.

O que realmente é nosso e o que é do outro?

À medida que vamos crescendo, o mundo vai sendo mostrado por quem nos cria, ou seja, as primeiras coisas que conhecemos, ou melhor, o modo como as conhecemos, são o ponto de vista de como os nossos criadores veem o mundo.

Por isso, muitos de nossos primeiros valores e da formação do caráter vêm dos laços familiares. Cabe a você, com o passar do tempo, analisar se esse padrão que recebeu lá atrás continua sendo útil ou não para a sua história de vida naquele momento em que se encontra.

Não pense no parágrafo acima como algo do bem ou do mal, do certo ou do errado, pois tudo possui dois lados (veremos isso mais adiante). O que realmente interessa aqui é apenas uma análise crítica de validação de seus valores.

Não estamos criticando o que você recebeu ou o modo como recebeu. Foi ofertado a você o melhor que tinham a lhe oferecer naquele momento.

O que quero ressaltar aqui é que, muitas vezes, nos apropriamos de algo que não nos pertence, ou seja, são medos ou inseguranças de quem nos criou, logo, não fazem parte do que somos, não fazem parte de nossa essência e não precisamos carregar mais esse peso.

Os valores dificilmente mudam ao longo do tempo, pois isso faz parte do que se é. Todavia, podem ocorrer mudanças na ordem hierárquica desses valores ou mesmo substituições, uma vez que estavam ligados a crenças que, com o passar do tempo ou com um melhor entendimento, deixam de fazer sentido, o que acarreta numa transformação do *modus operandi*.

Tudo tem dois lados

As coisas ou pessoas não se dividem em boas ou más. Tudo possui os dois lados; o bom e o ruim e o bem e o mal, convivendo pacificamente. Tudo irá depender do modo como você vê e de como direciona essas forças.

Ninguém é só bom ou só mau. Assim sendo, temos os dois em nossa vida e são os nossos valores que direcionam as nossas ações para um lado ou para o outro. O ideal é o equilíbrio – por isso nascemos com o poder do pensar, do raciocinar e do livre-arbítrio.

Você já deve ter ouvido a expressão "de boas intenções o inferno está cheio", pois esse é um bom exemplo de algo bom que é direcionado para o lado negro da força.

Lembre-se de que até a raiva ou a inveja (sentimentos considerados inferiores) tem o seu lado positivo, quando bem canalizada.

Os sentimentos não se classificam em sentimentos bons e sentimentos ruins, o que há são sentimentos: amor, alegria, felicidade, medo, insegurança etc.

A classificação está em nossa mente, ainda de pensamento cartesiano e de base católica com vínculo em pecados, que insiste em qualificar algo que dispensa qualificação.

Conhecimento pessoal: uma solução para a insatisfação

Não importa em que momento da vida você está; em algum momento da sua trajetória, ou em vários momentos, você será assombrado pela insatisfação.

A insatisfação está relacionada à sensação de descontentamento, ou seja, um desalinhamento entre o que você tem, o que você gosta e o que quer para a sua vida — pode ocorrer em qualquer área: profissional, amorosa ou até mesmo familiar.

Caso você esteja insatisfeito, em nada irá ajudar você alimentar pensamentos críticos ou julgamentos a seu respeito. Definitivamente, os pensamentos negativos não combinam com uma existência estimulante.

O que pode ajudar, e muito, é você reconhecer quais são as suas paixões ou do que você verdadeiramente gosta — quais são os seus valores.

A maioria das pessoas não faz ideia dessas respostas!

Pare de pensar em coisas glamourosas, conquistas gigantescas e gastos exorbitantes. Comece procurando as suas respostas — as suas preferências — em coisas simples.

São essas pequenas preferências, importantíssimas, que realmente definem as suas escolhas e as suas tomadas de decisões.

No momento em que você se permite conhecer, mesmo que seja um detalhe, por mais simplório que pareça ser e aparentemente sem significado, esse é mostrado como um norteador em processos que irão definir os seus objetivos.

Por exemplo, pense em alguém que prefere a noite ao dia, ele irá preferir acordar mais tarde e trabalhar com a inspiração do silêncio da cidade e da calmaria noturna a acordar cedo e ter a brisa da manhã como companhia. De nada adianta fazer um sujeito desses acordar cedo e deixá-lo o dia inteiro sem motivação para nada, afinal, ele é noturno. Aceite o seu modo de ser!

É muito importante para a sua motivação reconhecer e perseguir as suas paixões, uma vez que tudo pode mudar, isto é, o seu ponto de vista, as suas ideias e as suas percepções sobre a vida.

À medida que realizamos o que amamos, ganhamos um novo fôlego, uma nova energia, um novo amor e um novo olhar pela e sobre a vida.

O medo é primo-irmão da vontade de ser

Não deixe que o seu crítico interno ou que os sabotadores de plantão o impeçam de realizar mais em sua vida.

Também não se deixe contaminar por achismo e não coloque a sua felicidade em um "quando" ou em um "se" – Se eu ganhasse na loteria, quando eu emagrecer, quando eu tiver o emprego tal, se eu passasse naquele concurso e tantos outros exemplos.

Vença os seus medos. É normal sentir medo, dado que faz parte da nossa sobrevivência e nos protege dos perigos. No entanto, não pode ser um limitador, mas um impulsionador. Ninguém aprende a nadar lendo um livro, não é mesmo?

Permita que as coisas aconteçam, realize as suas vontades, os seus desejos, e não só o que você necessita ou o que precisa.

Sim.... Desejar é diferente de precisar.

Você precisa de ar para respirar e de comida para ser nutrido. Você deseja os ventos das ilhas Maldivas e a lasanha da sua vó.

Não é apenas sobre vencer as suas inseguranças, mas todas as vozes que não lhe dão suporte ou não proporcionam a manutenção de suas asas para voar alto.

Lembre-se: pensamentos sem emoções são apenas pensamentos. E se a voz da crítica interna voltar a perturbá-lo, a ignore!

A voz desconhece o tamanho do seu poder de realização.

Realize as suas vontades (não as engavete), afinal, são elas que lhe empurram para um novo dia, para os sonhos maiores e para as realizações realmente grandiosas.

São as vontades que nos movimentam, e não o que precisamos, de modo que isso apenas nos mantém vivos. Viver sem realizar os nossos sonhos não é viver, e sim sobreviver.

Então, realize, dentro de suas capacidades, aceite as suas limitações, mas não deixe de realizar e seja feliz.

Permita-se viver fora da caixa

Como toda mudança de hábitos, viver fora da caixa requer paciência e manutenção dos costumes.

De tudo que já vivenciei no meu trabalho em consultório, acredito ser o respeito o maior e o mais libertador dos sentimentos para tal mudança, uma vez que ele ajuda a delimitar o que lhe faz bem ou não, bem como a ser mais assertivo em suas escolhas.

Para um paciente diabético, por exemplo, dependendo do seu grau de diabetes, o exercício físico é recomendado e auxiliará no tratamento, mas cabe a ele ter a conscientização de que mesmo que não goste de exercícios, isso fará com que ele fique muito bem.

Não é sobre preferências ou facilidades, mas o que trará mais qualidade de vida.

O autoconhecimento e o autorrespeito são um processo, um caminho, e, como tais, exigem tempo e dedicação.

Dificilmente você conhecerá tudo a seu respeito do dia para noite. Até mesmo porque todos os dias vivenciamos novas histórias, novas emoções e novos aprendizados.

No entanto, você pode dominar quais são os seus principais valores e como eles norteiam as suas escolhas, ou seja, por que e como você faz as escolhas que faz. Assim, como pode silenciar o seu lado crítico interno (ou apenas baixar o volume) e se tratar com mais segurança e compaixão.

Independentemente do seu objetivo, o autoconhecimento e o viver com liberdade de consciência com o nosso querer e com as nossas vontades são aspectos emocionantes e libertadores!

Você passa a fazer as coisas com propósito — você tem objetivos — e tudo que faz tem um sentido particular, uma vontade maior, e, quando você se dá conta, está realizando os seus sonhos.

Agora, viva por você e ouvindo o ser humano que mais interessa em sua vida, você mesmo!

26

A coragem para empreender

"Tudo parece difícil até que seja feito."
Nelson Mandela

Rafael Venson da Silva

Rafael Venson da Silva

MBA em Gestão Estratégica e Inovação pela UFMT (2016 a 2017), Ciências Econômicas pela UNEMAT (2006 a 2010) e Gestão Comercial pela UNIRONDON (2012 a 2014), *Master*, *Executive Coaching* e *Practitioner PNL*. Fundador da FSM Consultoria e Treinamentos. Especialista no setor comercial atuando com treinamentos em comunicação, inovação, vendas e liderança.

Contatos
facaseumelhor.com.br
contato@facaseumelhor.com.br
(65) 98165-2772

Talvez você, assim como eu, já tenha ouvido falar que a garantia do sucesso é formar-se em uma faculdade. Talvez tenham lhe falado que a melhor coisa era ter um salário fixo, pois isso traria segurança. Pode ser que você seja uma das pessoas que cresceram escutando sua família falar sobre como seria bom ser um funcionário público.

O grande motivo para este tipo de pensamento pode vir da educação tradicional moldada seguindo o modelo prussiano, formado a partir de treinamentos para a guerra. A necessidade de treinar pessoas para trabalhar nas fábricas em expansão na Revolução Industrial criou a metodologia de ensino tradicional utilizada atualmente. Segundo Paucar (2017), são muitas as semelhanças como: instalações de muros, horários para entrar e para sair do trabalho e também para breves descansos, uniformes, avaliações baseadas num cronograma rígido e predeterminado, silêncio durante as aulas e obediência ao professor.

Observe que a escola tradicional, durante anos, se esforça para colocar você dentro de uma caixa e seguir um padrão, e depois de todo esse esforço você chega ao mercado de trabalho atual e percebe que precisa pensar fora da caixa para resolver os diferentes tipos de problemas.

Segundo Silva (2014), as grandes transformações das últimas décadas, oriundas do avanço tecnológico e da riqueza e do compartilhamento das informações, geraram novos empregos e oportunidades para aqueles que estão procurando seguir um caminho independente, porém, para ter sucesso neste novo mundo, é preciso desenvolver uma mentalidade empreendedora.

Durante cinco anos da minha vida profissional atuei no mercado financeiro e trabalhei para grandes corporações como Bradesco, HSBC e Santander. Minha família e amigos tinham orgulho da minha profissão de gerente no banco, e quando eu comentava que queria desenvolver minhas ideias e abrir meu próprio negócio a primeira coisa que eu ouvia era "você é maluco, você tem um emprego estável, vários benefícios, pode seguir uma carreira e se aposentar no banco e quer abrir uma empresa, pare com isso, é muito arriscado". O medo batia a minha porta; na visão dos meus amigos e família eu estava "estabilizado", não corria muitos riscos, precisava fazer o meu trabalho e cumprir minhas metas e pronto.

"Estabilidade" ou empreender suas ideias?

Era mais um dia de trabalho no banco, precisava de novas contas e estava difícil consegui-las, então busquei uma parceria com uma associação de empresas e juntos levantamos alguns benefícios que exigiriam mudanças sutis em alguns dos produtos que eu estava oferecendo. Parecia que iria dar certo, precisaria da ajuda da equipe de *marketing* e do meu superintendente para aprovar os benefícios e fecharmos muitas contas boas. Marcada a reunião com meu superintendente, fiquei surpreso com o *feedback* dele ao dizer que eu estava lá para executar e não para pensar, e completou que não daria nenhum benefício para a associação. Semanas depois, recebo uma ligação do presidente da associação agradecendo meu esforço e dizendo que fecharam com o meu concorrente, que concedeu os benefícios que levantamos juntos. Este fato mudou minha vida. Pode ser que por vários motivos o superintendente não achava interessante dar a liberação, talvez eu não tivesse todas as informações que ele conhecia, mas o fato de ele dizer que eu estava ali para executar e não para pensar mexeu comigo.

Lidando com o medo e a dúvida

Comecei a pensar sobre o medo que eu tinha de sair do banco, o medo de perder os benefícios, a estabilidade e a tão sonhada aposentadoria. Sempre estudei e li bastante, e nesta fase estava lendo um livro chamado *Pai rico, pai pobre*, do Robert Kiosaki, em que ele afirmava que aquele que só procura segurança paga muito caro por ela, pois segurança se paga com liberdade. Por causa do salário pago por seu chefe, ele decide se você vai poder sair mais cedo para o programa na escola de seus filhos ou não, se você poderá ter o dia livre no aniversário deles ou não. Ele possui o controle sobre seu almoço e sobre quantos minutos têm para se alimentar, o tipo de férias que você tem, o uniforme que usa na empresa.

Tudo isso se encaixava perfeitamente com o que estava acontecendo comigo naquele momento e eu não queria viver mais daquele jeito. Mas como lidar com o medo e a crenças formadas por vários anos de ensino tradicional e por um sistema que dizia que eu deveria seguir o padrão, como eu encontro coragem para tomar uma atitude de mudar o cenário atual?

Crenças limitantes

Nosso conhecimento atual vem de nossas experiências: de tudo que sentimos, vemos, cheiramos, ouvimos ou degustamos, ou seja, dos nossos sentidos. Ao nascer, tudo é informação nova e o cérebro registra praticamente todo o conhecimento adquirido. Quando crescemos escutamos o que nossos pais falam, o que os amigos dizem, os vizinhos fofocam, nossos colegas de aula comentam, o que ensina o professor, o rádio ou a televisão e tudo isso forma os nossos pensamentos e crenças.

Algumas dessas experiências limitam nosso modo de pensar e, consequentemente, nosso modo de agir. Gosto de utilizar o exemplo do elefante de circo que fica amarrado apenas com uma corda no pé preso por uma pequena estaca no chão. Como isso é possível? Um animal enorme, forte, poderia arrancar a estaca do chão com pouco esforço e sair correndo, mas continua preso? Isso acontece porque, quando pequeno, o elefante era preso a esta estaca e não tinha força suficiente na época para se libertar. Com o passar dos anos, mesmo ganhando força, a informação em sua mente era de que aquela estaca tinha mais força do que ele e por isso ele não tentava mais sair. Conosco acontece a mesma coisa, passamos por experiências no passado que nos limitam no futuro. Quando eu era adolescente, meu pai tinha uma retífica de motores e uma distribuidora de água mineral; e eu o vi falir, foi um momento muito difícil para nossa família, e aquilo ficou marcado em mim e se tornou uma crença limitante assim como os anos de ensino em um colégio tradicional. Tudo isso estava impactando na minha decisão de continuar no banco ou empreender meu próprio negócio.

Para lidar com estas crenças limitantes tive que me conhecer melhor e assumir o controle da minha vida. Assim, comecei a imaginar como seria tendo o meu próprio negócio e comecei a desenvolver uma mentalidade empreendedora. Comecei a especificar metas e criar um plano paralelo ao meu trabalho no banco e pensava que assim que eu conseguisse fazer com que o meu negócio andasse sozinho, pediria demissão. O detalhe de empreender é que você escolhe o ritmo do progresso que você quer ter e é justamente aqui que a maioria das pessoas desiste, pois não consegue lidar com as emoções negativas.

Muitas vezes, quando os resultados não aparecem no início, e depois de algumas tentativas, as coisas continuam a não acontecer, as dúvidas e frustrações tomam conta, então você pensa que foi loucura deixar o emprego. Foi isso que pensei quando saí do banco, e os meus negócios não saíram como planejado. Ouvia meus amigos e familiares dizendo: por que você saiu? E agora? Agradeço muito o apoio da minha esposa, que mesmo na dificuldade apoiou minhas ideias e meus empreendimentos. Por isso não escute críticas nem opiniões negativas, pois é comum as pessoas a sua volta, que estão cegas e não enxergam a oportunidade vista por você, não acreditarem em seu investimento. Se passar por esta fase, assim como eu passei, você terá sucesso.

Nunca pare, por motivo nenhum, apenas faça ajustes e continue. Ao decidir empreender em seu próprio negócio você precisa demonstrar comprometimento com seus sonhos, trabalhando com seriedade em sua meta, tendo o desejo de tornar sua visão em realidade. Se eu consegui, tenho certeza de que você também consegue, e para ajudá-lo proponho alguns exercícios que foram importantes para mim nos momentos de decisão.

Colocando conhecimento em prática – exercício de autoconhecimento

Você se conhece?

O primeiro passo para ter coragem de empreender é o autoconhecimento. Sua vida é o reflexo daquilo que você é e do que acredita. Para começar, convido você a pegar um papel e uma caneta. Pense por um momento e responda às perguntas a seguir. Elas apontarão uma direção e ajudarão você a ter mais clareza.

1- Enumere dez frases que você fala a si mesmo todos os dias, cinco positivas e cinco negativas. Por exemplo:

Positivas	Negativas
Eu enfrento meus medos	Eu não consigo
Estou no controle da situação	Isso sempre acontece comigo
Eu mereço ter sucesso	Eu sou muito ruim nisso

2- Peça *feedback* para pessoas próximas

Escolha algumas pessoas em quem realmente confie e que aprecie, que conheçam bem você, e faça as seguintes perguntas:

Quais os pontos positivos que você vê em mim?

Quais os pontos que eu preciso melhorar?

Em sua opinião, existe algo que eu deva parar de fazer?

3- Analise seus resultados

Agora, vamos parar para analisar os resultados atuais, como você está hoje. Quanto mais honesto, melhor será o efeito deste exercício. Procure responder às seguintes perguntas:
Eu estou feliz com o que eu faço hoje?
Eu ajudo as pessoas que fazem parte da minha vida a serem felizes?
Minha vida está equilibrada?
Meus hábitos são saudáveis?

4- Quais são as crenças que circundam sua vida?
Liste as coisas que você diz para si mesmo ao longo do dia, releia as frases e pense. Seja honesto ao responder:
_____
_____
_____
_____
_____
_____

De que maneira você acha que estas frases afetam seu desempenho?
Quais as frases que mais vezes aparecem em sua mente? São positivas ou negativas? Reflita sobre isso.

Agora dê um novo significado às frases negativas que atrapalham seu potencial e tiram sua coragem. Com o tempo, seu cérebro começará a acreditar nelas como se fossem verdades, por isso devemos sempre dizer palavras construtivas a nós mesmos.

Para terminar, faça uma lista com cinco frases que fortaleçam os seus pensamentos; se puder, imprima e coloque em um lugar que você possa ver com frequência, poste nas redes sociais, compartilhe se achar interessante, dessa forma você sempre alimentará seus pensamentos com coisas boas.

Referências
PAUCAR, Pablo. *Mentalidade: blinde a sua mente para encher o seu bolso.* 1 ed. São Paulo: Editora Gente, 2017.
SILVA, Flávio Augusto. *Geração de valor.* Rio de Janeiro: Sextante, 2014.
KIYOSAKI, Robert T.; LECHTER, Sharon L. *Pai rico pai pobre.* Rio de Janeiro: Campus, 2000.

27

O equilíbrio entre o pensamento criativo e crítico, gerando inovação sem limite

Neste capítulo, apresento algumas considerações sobre o processo criativo em perspectiva histórica, propondo ainda o equilíbrio entre habilidades criativas e críticas, apontando algumas estratégias que podem ser empregadas no dia a dia para aumentar o potencial criativo

Renata Alves

Renata Alves

Administradora de empresas pela Universidade de Ribeirão Preto (2006), *master* em finanças e controladoria pela Fundace – USP de Ribeirão Preto – SP (2009), gerente de projetos pelo P.M.I (Project Management Institute), *designer* pela Impacta Treinamentos e palestras em *design thinking* pela Echos (Escola de Inovação), especialista no mercado de automóveis e desenvolvedora de vários projetos de sucesso para diferentes áreas de negócios ao longo de 25 anos de experiência. Membro do Conselho de Administração de São Paulo – CRA 144566. É pioneira no emprego de princípios do *design thinking* integrado ao gerenciamento de projetos dentro de concessionárias de automóveis. Reconhecida pelo desenvolvimento de soluções voltadas para o mercado de automóveis, obtendo destaque para projetos de automação e gestão. Autora de artigos sobre gestão de projetos, inovação e tecnologia e gestão empresarial. Diretora de artes e autora do anuário de projetos Baseline. Diretora de um escritório de projetos voltado exclusivamente ao segmento de concessionárias de automotores - Dealers360.

Contatos
www.dealers360.com.br
contato@dealers360.com.br
(11) 99312-8679

> Não conseguimos desvendar o complexo ambiente do futuro explorando insistentemente o que vemos pelo espelho retrovisor. Para sermos bem-sucedidos, temos que libertar nosso poder criativo. Ken Robinson

A criatividade é a maior habilidade da inteligência humana, e, antes de tratarmos sobre o nosso processo de retomada do potencial criativo, é necessário entender que fatores influenciaram na limitação dessa habilidade por meio dos tempos.

É preciso retroceder ao advento da Revolução Industrial, no século XVIII, considerado por muitos historiadores como um divisor de águas na história e em quase todos os aspectos da vida cotidiana da época. Assim, marcou-se a transição do sistema baseado na produção artesanal, para o processo de produção em massa mediante a utilização de máquinas movidas à energia a vapor.

Não há dúvidas de que o progresso proporcionado por esse impulso tecnológico ajudou a retirar milhões de pessoas da pobreza, melhorando ainda o padrão de vida de uma parcela considerável da humanidade.

Entretanto, gostaria de fazer um contraponto citando Ken Robinson:

> Criatividade depende da imaginação, que já depende dos sentidos. E esses sentidos dependem de nossas experiências diárias, da busca por novos ares, por novas descobertas. Depende de interação com o mundo, de vivências que aguçam os nossos sentidos.

Refletindo ainda sobre a colocação do autor e o que anima a criatividade, não nos restam dúvidas de que o nosso processo de industrialização provocou um brusco rompimento com a nossa conexão criativa.

Essa condição de total submissão ao capitalismo industrial que ali surgia foi bem retratada no clássico filme de Charles Chaplin, em 1936, *Tempos modernos*. Estava ali o homem no centro de todo o processo? Que valor é dado à criatividade nesse contexto?

A espinha dorsal de todas as teorias de gestão e negócios surgiu no contexto do início do capitalismo industrial e foi implementada por meio dos tempos, de modo que influências também foram sentidas no sistema educacional, pois o indivíduo começa a ser preparado para o mercado de trabalho cuja relevância dada para a disciplina e para o cumprimento de ordens e de padrões é sempre mais bem avaliada do que a capacidade criativa de um indivíduo.

O grande corte, e talvez o maior paradoxo de todo esse sistema, vem sendo observado nos dias de hoje, diante da quarta revolução tecnológica pela qual passamos.

Fenômenos como a globalização, revolução das telecomunicações que diminuiu as distâncias e praticamente eliminou as fronteiras globais, nos colocaram perante novos desafios, passando a depender quase que exclusivamente do potencial criativo do homem diante de problemas complexos, como, por exemplo: energias alternativas renováveis, fome, pobreza, terrorismo, narcotráfico, dentre outros de igual complexidade.

Em *A lógica do pensamento criativo, inovação e arte nos negócios*, Eric Wald destaca:

> O maior potencial de nossa carreira não é alcançado apenas pelo pensamento convencional ou crítico. Não é alcançado apenas por um modo de pensar inovador, não convencional. Nosso maior potencial pessoal é alcançado quando a imaginação desordenada é aplicada com competência crítica e a perspicácia comercial está impregnada de requinte artístico.

O pensamento crítico e convencional deve apoiar o pensamento criativo e original, sobretudo quando a sua sistemática permite a tangibilidade das ideias.

E é exatamente sobre isto que vamos tratar neste capítulo: como mudar as circunstâncias que nos envolvem utilizando todo o nosso potencial criativo, em parceria com a devida aplicação de nossas competências críticas, indicando ainda alguns caminhos e estratégias que podem ajudá-los na implantação de uma cultura de criatividade de inovação, podendo ser empregada no seu processo pessoal ou na formação de equipes criativas dentro das organizações.

Esteja disposto a libertar a sua criatividade e verá o quão gratificante é empregar um talento em prol de uma mudança significativa na vida das pessoas, seja para melhorar o processo de trabalho de sua empresa ou de seus colegas, seja na busca por soluções que minimizem a pobreza, as desigualdades e que possam melhorar as nossas instituições ou ainda aliviar a dor de tantas pessoas que hoje aguardam por avanços científicos para encontrar a cura para os seus males.

Novas ideias, novas possibilidades e agora o homem volta a ocupar o lugar que merece: o centro das atenções!

> "Toda criança é artista. O problema é continuar a ser artista depois que crescer."
> Pablo Picasso

Onde tudo começou

Quando encontramos um grupo de crianças e perguntamos quantas delas se consideram artistas, é bem provável que todas elas expressem a opinião, a ver, afirmando que são artistas.

Porém, se replicarmos essa mesma pergunta a um grupo de adultos, é pouco provável que haja unanimidade, uma vez que são considerados artistas para esse público somente pessoas que tocam algum tipo de instrumento ou ainda que apresentam peças de teatro ou são atores de televisão.

Para resgatar esse potencial criativo, oprimido por todo o contexto histórico que relatei inicialmente, é preciso resgatar a nossa criança interior, questionando e explorando o mundo em que vivemos.

Segundo Eric Wahl, as crianças nascem com uma imaginação extremamente fértil e com um desejo insaciável de explorar o mundo.

Em outras palavras, você nasceu um artista – um indivíduo com grande capacidade de aprender, de se adaptar e de desenvolver novas ideias e novas soluções para os seus próprios problemas.

Pablo Picasso dizia que toda criança é artista. O problema é continuar a ser artista depois que crescer.

Muitas empresas ao redor do mundo têm construído escritórios que se assemelham a instalações de um jardim de infância, esperando reacender aquela rica e vibrante chama de nossos tempos de criança. Empresas como a *Google* vêm adotando ambientes não convencionais para estimular a criação de produtos de ponta.

Alguns dos grandes produtos da *Google* nasceram dessa liberdade – o *Gmail, Google Earth, Google Lab*, e, principalmente, o programa *AdSense*, seu carro-chefe.

Esqueça temporariamente de seus conhecimentos sobre qualquer tema, isto é, estabeleça um novo modelo, um novo mapa mental, capaz de explorar novos mundos e novas possibilidades!

O poder do *design* e o despertar do pensamento criativo

> "*Design* é função, não forma."
> Steve Jobs

A palavra *design* significa: conceber um projeto funcional, resolver problemas. O *design*, por muito tempo, esteve relacionado equivocadamente à estética ou somente à forma.

O *design* também pode ser utilizado para resolver problemas, criar novos negócios, produtos ou serviços, e, em consequência disso, tem sido bastante requisitado dentro dos ambientes de negócios.

Muitas pessoas que partiram na jornada rumo ao seu fortalecimento criativo estão atualmente ligadas a movimentos de fomento à inovação materializados nos princípios do *design*, e isso tem promovido verdadeiras revoluções não somente dentro das organizações, como em qualquer ambiente que tenha demandas relacionadas à descoberta de soluções inovadoras para algum tipo de problema.

Atendem pelo nome de inovadores sociais, *makers, design thinkers, business design* e muitas outras designações.

Dentro das empresas, estão ligados a movimentos de implantação de cultura de inovação, formando equipes extraordinárias, estabelecendo novos mapas mentais para gerarem ideias inovadoras e sustentáveis, apreciando ambientes de cocriação e utilizando espaços Fab Labs para a prototipagem de suas ideias, ecoando *slogans* do tipo "faça você mesmo", decretando com isso o fim das velhas ideias e pensando fora da caixa, ou seja, de modo diferente. Em troca, ganharam uma vida dotada de sentido e experiências gratificantes para o usuário, que é sempre o centro de sua criação.

Desenvolvendo a criatividade

Existem atualmente muitas opções para exercitar o processo de redescoberta ou de libertação de suas habilidades criativas. Aposte em cursos livres de curta duração, se você está no início do seu processo, e vá se aprofundando gradativamente, apreciando e entendendo cada detalhe dessa experiência. O importante é inserir a criatividade no seu contexto de forma natural, pois ela faz parte de você, e lembre-se de que a criatividade depende de imaginação, que depende dos sentidos, que depende de nossas experiências diárias, e tenha certeza de que você sairá transformado no final dessa jornada.

Existe também um vasto material sobre o tema na internet, além de uma bibliografia igualmente rica à disposição.

Abaixo uma breve explicação sobre cada sugestão:

Design thinking
Conjunto de princípios que podem ser aplicados por diversas pessoas a uma variedade de problemas.

Acreditam na inovação como um meio de colaboração, de multidisciplinaridade, de empatia, de experimentação e de interdependência para criar uma nova maneira de pensar que traz novos significados e uma real possibilidade de mudança e de impacto positivos.

Além de modelos de negócios, desenvolvem pessoas, portanto, de estudantes a doutores interessados nos mais variados temas, bem como de estagiários a executivos de organizações. Grosso modo, todos podem encontrar um caminho que leve para a solução de problemas e de desafios complexos.

Design de serviços:
É uma abordagem interdisciplinar que combina diferentes métodos e ferramentas oriundos de diversas disciplinas. Trata-se de uma nova forma de pensar, e não de uma nova disciplina acadêmica e autônoma. O *design* de serviços é uma abordagem em constante evolução e que atualmente é considerado um dos gatilhos da evolução econômica que vêm ganhando cada vez mais espaço no cenário corporativo. Esse é um assunto de extremo valor e que ainda vai evoluir e impactar o mercado muito mais do que se pode imaginar.

Espaço *makers*
Na educação *maker* é assim: você aprende fazendo. O espaço integrado promove a exploração, a construção, a experimentação e o aprendizado colaborativo e coletivo. Você aprende pesquisando, testando, conversando com os colegas e elaborando projetos que busquem soluções criativas e inovadoras para problemas organizacionais e sociais.

Fab Labs e ambientes de cocriação
Os Fab Labs são espaços de criatividade, de aprendizado e de inovação acessíveis a todos os interessados em desenvolver e em construir projetos.
Por meio de processos colaborativos de criação e de compartilhamento do conhecimento e do uso de ferramentas de fabricação digital, o Fab Lab traz à população a possibilidade de aprender, de projetar e de produzir diversos tipos de objetos e em diferentes escalas.

Gerar inovação, tangibilizar ideias
Uma vez concebida uma ideia, um conceito ou uma solução utilizando os mapas do pensamento criativo, seja por *design thinking* ou por *design* de serviços, passando pela prototipagem nos laboratórios de inovação ou por espaços *makers*, temos agora um projeto que tem por característica ter uma sistemática de processos e a integração de várias áreas do conhecimento, a fim de que a sua materialização tenha êxito, alcançando assim o objetivo de todo o trabalho.
É hora de integrar o pensamento crítico na organização ou na sistematização de toda essa imaginação que deu origem a uma possível solução, que só atingirá seu objetivo caso alcance o usuário para quem foi projetado, resolvendo assim o seu problema.

O pensamento criativo e o pensamento crítico estão em harmonia nesse momento e são um grande exemplo de como todos podem ser beneficiados no processo de criação se fizerem parte dele.

Existem várias metodologias ou abordagens à disposição sobre gestão de projetos e é preciso identificar qual é a melhor abordagem para o seu projeto, o que na maioria das vezes dependerá da duração dele, das características do projeto, do tipo de organização, dentre outras variáveis.

Mas o importante é que todas elas tenham um recurso de planejamento muito rico para uma melhor projetação de cenários, considerando o escopo, o prazo, o custo, o tempo, a equipe, as partes interessadas e assim por diante.

Portanto, tentem fazer parte, de algum modo, desse contexto, frequentando ambientes de fomento ao poder criativo, conforme sugerido nesse trabalho, encontrando a grande ideia que pode mudar a trajetória de sua vida e a do seu negócio por meio da concepção e da tangibilidade de ideias originais.

Permita-se resgatar e explorar o que já está dentro de você! Nada e ninguém pode limitar a sua expressão, pois esta é a nossa natureza: pensar e logo existir, e, a entender, existindo num contexto dotado de sentido.

Novas ideias, novas possibilidades!

Referências

WAHL, Eric. *A lógica do pensamento criativo – Inovação e arte nos negócios*. 1ed. Rio de Janeiro: Elsevier, 2014.

BROWN, Tim. *Design Thinking: uma metodologia poderosa para decretar o fim das velhas ideias*. 13 ed. Rio de Janeiro: Elsevier, 2010.

STICKDORN, Marc. *Isto é design thinking de serviços*. 1ed. Porto Alegre: Bookman, 2014.

ROBINSON, Ken. *Libertando o potencial criativo – A chave para o crescimento pessoas e das organizações*. 1 ed. São Paulo: HSM, 2001.

28

Como a criatividade e a inovação podem mudar a sua vida

Quando você escuta as palavras criatividade e inovação, o que vem à sua mente? De quem se lembra primeiro? A primeira atitude é pensar em grandes gênios e inventores. Mas quem inventou o parafuso, a tesoura, o zíper e a chave de fenda? Pense no que seria o mundo sem as pequenas conquistas. Você já imaginou o que pode fazer de criativo e inovador para o mundo, a fim de alcançar o sucesso que deseja?

Sérgio Bialski

Sérgio Bialski

Graduado em Comunicação pela USP e Mestre em Ciências da Comunicação pela USP. Eclética formação acadêmica, com três pós-graduações: Gestão de Processos de Comunicação pela USP; Jornalismo Institucional pela PUC-SP; e Comunicação Empresarial & Relações Públicas pela Cásper Líbero. Vinte e cinco anos de experiência no mundo corporativo, sendo 15 deles como Gestor de Comunicação em empresas multinacionais como Dun & Bradstreet, Wyeth, Rhodia, Aventis e Sanofi. Professor, há dez anos, em universidades como ESPM e Anhembi Morumbi, nos cursos de Publicidade e Jornalismo. Palestrante na área de Criatividade & Inovação, Excelência em Atendimento, *Branding* e Comunicação para o sucesso. Ganhador de dez Prêmios de Reconhecimento, nas universidades em que leciona, como resultado das avaliações feitas pelos próprios alunos de graduação, com a adoção de metodologias inovadoras de ensino em sala de aula.

Contatos
www.sergiobialski.com.br
sergio.bialski@outlook.com
(11) 99389-4558

Ao longo dos mais de vinte anos de minha carreira como gestor de comunicação em grandes empresas, e dos dez anos como professor universitário, pude perceber um traço comum, tanto entre meus colegas de trabalho como entre meus alunos, que é a valorização da criatividade e da inovação como elementos essenciais para o sucesso.

Contudo, ao mesmo tempo que colegas e alunos reconhecem essa verdade, para ambos prevalece a sensação de que criatividade e inovação são algo distante e inatingível, uma espécie de dom concedido a alguns poucos "escolhidos", o que, a meu ver, demonstra desconhecimento sobre o tema.

Vamos começar essa discussão com uma pergunta fundamental: você se acha uma pessoa criativa e inovadora? Quais as primeiras imagens que lhe vêm à mente quando alguém pronuncia as palavras criatividade e inovação?

Para início de conversa, gostaria de massagear o seu ego e dizer que tenho convicção de que você é uma pessoa criativa e inovadora. E a minha convicção se deve à observação de um fato elementar: o espírito criativo e a possibilidade de inovar estão à disposição de quem ousa transformar sonhos em realidade, explorando novas maneiras de fazer as coisas e inventando novas técnicas para resolver problemas.

Se ainda não acredita quando eu digo que você é criativo e inovador, faço aqui um desafio: pare um instante para pensar e puxe em sua memória os pedidos que normalmente lhe vêm à mente, no dia 31 de dezembro, poucos minutos antes da virada de um novo ano. Concentre-se durante cinco minutos e anote-os num papel, antes de prosseguir na leitura deste texto.

Se não pegou um papel e uma caneta para fazer este exercício, está buscando o método mais cômodo, que é tentar sabotar a si mesmo. Isso não é nada criativo e inovador! Então, vamos lá, não prossiga na leitura sem fazer isso que lhe peço.

Pronto? Se seguiu o que lhe pedi, o que vou dizer começará a fazer mais sentido para aplicar em sua vida pessoal e profissional: em primeiro lugar, imagino que tenha, em maior ou menor grau, escrito o seguinte: quero ter saúde, mudar de emprego ou ser promovido, fazer a faculdade dos meus sonhos ou terminá-la, conhecer alguém especial na vida, fazer exercício ou largar o vício do cigarro, comprar um imóvel ou automóvel, fazer uma viagem (ou até mudar para o exterior) ou simplesmente quitar as dívidas pendentes.

Será que acertei um ou mais dos seus desejos? Talvez sim, porque suponho que, em maior ou menor grau, os desejos da maioria de nós sejam os mesmos e tudo parece palpável na virada do ano, enquanto os fogos pipocam no céu.

Sabe por que poucas promessas sobrevivem à ressaca do dia seguinte? Porque não se considera que é necessária uma mudança de comportamento, ou seja, se você quer atingir resultados diferentes, tem de agir de maneira diferente.

Agir diferente é estar aberto ao desenvolvimento de hábitos e atitudes criativas, já que criatividade não é magia resultante de aleatórios lampejos de inspiração, mas de um processo que implica questionar, investigar e superar os desafios impostos pela vida, buscando soluções para vencer adversidades. Vale aqui o velho jargão: 99% do processo criativo é transpiração e 1% inspiração.

Lembro-me de um momento, no ensino médio, que para mim serviu como um divisor de águas na relação de admiração e confiança que sempre tive com meus professores. Leia com cuidado e pense quantas vezes isso já ocorreu em sua vida...

Certo dia, uma professora de redação solicitou que eu e meus colegas de classe fizéssemos um texto narrativo criativo sobre uma viagem insólita (lembro-me de que ela frisou bem a palavra "criativo"), e que o entregássemos na aula da semana seguinte, como parte da nota final da disciplina.

Desde jovem desenvolvi o hábito da leitura e também fui escoteiro durante muitos anos da adolescência. Minhas viagens e aventuras, somadas às leituras, deram-me algo que julgo ter sido fundamental até hoje para a vida: repertório!

Chamo de repertório todo o estoque de conhecimento acumulado ao longo da vida. Simples atos como assistir a bons filmes, ler bons livros, viajar ou estudar diferentes idiomas colaboram para este acúmulo de informação que pode ajudar no processo criativo.

No dia em que a redação foi solicitada, lembro-me de ter voltado para casa e mergulhado no problema. Estava decidido a dar uma resposta diferente, fugindo do modo mundano de dar respostas convencionais. Ou seja, queria fugir do que os psicólogos chamam de "fixidez funcional", que nada mais é do que a armadilha da rotina, ou seja, apenas enxergar a forma óbvia de encarar um problema.

Até a véspera da entrega da redação, deixei o problema "cozinhando em fogo brando" em minha mente. Só na faculdade aprendi que isso se chama "incubação" e se trata de uma etapa do processo criativo que permite, ao nosso cérebro, buscar respostas no inconsciente, mesmo que não estejamos pensando no assunto.

Recordo-me também, até hoje, de buscar a solução para o problema proposto naquela redação nos momentos mais inverossímeis: passeando, tomando banho ou mesmo ouvindo música. Muitos anos mais tarde, aprendi que isso também tem nome: chama-se "devaneio", e o químico Friedrich Kekulé, em 1865, descobriu a molécula de benzeno após acordar de um sonho que, ele mesmo, chamou de devaneio.

Na véspera da entrega, após o almoço, comecei a redigir o texto narrativo sobre uma viagem a um mundo dos sonhos, uma espécie de Atlântida contada sob o olhar de alguém que lá esteve. As ideias fluíam com uma indescritível rapidez e, por algumas horas, parecia que aquele mundo me pertencia. Aprendi que isso também tem nome: chama-se "iluminação", e é o momento mais esperado, quando a ideia se traduz de forma concreta.

Ao finalizar o texto, satisfeito com o resultado, não me contentava em entregá-lo numa simples folha de almaço, pois passava-me a sensação de entregar algo muito precioso embrulhado, como frutas na feira, numa folha de jornal. Foi por essa razão que, assolado por um lampejo de última hora, resolvi colocá-lo, dobrado, dentro de uma garrafa de vidro, como se fosse o relato de um náufrago que jogou ao mar sua mais preciosa narrativa para quem a encontrasse.

Até hoje me lembro do tom de surpresa da professora ao receber a redação, questionando-me de onde eu tinha tirado esta ideia "maluca" de usar uma garrafa. Sim, a ideia foi chamada de "maluca", mas o pior ainda estava por vir...

Mais uma semana se passou e, pacientemente, estava à espera da nota para o meu "precioso" texto. Confesso que o momento de devolução de nota foi uma das cenas mais bizarras que presenciei em minha vida escolar.

Nunca mais esquecerei o olhar devastador que aquela professora lançou sobre mim, dizendo não acreditar que havia sido eu o autor daquele texto – que ela julgou rebuscado demais para um jovem adolescente –, e que não havia sido "combinado" com nenhum aluno que a redação deveria ser entregue dentro de uma garrafa. Por esse motivo, a minha nota, referente a essa redação, não seria considerada.

Aprendi, a partir daquele momento, a duras penas e em tenra idade, que existiam, no mundo, profissionais que são verdadeiros "canibais da criatividade". Mas, tenho certeza, não estou sozinho nesta descoberta. Por acaso você, caro leitor, nunca ouviu falar de professores que criticam crianças por elas pintarem o sol de azul ou por elas não desenharem uma casa com o "correto contorno de casa"?

Por acaso você nunca viu executivos de grandes empresas nacionais e multinacionais pedirem que seus subordinados desenvolvessem projetos criativos e, após colocarem uma vírgula, dizerem ao *staff* da empresa que tudo foi gerenciado e implementado por eles, os tais "gênios executivos"?

O resultado desse tipo de comportamento, seja por ignorância (no caso dos professores), seja por falta de compromisso com a verdade (no caso dos gestores corporativos), é que gerações de jovens talentos são dilapidadas, pois o desabrochar da criatividade tem aversão a críticas sem fundamento e injustiças.

Certa vez, num dos cursos sobre criatividade que fiz, escutei uma frase que, para mim, traduz a essência do conceito: "A criatividade é um processo muito mais heurístico do que algorítmico".

Algoritmo corresponde, em matemática, a uma regra que, sempre que aplicada a premissas conhecidas, produz resultados esperados e verificáveis. Já a heurística, do grego *heuriskein* (descobrir), é uma verdade que não é matematicamente comprovável.

Não é à toa que a Universidade de Harvard conquistou seu prestígio, no ensino da administração, ao implementar a famosa metodologia ativa da "discussão de casos", que fundamentalmente consiste em reconhecer que não há fórmulas e regras que produzam resultados esperados no mundo dos negócios. Na realidade, a única regra que vale é o reconhecimento de que, para resolver os problemas de forma criativa, a única saída é usar a experiência real e todo o repertório adquirido a partir de nossa vivência.

Durante boa parte de minha vida corporativa, sempre que chamado a participar de reuniões de *brainstorming* (tempestades de ideias), devo confessar que saía com um riso interno, muitas vezes incontido, ao presenciar cenas de executivos pedindo sugestões sobre projetos e, em seguida, vendo-os dizer às suas equipes: "Vamos reiniciar, porque a discussão está fugindo do foco". E eu me perguntava: "Como assim, fugindo do foco?". Será que esses gestores não sabem que *brainstorming* é um processo que deve evitar críticas e julgamentos no momento de geração das ideias, dando possibilidade à verbalização de todas que surgirem? Será que nunca leram a respeito do que Harvard e outras prestigiosas universidades vêm ensinando ao mundo nas últimas décadas?

A essa altura do texto, você pode estar se perguntando: mas o que posso fazer, no meu dia a dia, para ser mais criativo e inovador, se nem mesmo professores e gestores praticam esses conceitos? E mais: como obter sucesso e vencer com a aplicação desses conceitos, no mundo altamente competitivo em que vivemos?

Vamos por partes:

Em primeiro lugar, devemos levar em conta que, na atualidade, para que algo seja considerado criativo, o julgamento dos outros é essencial. Você pode ser criativo, mas sempre é criativo porque há alguém atestando isso. Busque, então, nessa etapa, verdadeiros mentores entre seus amigos, familiares, colegas de trabalho etc. Lembre-se de que, na mitologia grega, Odisseu confia seu filho Telêmaco aos cuidados de um conselheiro, cujo nome é justamente Mentor, um sábio que guia, ensina ou aconselha com entusiasmo, persistência, originalidade, e, acima de tudo, paixão. Portanto, você deve estar aberto a críticas construtivas de pessoas que, notadamente, agregam valor à sua vida e terá que aprender um conceito de física que, tenho certeza, vem praticando bastante já há muito tempo: a resiliência!

Resiliência é a capacidade de um material suportar tensão sem se deformar de forma permanente. Aplicando à sua vida pessoal, é a capacidade que você tem de retornar a um nível de estabilidade psicológica e biológica para superar críticas, mudanças e dificuldades.

Um outro ponto relevante a se levar em conta é que criatividade é um processo e faz parte de uma prática diária. Pensar em coisas novas é ser criativo e, tenho convicção, todos nós somos. Contudo, o desafio proposto é inovar, ou seja, fazer coisas novas, implementando-as com a finalidade de gerar valor. Para que isso seja possível, passa a ser essencial a proficiência num determinado campo do conhecimento. A pergunta básica é: em que área você realmente é bom e se sente confortável para desenvolver todo o seu potencial criativo?

Foi-se o tempo em que a humanidade teve o privilégio de se deparar com figuras como Leonardo da Vinci, um gênio cujo talento insaciável o fez destacar-se como cientista, pintor, escultor, arquiteto, matemático, engenheiro, anatomista, botânico, poeta, músico e inventor. Hoje em dia, mal terminamos a graduação, a exigência do mercado para que se faça uma pós, um MBA ou algo equivalente valha comprova o peso que se dá à especialização.

Finalmente, o elemento que nunca pode faltar no caldo criativo é a paixão, conhecida na psicologia como motivação intrínseca, que é o ato de fazer algo por puro prazer, e não em troca de recompensas. Usando uma metáfora, este tipo de motivação é como uma porta que só se abre pelo lado de dentro.

Não costumo dar receitas de bolo, pois cada um, baseado em sua história de vida e experiência, tem muita propriedade para saber o que é melhor para si e as batalhas que devem ser travadas para atingir suas metas. Mas, se como mentor me pedissem para lembrar as atitudes típicas das pessoas criativas, inovadoras e vencedoras, eu diria que:

1) elas têm confiança no seu potencial;
2) adotam uma postura de ceticismo saudável, ou seja, investigam o porquê das coisas;
3) praticam a curiosidade infantil, para a qual não existem realidades prontas;
4) são perseverantes;
5) colocam-se no papel de eternas aprendizes;
6) mostram atitude positiva para enfrentar desafios e não fogem das batalhas;
7) estão sempre abertas à mudança, prontas para enfrentar o novo.

Pratique estas atitudes, confie em si e jamais desista de lutar para alcançar seus objetivos de vida e sua felicidade!

29

Os dez mandamentos dos inovadores

De forma sintética elenco os dez mandamentos que caracterizam os criativos, inovadores e vencedores. Por mais que utilizemos nossas faculdades mentais, não atingiremos todo o potencial que nosso cérebro comportaria de informações e conhecimentos

Shiguemassa Iamasaki

Shiguemassa Iamasaki

Advogado, Contabilista, Administrador de Empresas, Matemático, Pedagogo, Gestor de Negócios Imobiliários e Gestor de Agronegócios. É Diretor da Iamasaki Advogados Associados e Iamasaki Consultoria e Auditoria Empresarial. Pós-Graduado em MBA – Executivo, Direito Tributário e Empresarial e Direito Ambiental e Ordenação de Território. Professor de Pós-Graduação. Palestrante nacional e internacional. Esteve na Itália, Holanda, Portugal, China, Japão, Hong Kong, África do Sul, Argentina, Uruguai, Paraguai e Venezuela.

Contatos
www.yamazaki.adv.br
yamazaki@yamazaki.adv.br
(44) 3024-4177

Criatividade, caminho da inovação

Qual a relação que existe entre criatividade e inovação? Podemos afirmar que a criatividade é a origem e o alicerce da inovação.
Criatividade é o processo de geração de ideias, dos sonhos e ideais para o futuro nos diversos campos do conhecimento humano e da civilização, ou seja, podemos ser criativos nas áreas da educação, música, biologia, engenharia, medicina, tecnologia da informação, ou ainda de forma interdisciplinar.

De outra parte, a inovação consiste justamente na concretização dessas ideias criativas, gerando novos produtos, aperfeiçoando os processos científicos, criando novos modelos de negócios, geralmente com a agregação de valor ao mercado no mundo empresarial.

Mas o que significa criar?

São dois os sentidos: criar como provocar a existência de fazer e dar origem a partir do nada (teológico), e formar, gerar, dar origem (verbo transitivo direto). No tema que desenvolvemos partimos da segunda premissa, ou seja, dar origem, começar, iniciar.

E o que significa inovar?

Inovar quer dizer construir, introduzir novas soluções, algo novo, ou modificar e aperfeiçoar aquelas existentes, ou seja, ao criar novo produto, bem ou serviço ou aperfeiçoar os que já estão no mercado, damos mais funcionalidade, economia, agilidade ou simplificação nos processos.

1) Criatividade

Criatividade, originado do latim *creare*, é a capacidade de criar, produzir ou inventar coisas novas, ou ainda desenvolver novas ideias de como aperfeiçoar aquelas que já existem.

Podemos aplicar a criatividade em qualquer área do conhecimento humano, embora o destaque sempre é dado àqueles que dão retorno financeiro pela agregação de valor.

Quer dizer, "*think outside the box*", isto é, pensar de forma e modo diferente, sem normas predeterminadas, sem imitação, embora se possa aproveitar uma parte da ideia ou de procedimentos conhecidos para criar uma nova ideia.

É necessário saber os limites da criatividade e da inovação, ou seja, onde se inicia e termina a criatividade, pois quando esta chega ao seu limite temos o ponto de partida da inovação.

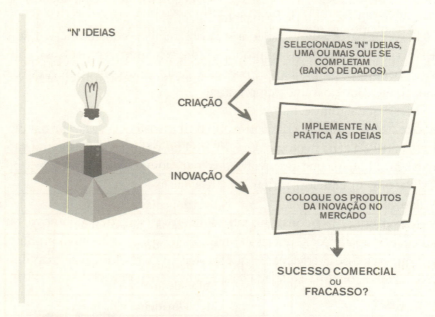

Elementos e fatores da criatividade

Segundo Tina Leelig, devemos, numa abordagem holística, ter imaginação, conhecimento e atitude como fatores internos, e recursos, cultura e ambiente como fatores externos da criatividade.

O conhecimento é o instrumento da imaginação, o que transforma e faz brotar novas ideias, e a atitude fornece o combustível necessário para que o seu criador possa avançar e superar os mais difíceis problemas.

De outra parte, nossos ambientes impactam fortemente o processo de criação das ideias, nas quais somos influenciados de forma intensa por espaços, regras, recursos e cultura, ou seja, cada personagem e o ambiente possuem interdependência, numa simbiose para a manifestação cristalina e para a busca de solução criativa dos problemas.

Inovação, caminho dos vencedores

Inovação é a ação de inovar. É o resultado de um processo que se inicia com a criatividade (ideias e sonhos) e transforma em algo concreto o que era abstrato.

Tipos de inovação: evolutiva e disruptiva

A inovação evolutiva é aquela que busca criar novas maneiras de se fazer algo, um serviço ou um bem, aperfeiçoando a funcionalidade já existente. De qualquer modo é um grande avanço, pois melhora a qualidade de vida das pessoas e agrega valores.

A inovação disruptiva cria e inova um novo produto ou serviço, tendo como resultado um novo mercado e desestabilizando os concorrentes que controlavam os negócios.

É um produto simples, com custo módico e acessível ao público que antes não tinha condições de adquirir ou usar tais produtos ou serviços. Logo, torna obsoleto o produto antigo.

Exemplos de inovações disruptivas:

Inovação disruptiva	Produto/Serviço antigo
PCs	Computador *mainframe*
Celulares	Telefone fixo
Wikipédia	Enciclopédias e dicionários
Easy Taxi e Uber	Rádio taxis e táxi comum
Netflix	Vídeo locadoras
Google	"N" pesquisas
Led	Bulbo de luz
Plástico	Metal, madeira, vidros, etc.
Impressora	Offset
Download	CDs, DVDs
E-book	Papel
Foto digital	Outros tipos de fotos
Editoração eletrônica	Editoração tradicional
Microsoft Windows	MS-DOS

Notamos que todas as inovações disruptivas romperam uma tradição de produtos ou serviços de uma época para facilitar a vida das pessoas a valores módicos ao alcance da população. Em geral, é uma evolução tecnológica pela descoberta de novos materiais, resultado de pesquisas científicas, ou nova maneira de se fazer ou obter resultados melhores.

Registre-se que a tecnologia que foi rompida, em verdade à época que foi implantada, representava um marco como das maiores inovações, e que foi superada por esta inovação disruptiva.

Qualquer dos casos exemplificados possui como características comparativas custos menores, facilidades e evolução tecnológica, funcionalidade avançada e melhoria na qualidade de vida.

Entretanto, registre uma máxima: o que hoje é uma inovação disruptiva, certamente em um futuro não muito distante poderá ser um produto ou serviço obsoleto, em razão da constante evolução das pesquisas técnico-científicas, da criatividade e das inovações.

O que são, então, criativos, inovadores e vencedores?

Assim, cito os 10 mandamentos dos criadores, inovadores e vencedores e espero sejam úteis para todos.

Os dez mandamentos dos criadores, inovadores e vencedores

1) Seja observador, curioso, detalhista e sonhador;
2) Não se filie à unanimidade. Seja visionário e transformador. Não tenha medo de errar;
3) Tenha foco, alto grau de resiliência e disciplina;
4) Crie oportunidades quando todos só falam em crises;
5) Saiba sorrir quando todos choram. Saiba chorar quando todos sorriem;
6) Seja determinado, perseverante e tome atitudes na hora certa;
7) Seja inconformado com o mundo que temos. Busque criar o mundo dos seus sonhos.
8) Saiba persuadir com simplicidade, fuja das complicações;
9) Busque sempre o conhecimento e as informações. Cultive o *networking* e a capacidade de comunicação;
10) Mãos à obra. Os sonhos se apagam. Só as obras se perpetuam no tempo e no espaço.

Cada mandamento encerra em si uma grande dose de criatividade, que é o degrau inicial do inovador.

No primeiro mandamento temos o sonhador que, fruto da observação, da curiosidade e dos detalhes, passa a imaginar soluções inovadoras para o mundo.

No segundo, quando todos estão a dizer amém, você tem a coragem de não se conformar com o *status quo* de rotina e quer mudar e transformar a realidade atual.

Mas é preciso foco, disciplina e resiliência para suportar e superar os problemas e obstáculos que um inovador-sonhador terá que enfrentar.

O inovador procura gerar e transformar em oportunidades inovadoras os momentos de crise ou dificuldades, pois a maioria das inovações foi desenvolvida nesse ambiente.

No quinto mandamento as atitudes do inovador são opostas ao comportamento de todos: a capacidade de sorrir quando todos estão chorando e chorar quando todos estão sorrindo, isto é, fazendo o oposto do que todos estão fazendo.

Perseverança, determinação e atitudes no momento exato fazem de você um criativo inovador.

Persuadir por meio do conhecimento, relacionando-se com os próximos, fará você galgar degraus na busca da inovação.

Mas se você ficar só nesses degraus, poderá fazer uma ruptura na tríade criador – inovador – vencedor.

É necessário que você coloque a mão na massa, não viva só de sonhos e imaginação, mas transforme utopias em produtos/serviços que façam a diferença.

Essa diferença deve agregar utilidade e transformar o mundo pelos benefícios e pela melhoria da qualidade de vida das pessoas.

Um inovador é aquele que agrega valor aos seus produtos e ou serviços; que melhora a qualidade de vida das pessoas; que é fator de transformação para uma sociedade mais justa e humana; e que pela capilaridade é instrumento de dignidade e cidadania.

Mas nem sempre os inovadores foram os destinatários dos benefícios financeiros e econômicos da sua inovação. Na maioria das vezes, os beneficiários são os que cultivaram o empreendedorismo, resultado da simbiose entre capital, trabalho e inovação.

Os inovadores estão conscientes de que a inovação de hoje será o obsoleto do dia de amanhã, que é o ciclo da vida que está em contínua transformação e que exige, por isso, novas ideias e sonhos, criatividade e inovação.

Exemplos de *success case* - Os vencedores

Ao narrar alguns casos de inovadores, veja algumas marcas da sua personalidade.

Thomas Alva Edison, inventor de 1093 produtos, fez algumas assertivas como:

"Eu não falhei. Apenas descobri 10.000 maneiras que não funcionam", referindo-se às 10.000 tentativas na invenção do acumulador.

"O gênio consiste em 1% de inspiração e 99% de transpiração", sobre a invenção da lâmpada.

"Nossa maior fraqueza está em desistir. O caminho mais certo de vencer é tentar mais uma vez."

Andrew Carnegie nasceu em 1836, na Escócia. Aos 12 anos aprendeu a ler e escrever sozinho, aos 14 era mensageiro e telegrafista e aos 17 era Assistente do Superintendente da Companhia Ferroviária da Pensilvânia nos Estados Unidos, para onde imigrara. Aos 23 anos se torna superintendente. Passa a fazer investimentos certeiros em indústrias, administra a Keystone Bridge Company, funda a Metalúrgica J. Edgar Thompson Steel Works até criar a Carnegie Steel Co. Aos 30 anos era rico, chegando a ser o homem mais rico do mundo em 1901, e sua Companhia dominava o mercado metalúrgico americano quando foi vendida para a J.P.Morgan.

Foi o inovador do processo Bessemer de fabricação de aço, reduziu os custos, desenvolveu métodos de eficiência e foi o pioneiro da integração vertical nas indústrias: comprava carvão e depósitos de minério de ferro e dominava os meios de transporte (ferrovias e navios). Depositou suas esperanças na educação como vital à humanidade e fundou mais de 1.700 bibliotecas, passando o resto de sua vida fazendo filantropia, até seus 83 anos, quando faleceu.

John Davison Rockfeller nasceu em 1839, em Nova York, sendo contemporâneo de Andrew Carnegie. Em 1863 constrói a primeira refinaria de petróleo e em 1870 assume o controle da Standard Oil. Um ano depois controla a maioria das refinarias do país, em 1881 institui um *trust* e em 1882 controla 90% do petróleo americano.

Seu lema: "matar o capitalismo competitivo em prol de um novo capitalismo monopolista", sendo ele o monopolista.

Foi inovador em duas atividades contraditórias: de um lado a do bem, pois instituiu as Universidades de Harvard, Yale, Columbia e as áreas de saúde, artes e educação, e de outro lado a atividade dos cartéis, com monopólio na área do petróleo com práticas antiéticas e *dumping*.

Segundo Klaus Schwab, do Fórum Econômico Mundial "estamos a bordo de uma revolução tecnológica que transformará a forma como vivemos, trabalhamos e nos relacionamos. É a 4ª Revolução Industrial. Será um conjunto de inovações disruptivas como robótica, inteligência artificial, *big data*, nanotecnologia, impressão 3D, biologia sintética e a internet das coisas entre outras".

Mas o principal é que essas tecnologias não caminharão isoladamente, mas por meio da convergência e da sinergia entre elas.

Referências
CHALLONER, Jack. *1001 invenções que mudaram o mundo*. 1. ed. GMT, 2014.
MOONEY, Brian. *100 grandes líderes: os homens e as mulheres mais influentes da história*. 1. ed. Madras, 2010.
SCHWAB, Klaus. *A quarta revolução industrial*. 1. ed. Edipro, 2016.

30

Case de um vencedor

Quando a editora sugeriu um *success case* para o tema deste livro, a imagem de Mário Gazin surgiu com naturalidade. *Self made man* de parcos recursos financeiros, mas de qualidades que no conjunto fizeram toda a diferença e raramente se encontram numa só pessoa. Corajoso, determinado, ousado e simples; apaixonado, paciente e perseverante; dedicado, comprometido e disciplinado; talentoso, com *feeling* em busca de oportunidades

Shiguemassa Iamasaki

Shiguemassa Iamasaki

Advogado, Contabilista, Administrador de Empresas, Matemático, Pedagogo, Gestor de Negócios Imobiliários e Gestor de Agronegócios. É Diretor da Iamasaki Advogados Associados e Iamasaki Consultoria e Auditoria Empresarial. Pós-Graduado em MBA – Executivo, Direito Tributário e Empresarial e Direito Ambiental e Ordenação de Território. Professor de Pós-Graduação. Palestrante nacional e internacional. Esteve na Itália, Holanda, Portugal, China, Japão, Hong Kong, África do Sul, Argentina, Uruguai, Paraguai e Venezuela.

Contatos
www.yamazaki.adv.br
yamazaki@yamazaki.adv.br
(44) 3024-4177

Mário Gazin e a saga do inovador e vencedor

De engraxate, padeiro, sapateiro, mecânico, eletricista prático e vendedor, aos 17 anos adquiriu do seu patrão uma loja quase falida, dando como pagamento um *jeep* do pai Alfredo, que era o capital que dispunha.

Ninguém imaginaria que ele se tornaria um dos maiores empreendedores do país e que colocaria a pequena Douradina (PR) no mapa e na geografia do Brasil.

Mário Gazin sempre foi um empreendedor movido pela paixão por pessoas, fonte de inspiração que o conduziu às inovações que sustentaram o Grupo Gazin ao longo de 51 anos até os dias de hoje.

Para ele, o perfil de liderança que transcende gerações traz o princípio de "servir" como pilar principal, dando o exemplo de como se faz, e que deve influenciar e encorajar outros a dar continuidade ao que foi iniciado pelo líder.

Na Gazin, Mário oferece essa inspiração quando o funcionário é recém-contratado, cozinhando para os novos vendedores quando vão à Matriz fazer a semana de integração.

O interesse genuíno por pessoas faz deste líder um "visionário de pessoas", e uma conversa com olhar panorâmico pelo comportamento do indivíduo dá os indícios de seus talentos e aptidões em potencial, que são observados sem que o mesmo saiba.

Por isso, um dos maiores investimentos da Gazin é em educação, financiando até 100% da bolsa de estudos, seja na graduação ou pós-graduação.

A UNIGAZIN é a Universidade Corporativa, com treinamentos para funcionários, desenvolvimento de novos líderes com programa de *trainee*, cursos profissionalizantes para a comunidade e integração à cultura e diretrizes de novos vendedores contratados pelas filiais de todo o Brasil.

Para integrar e motivar os funcionários, Mário Gazin costuma chamá-los de "filhos", aproximando-os espontaneamente dele, em uma relação estabelecida na amizade e que dá origem à confiança.

Tudo isso converge para a visão de negócio da Gazin: "Ser a melhor empresa para se trabalhar no Brasil e estar entre as 200 maiores até 2019".

Exige sinergia das partes estratégicas, sendo uma delas a gestão de pessoas, que é responsável por um calendário de atividades que incentiva os funcionários a ter responsabilidade social.

A "Bonificação por Tempo de Serviço" é um exemplo: os funcionários que têm entre 10 e 30 anos de empresa são levados à matriz para plantar uma árvore com seu nome e tempo de serviço, recebem uma bonificação em cheque e são premiados com uma viagem turística à Foz do Iguaçu (PR).Isso acontece desde o ano 2000, e a cada edição mais de cem funcionários participam.

Dentro do compromisso com a "transparência", em que alguns métodos de fomentação de relacionamento dão agilidade às decisões, as metas e diretrizes da empresa são adesivadas em todas as filiais, inclusive nos banheiros, no início de cada ano.

A criatividade do patriarca é tanta, que os funcionários recebem as metas propostas registradas nas cuecas e calcinhas, como princípio de aliança e comprometimento.

O momento da "celebração dos resultados" pelo êxito por causa da superação das metas nos negócios para todos os funcionários da matriz é replicado em vídeo para as filiais.

Uma inovação importante é que os escritórios da empresa não possuem divisórias entre os departamentos; inclusive a mesa do presidente fica localizada junto às dos funcionários, provando que a hierarquia não deve ser barreira na dedicação à empresa.

O Café Comunitário é um evento aguardado mensalmente com ansiedade pelos funcionários e familiares: é café no trabalho, reunindo todos os departamentos da matriz na Afungaz, clube de lazer da empresa, localizado ao lado da Gazin.

Nesse encontro é abordado um tema cultural, com explanação do presidente da Gazin, apresentação de vídeos e depoimento de funcionários e animado por recital musical; sorteio de brindes num animado café, criando um ambiente de motivação e estímulo para alcançar metas maiores a cada dia.

Todos na empresa têm compromisso com a espiritualidade e cidadania: todos os dias de manhã os funcionários de todas as áreas ouvem um trecho da Bíblia, e de mão dadas, e antes de iniciarem as atividades fazem uma oração pedindo as bênçãos do ser supremo. Às segundas-feiras, todos cantam o hino nacional, demonstrando o seu amor pela pátria.

Práticas como estas sempre chamaram a atenção de todos que se relacionam com a Gazin, sejam clientes, fornecedores, parceiros ou funcionários. É uma cultura peculiar que deu origem ao "Jeito Gazin", uma marca que representa as ações da empresa.

Com certeza, o "Jeito Gazin" é um dos maiores patrimônios da Gazin, e é o que se denomina de "cultura organizacional" no contexto empresarial, fator de criatividade e inovação, pois gera valor incalculável junto ao seu público interno e externo.

Junto ao público interno, é fator de motivação, inspiração e comprometimento com as metas e objetivos da organização, o que reflete nos resultados da empresa; junto ao público externo, com atendimento de qualidade e profissionalismo que deixam os clientes mais satisfeitos, o que impulsiona cada vez mais o crescimento do grupo.

É de se perguntar: como mensurar os resultados do "Jeito Gazin" em números? Seria o "hábito angular" do grupo Gazin?

Cultura organizacional não se mede por meio de métodos estatísticos ou matemáticos, pois é construído ao longo de décadas.

Método *Great place to work*

Outro pilar do "Jeito Gazin" é o *Great place to work*, que integra a filosofia de desenvolvimento humano e resultados, tendo como objetivo tornar a Gazin "um excelente lugar para se trabalhar". Isso nutre uma atmosfera de confiança, transparência, possibilitando crescimento e realização profissional.

Na Gazin, os funcionários se sentem como em uma extensão da sua casa. Os princípios que sustentam este método são: respeito, credibilidade, imparcialidade, camaradagem e orgulho.

Diretrizes Gazin

O planejamento do Grupo Gazin prevê fechar 2017 com 250 lojas, tendo como diretrizes:
1. Cliente em 1º lugar;
2. Despesas limitadas ao orçamento;
3. Atrair, treinar e reter talentos;
4. Produtividade, inovação e simplicidade na gestão;
5. Fortalecer a cultura *Great place to work*;
6. Respeito aos pilares: clientes, funcionários, acionistas e fornecedores.

O líder "seguidor" e sua missão

No tema inovação, Mário Gazin dá uma contribuição pioneira, que é a sua preocupação em perpetuar na organização a continuidade da filosofia adotada com sucesso.

Assim, ele defende a ideia de que isso é possível quando o líder se compromete a fazer sucessores, partindo do princípio de investir nas pessoas de talento e em oportunidades de desenvolvimento profissional.

Traça para as gerações de novos líderes empreendedores, capazes de inovar e engajar pessoas na busca de um objetivo determinado, um novo termo: "seguidor".

É necessário "o seguidor" para que as empresas atinjam um patamar de crescimento que iguale ou ultrapasse a expectativa do seu idealizador.

Mas o idealizador deve ter a humildade de não travar o seu crescimento e preparar "o seguidor" para que a organização supere sempre as metas e continue crescendo.

Assim, acompanham-se os novos tempos, técnicas, métodos e inovações tecnológicas, sem perder de vista a filosofia, a cultura organizacional e as origens que foram o alicerce que fizeram a empresa atingir o estágio atual.

O "seguidor" no meio empresarial é denominado de "sucessor", mas Mário Gazin os diferencia, traçando as qualidades que o seu "seguidor" deve ter.

O "seguidor" deve incorporar e ter:

- Espírito empreendedor;
- Noção administrativa;
- Comprometimento com a cultura organizacional;
- Paixão pela missão em servir;
- Capacidade de analisar, interpretar e avaliar de forma solitária as ideias, fatos e informações relevantes, buscando a melhor solução para a organização;
- Diplomacia no contato com pessoas;
- Espírito de eterno aprendiz, sempre movido pela curiosidade;
- Capacidade de análise dos problemas por todos os ângulos possíveis;
- Espírito camaleônico, isto é, de fácil adaptação às mudanças;
- Espírito observador do comportamento humano com capacidade de prospecção para suas necessidades;
- Rapidez na execução para não perder o *timing* das oportunidades;
- Disposição para se dedicar a uma visão a longo prazo e aos que dependem de suas decisões.

Esta percepção confere rapidez em diagnosticar competências, gerando maior nível de confiança nas relações, com dinamismo e coragem para metas.

Para o próprio Mário Gazin, a visão do que é "meta" é bastante ousada para o "seguidor".

Entende-se que "meta" é algo já existente a partir do momento em que é criada, sendo necessário ao indivíduo buscá-la, ir ao encontro dela, assim como a jabuticaba no galho: alguém tem que colher a fruta.

Osmar Della Valentina foi o ungido por reunir todas as condições necessárias.

O compromisso social também deve ser a preocupação do "seguidor" e de todos. Nesse caso, Mário Gazin fixou a matriz em Douradina (PR), na época com poucos recursos, e assumiu uma aliança com o progresso econômico daquela região.

Almejava gerar empregos com foco em desenvolvimento e conseguiu. A cidade com oito mil habitantes e gera 1420 empregos diretos, sendo responsável pelas atividades econômicas e sociais da cidade.

A empresa tem um Comitê de Responsabilidade Social, no qual os funcionários são responsáveis por executar uma agenda anual voltada para ações que atendam às necessidades da comunidade.

Arrecadação de agasalhos, alimentos, soltura de peixes, gincanas escolares, doação de sangue, palestras de desenvolvimento de novos talentos, saúde e qualidade de vida são as atividades desenvolvidas.

As regiões onde as filiais atuam também recebem um olhar social, com cinema itinerante para crianças carentes, que percorre os estados do Mato Grosso, Mato Grosso do Sul e Rondônia.

A empresa também contribui com o Hospital do Câncer UOPECCAN e com o Hospital Pequeno Príncipe, especializado em atendimento pediátrico.

Mário Gazin é um sonhador, curioso, detalhista e observador por excelência.

Desde a infância, tinha ideias que pareciam estranhas, mas que davam certo, como uma bomba d'água que fez funcionar usando um cavalo para tracionar.

O foco em vencer, estabelecer metas, montar lojas para que todos da família pudessem administrar com disciplina, resiliência, marca esse personagem desde pequeno.

Quando da geada negra em 18 de julho de 1975, no Paraná, a maioria dos sitiantes migrou para o Mato Grosso e Mato Grosso do Sul. Mário Gazin foi atrás desses migrantes e abria lojas onde eles moravam.

Parecia uma ideia fora de qualquer lógica, e que deu certo. Nas crises, as oportunidades surgem para os inovadores, perseverantes e pessoas com fibra e garra.

Sua capacidade de convencimento é algo que foge dos padrões, e a forma de abordagem dos seus funcionários para se dedicarem ao trabalho e crescerem na organização é que impulsionou o crescimento da Gazin.

Sua comunicação com outros empresários do setor, autoridades em geral e personalidades é uma das suas marcas. Possui uma qualidade essencial que é a empatia. Sua sede de busca de novos conhecimentos, seu *networking* e sua capacidade de comunicação, revelada nos seminários e congressos, fazem a diferença.

Mas, para encerrar minha breve análise de toda literatura que auferi, a maior e mais importante que vi em Mário Gazin é o décimo mandamento: "Mãos à obra. Os sonhos se apagam. As obras se perpetuam no tempo e no espaço." E nisto ele é imbatível e incomparável.

Mário Gazin sempre diz: "Meu filho, o principal é você criar valor".

Mário Valério Gazin

Ensino médio com participação em diversos seminários, congressos e convenções a nível nacional e internacional, como participante ou palestrante, inclusive com Kofi Annan, da ONU. Pequeno agricultor, sapateiro, padeiro, garçom, mecânico geral, eletricista e vendedor. De uma loja pré-falimentar, que adquiriu aos 17 anos, usando como moeda um *jeep*, transformou o Grupo Gazin na 4ª maior rede do segmento varejista com cerca de 250 lojas, e numa das melhores empresas para se trabalhar no Brasil. A meta do Grupo hoje é ser a MELHOR DO BRASIL.

Contatos
www.gazin.com.br
ario.gazin@gazin.com.br
(44) 3663-8000

Referências
GAZIN, Mário. *A arte de inspirar pessoas e encantar clientes.* 1 ed. São Paulo: Novo Século, 2016.
Gazin Indústria e Comércio de Móveis e Eletrodomésticos Ltda., Relatório de Sustentabilidade, 2016. Disponível em:<http:// www.gazin.com.br>.
SBVC, Ranking. *300 Maiores Empresas Varejo Brasileiro.* Posigraf: 2017.

31

Inovação é feita por gente como você!

Neste artigo trataremos de um importante aspecto inerente aos inovadores: a capacidade de implementar ideias inovadoras. Primeiramente, falaremos sobre a atitude de implementar e, em seguida, apresentaremos um *case* de sucesso de um empreendedor com este perfil

Sidney Severini Jr.

Sidney Severini Jr.

Administrador de empresas pós-graduado em gerência de produção e em gestão de negócios. Conselheiro de Administração e especialista em Governança Corporativa pela Fundação Dom Cabral e Conselheiro de Administração Certificado pelo IBGC – Instituto Brasileiro de Governança Corporativa. Membro do Comitê Coordenador do Capítulo Minas Gerais do IBGC – mandato 2016 a 2019. Membro da Comissão de Cooperativas do IBGC desde 2016. Palestrante de diversos temas como estratégia, governança, sustentabilidade nos negócios, inovação e empreendedorismo. Consultor desde 1995, nas áreas de planejamento estratégico, BSC, gestão financeira, comercial e industrial e ferramentas de gestão. Atualmente é Conselheiro de Administração e Conselheiro Consultivo em empresas familiares, cooperativas e empresas de capital fechado. Negociador, conciliador, mediador societário: formação e dissolução societária, atribuições dos sócios e executivos, governança corporativa. Professor em cursos de graduação e pós-graduação.

Contatos
www.severini.com.br
sidney@severini.com.br
LinkedIn: br.linkedin.com/in/sidneyjoseseverinijunior
(35) 99142-0267

No presente capítulo trataremos de um importante aspecto inerente aos inovadores: a capacidade de implementar novas ideias. Primeiramente, falaremos sobre a atitude de implementar e, em seguida, apresentaremos o *case* de sucesso de um empreendedor com este perfil.

A implementação das ideias inovadoras é um pré-requisito básico, pois nada é considerado inovador se não gerar resultados. Em outras palavras, as pessoas que muito têm ideias mas não as praticam não podem ser consideradas inovadoras. Implementar as ideias, fazer diferença em um mercado, auferir resultados, seja pela redução de custos, seja pela conquista de receitas em novos mercados ou segmentos, está na raiz da questão.

Ocorre que é pouco provável que se tenha ideias inovadoras em mercados que você não conhece. Sem conhecer as tecnologias dominantes, os comportamentos das pessoas envolvidas, as necessidades dos clientes e potenciais clientes e a realidade das empresas do segmento, haverá muito mais dificuldade em alterar a lógica do mercado, em qualquer um de seus aspectos.

O inovador que conhece o mercado, seja por que já atuou ou atua nele, domina suas premissas e os conceitos que o permeiam, e terá grande possibilidade de modificar sua lógica. Evidentemente, não estamos nos referindo às inovações disruptivas, que têm mudado mercados inteiros, como aconteceu com os *smartphones* e suas telas sensíveis ao toque, com o *Facebook*, com o *Uber* e tantas outras.

Pedimos licença para não priorizar, neste capítulo, as inovações disruptivas, pois mesmo no cenário de intensas transformações em que vivemos em nossos dias, a incidência de inovações incrementais é maior do que as inovações disruptivas. E as oportunidades são incalculáveis. Se, por um lado, os fundadores do *Facebook* estão entre os homens mais ricos do mundo – e do Brasil, diga-se de passagem – por outro, há empreendedores implementando inovações incrementais em todos os ramos de negócios, em todos os países e regiões, a todo momento. E é destes empreendedores – de pessoas comuns – que falamos aqui.

A história a seguir é um caso verídico, tendo apenas os nomes e os números alterados a fim de preservar os personagens da vida real. O objetivo é ilustrar os conceitos apresentados acima.

Sidney Severini Jr. | 235

Magno é um empreendedor do segmento de provedores de internet, um trabalho que realiza já há alguns anos juntamente com sua família. Ao longo do tempo, Magno percebe que alguns aspectos de seu negócio consomem recursos financeiros e humanos e significam, até mesmo, um limitador ao crescimento do negócio.

Curioso e muito prático, Magno conclui, em seus estudos, tentativas e iniciativas que, se conseguisse juntar dois equipamentos eletrônicos adquiridos de terceiros em um único aparelho, conseguiria uma redução importante nos custos de ativação de cada novo cliente. Mais tarde, um outro *player* do mercado viria a se referir a Magno como "um fenômeno" por ter tido tão brilhante ideia.

O desafio seguinte seria: "como fazer esta junção dos dois equipamentos, como fundir estas duas tecnologias, como produzir?". O caminho adotado por Magno foi procurar uma conhecida faculdade de engenharia, mantenedora de uma importante incubadora de empresas, acreditando que lá poderia encontrar os meios para o novo empreendimento.

O gerente da referida incubadora acolheu nosso empreendedor e o apresentou a outro empresário para que tentassem materializar o empreendimento, integrando a visão de mercado de Magno e sua ideia inovadora à empresa já existente e sua capacidade de realização na área tecnológica.

Daí surgiu uma sociedade entre Magno e seu Primeiro Sócio, assim denominado neste artigo a fim de preservar as identidades. Avaliando as variáveis presentes naqueles entendimentos, os dois homens concluíram que seria justo que Magno e seu Primeiro Sócio detivessem, cada um, cerca de 50% da empresa – afinal, a empresa já existia e Magno trazia uma ideia nova ainda não materializada – aparentemente, apenas uma nova ideia.

Em poucos meses, Magno e seu sócio fizeram parcerias com a unidade de desenvolvimento tecnológico da faculdade, com uma indústria chinesa para fabricação de parte do novo produto, com associações de provedores e a ideia começou a conquistar reconhecimento. Poucos meses depois, veio a primeira venda, e começaram a aparecer os primeiros interessados na empresa – profissionais do mercado em questão viram naquela empresa uma real oportunidade de investimento.

Dada a necessidade de capital inerente a uma empresa nascente, Magno e seu Primeiro Sócio venderam um pequeno percentual da empresa para dois empresários – ambos também provedores de internet. A condição para aquela negociação é que, embora eles fossem minoritários, teriam o mesmo poder decisório dos demais sócios, em caso de votação.

Novas vendas vieram e, com elas, a tão sonhada prosperidade nos negócios. O ciclo se completava – a essa altura, a empresa já havia desenvolvido por completo a solução inovadora, já produzira e entregara o produto a seus clientes, já estava aprendendo a prestar assistência técnica e serviço de pós-vendas. Este "fazer a roda girar" é um importante indicador de implementação das inovações, e repetir este ciclo é fundamental para o sucesso dos negócios.

Neste mesmo momento, Magno e seus sócios resolvem contratar um Conselheiro de Administração para assessorar a tomada de decisões. Juntos, montaram um Conselho Consultivo, e procuravam promover a participação de todos os sócios nas decisões importantes, assim como trazer os colaboradores em funções-chave para os debates.

Mas nem todo o caminho é florido. O convívio entre sócios é um desafio constante. Alguns fatores dificultaram os debates entre aqueles sócios: o profundo conhecimento de mercado dos sócios minoritários e a concentração de quotas nas mãos do Primeiro Sócio davam uma sensação de desequilíbrio e dificultava o diálogo – quando não conseguia convencer seus sócios sobre algum debate, o Primeiro Sócio ficava com a sensação de que havia um embate de três contra um; por outro lado, na opinião dos demais sócios, as ações do cotidiano do Primeiro Sócio pareciam confrontar o interesse coletivo.

Um profissional conhecedor da sociedade ouvido depois daquela época, manifestara sua opinião de que nem uma coisa nem outra ocorria – aparentemente, ambos os lados agiam de forma legítima e correta, mas a percepção de lado a lado era distorcida pelo decorrer dos fatos e pelas pressões do cotidiano.

Neste cenário, as partes resolveram dissolver aquela sociedade e o caminho encontrado foi: para viabilizar o negócio, o Primeiro Sócio compraria a parte dos demais sócios e não haveria limitação para que atuassem no mesmo ramo – ambos poderiam explorar comercialmente aquela inovação que desenvolveram juntos. Era uma forma de encontrar um valor adequado para uma transação comercial necessária. O episódio da separação demonstra, mais uma vez, a tomada de decisão com as variáveis que se tem no momento – muitos empresários não admitiriam que seu antigo sócio se tornasse seu concorrente com o mesmo produto no mesmo mercado – mas aquela foi a solução possível. E, assim, a sociedade foi desfeita.

Voltemos ao nosso personagem, Magno, lembrando que os dois sócios mais recentes detinham uns 10% do negócio e que, portanto, do valor da venda daquela empresa cerca de 75% pertenceria a Magno.

Mas o que fez nosso inovador, empreendedor e criativo personagem?

Aportou todo o recurso da venda em um novo negócio – e o mais interessante: aqueles três sócios teriam partes iguais. Quando a empresa pudesse pagar, Magno receberia seu capital adicional de volta, em condições "a combinar".

Nesta nova empresa, não há minoritários e majoritários, o que reduz algumas das possibilidades dos chamados conflitos de interesse – ao menos neste aspecto. Também foi criado um Conselho Consultivo com a participação de conselheiro externo.

Magno se tornou o executivo principal – CEO, dá expediente diário na empresa e trabalha de 12 a 14 horas por dia. Não toma decisões que envolvam vulto financeiro ou risco sem consultar seus sócios. Lidera o setor de Pesquisa e Desenvolvimento, de onde três ou quatro novos produtos já estão em fase final, quase prontos para ir ao mercado.

Desafios como necessidade de capital de giro, formação de equipes nas diversas áreas, aprimoramento tecnológico dos produtos e tantos outros são constantes, e as soluções não são nada óbvias. Desafios que Magno sequer imaginou quando teve sua primeira ideia inovadora, ainda como provedor de internet.

Assim, avaliando as duas empresas criadas por um mesmo empreendedor, um mesmo produto inovador, decisões tomadas à luz das variáveis disponíveis e às vezes com informações precárias, perguntamos: por que uma dá mais certo? Em nossa cultura, quando algo não sai como esperado perguntamos, "onde foi que errei?".

A análise deste caso nos leva a refletir que o empreendedor, quando é inovador, gera soluções diferentes para um mesmo problema, cai e se levanta, e a persistência talvez seja sua maior arma.

Cabe ainda observar que a capacidade de realização do empreendedor cresce de forma exponencial – no início, nem imagina o quão longe pode chegar, pouco tempo depois está tomando decisões complexas, envolvendo muitas pessoas, com formações, culturas e experiências totalmente diferentes e o ciclo se repete; novas oportunidades e novos riscos surgem. E o desafio que permanece é: até que ponto você, empreendedor, continuará inovador, criativo, vencedor?

32

Inovação com propósito: o universo das empresas humanizadas

A solução para muitos dos problemas contemporâneos enfrentados pela humanidade pode ser mais simples do que imaginamos. É preciso apenas resgatar em algum lugar dentro de nós mesmos os nossos verdadeiros valores humanos. No mundo organizacional, uma corrente ideológica já percebeu isto e o futuro pode ser muito melhor se formos, de fato, humanos

Silvia Facciolongo

Silvia Facciolongo

Apaixonada pelo ser humano e seu desenvolvimento, acredita no potencial inesgotável das pessoas quando sua contribuição ao mundo está alinhada à sua missão de vida. Palestrante, Psicóloga, Especialista em Treinamento e Desenvolvimento Organizacional com Título de Especialização em Psicologia do Trabalho, Pós-graduação em *Marketing* e *Master in Business Administration* em Gestão Estratégica de Pessoas. Ocupou cargos de gestão na área de RH em organizações de segmentos variados na indústria e em serviços por mais de 20 anos. Atualmente é CEO da Orhion Desenvolvimento Humano.

Contatos
www.orhiondhu.com.br
relacionamento@orhiondhu.com.br
Facebook: facebook.com/orhiondhu.com.br

Vive-se hoje um tempo de profundas transformações e de impactos na história da humanidade. Estas transformações coexistem em diferentes campos de atuação e trazem consigo importantes reflexões sobre futuro, sobrevivência e, principalmente, sobre a consciência, os significados e os propósitos das coisas.

No âmbito do trabalho, especificamente, hoje submerso no modelo capitalista de negócios, percebe-se uma tendência ao distanciamento dos valores humanos nobres, bem como uma imersão num vazio de significados que gradativamente tem levado profissionais do mundo todo ao desengajamento. Estima-se que a perda financeira com o desengajamento, apenas no Brasil, esteja entre 120 e 150 bilhões de reais por ano. E, assim como tem aumentado o desengajamento, aumentam também, significativamente, os índices de afastamento por doenças profissionais, principalmente as patologias emocionais, como a depressão, a síndrome do pânico e síndrome de *burnout*, que custam por ano, às organizações e aos governos, segundo a Organização Mundial da Saúde (OMS), cerca de um trilhão de dólares, citando aqui somente as perdas financeiras. Mas pior que as perdas financeiras são as perdas humanas diretamente ligadas à estas síndromes, visto que os casos de suicídio, por exemplo, vêm crescendo no mundo inteiro em índices alarmantes. São 800 mil pessoas que se suicidam por ano no mundo, o que equivale a um suicídio a cada quatro segundos, sendo a relação com a depressão muito estreita.

A hipercompetitividade, a desigualdade do mundo, a luta desumana e ferrenha pela sobrevivência, a batalha pelo reconhecimento, pelo *status*, pelo poder, mesmo que momentâneo, além da pressa em crescer e conquistar as melhores posições, ou ainda, a necessidade de ser próspero a qualquer custo e se destacar entre os demais, podem ser os grandes responsáveis por estes números. Mas não se trata apenas disso.

Batalhar pelos nossos objetivos e lutar pelo que queremos não é negativo, pelo contrário, é nobre. O ruim é fazer tudo isso e no final perceber que sobrou apenas um vazio inexplicável. Uma ausência de significado.

Por que ou para que fizemos isso ou aquilo? Corremos, deixamos de lado família, amigos, qualidade de vida; passamos noites em claro, de olho no celular, vencemos concorrentes e adversários, batemos metas, a nossa empresa lucrou, nós ganhamos, mas qual era o sentido disso tudo mesmo?

Segundo o médico psiquiatra Viktor Frankl "o homem pode suportar tudo, menos a falta de sentido". E, infelizmente, é o que vivenciamos na atualidade: uma profunda crise de falta de sentido na vida profissional, motivada principalmente pela ganância desenfreada das empresas e seus modelos de negócio que, na busca do lucro e dos resultados financeiros cada vez maiores, atropelam e sacrificam os fatores humanitários. O capitalismo, que trouxe evolução e indicadores de muita elevação para nossa sociedade, também está por trás de muitos dos nossos problemas, pois tornou-se selvagem. Hoje, com todo esse desenvolvimento tecnológico conquistado no último século, o homem consegue clonar um animal ou ir à lua, mas parece ter dificuldades para conhecer a si próprio e relacionar-se empaticamente com seus semelhantes.

Aprendemos a relegar a segundo plano, mesmo irreflexivamente, os principais valores e sentimentos humanos, em função do materialismo e do dinheiro, simplesmente porque a sociedade e o mercado de trabalho nos impuseram essa "verdade". O sistema meritocrático, muito utilizado nas empresas, é um exemplo disso: você é aquilo que traz de valor para a organização, quem você é em sua essência ou que resultados já trouxe para empresa no passado, não tem muita importância. Há sempre alguém esperando, pronto para tomar o seu lugar, caso você não atinja a meta. A pressão e a ânsia por lucros cada vez mais crescentes causam uma sobrecarga emocional e operacional nos profissionais, e todos achamos normal sem perceber que estamos nos autodestruindo.

Estamos ainda no limiar de uma revolução tecnológica que trará inovações como: os clones de órgãos humanos, a implantação de *chips* em pessoas, as impressoras 3D residenciais, os veículos autônomos, a inteligência artificial, a neurotecnologia, a internet das coisas com suas roupas, óculos e geladeiras inteligentes, entre outras evoluções que certamente colocarão a sociedade num patamar mais elevado, mas que também ocasionarão a extinção de milhares de profissões e postos de trabalho. Neste contexto, todo o modelo existente hoje nas relações de trabalho, já é muito preocupante e tende a piorar, causando danos ainda maiores para a saúde mental e à qualidade de vida das pessoas, na medida em que acirrará a luta pela empregabilidade nos próximos anos, gerando uma preocupação muito grande sobre o futuro das próximas gerações na esfera do trabalho. Sendo assim, a pergunta que não quer calar é: existirão modelos de negócio alternativos que privilegiem a humanização e o bem-estar das pessoas, de maneira sustentável, e que, além disso, sejam financeiramente lucrativos aos acionistas, numa composição ganha-ganha? A resposta é sim!

A luz no fim do túnel

Felizmente para o futuro da humanidade, pesquisando sobre o tema, descobrimos as empresas humanizadas, que são orientadas por uma nova consciência ideológica, um movimento chamado "Capitalismo Consciente". Este se resume a criar valor para todas as partes interessadas do processo, transformando o trabalho em fonte de alegria e satisfação em prol de um mundo melhor. Isto quer dizer que desde o mais simples trabalhador da cadeia de valor até o mais alto investidor, todos são satisfeitos, encantados e fidelizados por determinada marca ou organização. E não é só isso: algumas empresas humanizadas foram medidas em seus resultados dos últimos 15 anos e comparadas com as empresas e as S&P 500 [índice composto por quinhentos ativos (ações) cotados nas bolsas de NYSE e NASDAQ], e as pesquisas revelaram que seus lucros são superiores em até 14 vezes às tradicionais, sendo também mais sustentáveis e duradoras.

Será isso possível? Não é incrível saber que há uma corrente positiva de líderes e empresários preocupados, voltados para esse assunto e, principalmente, conscientes de que todos os *stakeholders* devem ser atendidos e privilegiados em suas necessidades humanas presentes e futuras?

Segundo Aristóteles, a felicidade é um bem que se busca constantemente na ação de viver, ou seja, nós somos movidos pela busca do bem e da felicidade, e se adoecemos é porque estamos indo na contramão da nossa verdadeira essência. E, sendo o trabalho a fonte primária da realização humana, em que o ser humano desenvolve-se em sua inteireza – conforme diz Marx – é por meio dele que expressamos a nossa contribuição ao mundo e colocamos o nosso propósito em prática. Assim, a saúde e qualidade de vida no trabalho estão intrinsecamente ligadas aos nossos significados, nossa missão, nosso propósito. O capitalismo consciente vem ao encontro do que o ser humano mais almeja, o bem.

As empresas adeptas deste modelo, chamadas "humanizadas", são também mais queridas e dedicam-se a fazer o bem, colocando o seu propósito para gerar valor à humanidade; desta forma o lucro é apenas uma consequência. As empresas humanizadas são impregnadas de propósitos elevados e de solidariedade verdadeira, e seu intuito é o de mudar o mundo e elevar a humanidade. A sua gestão tem muito de amor, de alegria, de empatia e emoção.

Os contratos nestas empresas são mais emocionais que técnicos, e elas conquistam em primeiro lugar uma posição de destaque no coração dos clientes e de todos os seus *stakeholders*. Depois disso, fica muito mais fácil conquistar clientes fiéis, fornecedores alinhados, funcionários engajados, comunidades apoiadoras, meio ambiente equilibrado e investidores satisfeitos com seus lucros. E o melhor, todos apaixonados.

Para que isto ocorra, elas trabalham com alguns valores diferenciados, a saber: todos os interesses são alinhados, de forma que não existe perda para um lado e ganho para o outro; os salários dos executivos são modestos, enquanto que os salários dos demais funcionários e seus benefícios são maiores do que o padrão da categoria; elas praticam (mesmo) a política de portas abertas, na qual todos participam e contribuem; investem muito mais tempo em treinamento do que as demais empresas; a rotatividade é muito menor; contratam apenas pessoas apaixonadas pelos seus produtos; os funcionários trabalham com *empowerment* para satisfazer os clientes; consideram a sua cultura o seu maior patrimônio; o ambiente de trabalho é acolhedor; elas honram os espíritos das leis e não simplesmente as cumprem; elas se conectam com os clientes internos e externos, com fornecedores e acionistas emocionalmente, num autêntico ganha, ganha, ganha, ganha.

Parece um pouco surreal ou utópico, mas na verdade é que a simplicidade e a forma holística da visão dos líderes que tocam estes negócios humanizados fazem destas empresas um sucesso sem medidas, pois deixam transparecer a todos os envolvidos que essas empresas têm alma.

Como tudo começou

Os pais do movimento capitalismo consciente são John Mackey e Raj Sisodia. John, um empresário que sempre pensou e atuou dessa forma humanizada, consciente e com sucesso financeiro; Sisodia, um professor de negócios globais e Ph.D. em *Marketing* pela Universidade de Columbia, que pesquisava sobre o porquê de algumas empresas lucrarem mais sem investirem tanto em *marketing*, descobrindo que elas tinham algo diferente das demais: a humanização. Por meio de Sisodia, Mackey percebeu que não era o único empresário a pensar desta forma e a ter sucesso com este modelo. Enfim, as ideias convergentes geraram a necessidade de expor o modelo de sucesso ao mundo, e ambos criaram o movimento global do capitalismo consciente. A visão de negócio destes autores faz do capitalismo consciente algo tão profundamente amoroso que não há como contestar sua lógica:

> O negócio é bom, porque cria valor; é ético, porque se baseia na troca voluntária; é nobre, porque pode elevar a existência; é heroico, porque tira as pessoas da pobreza e cria prosperidade. [...] as empresas têm um enorme potencial de fazer bem ao mundo, criando produtos e serviços que as pessoas valorizam e criando postos de trabalho e gerando lucro. No entanto, o negócio pode ser feito de modo mais consciente e criar valor a todos os principais *stakeholders*, formando novas culturas que aprimorem o desenvolvimento humano [...], e conforme as pessoas e os líderes vão se tornando mais conscientes, somos capazes de criar novas empresas que ajudarão a resolver problemas graves e assim, elevarão a humanidade para satisfazer nosso potencial ilimitado como espécie. (MACKEY em *Empresas humanizadas*, 2015)

As empresas, como maiores geradoras de valor do mundo, têm grande responsabilidade social. Imagine a interdependência entre elas e a sociedade. Imagine também a situação social em que o mundo se encontra. Segundo a ONU, uma em cada nove pessoas ainda sofre com a fome, uma em cada três é malnutrida, e em todo o mundo morrem por dia cerca de 18 mil pessoas devido à poluição atmosférica. Imagine agora que no mesmo mundo onde tudo isso ocorre, há empresas cujo lucro é maior que o PIB de muitos países. Imagine agora se cada empresa dedicasse parte de seu lucro em prol de uma comunidade ao seu entorno. Pois é, talvez mudar o mundo e garantir a sustentabilidade não seja algo tão distante assim.

Como vimos, o capitalismo consciente é um movimento possível e mais que imprescindível para todos. Entretanto, ele não existe sem a presença de líderes humanos e conscientes. Dessa forma, a luz que este modelo nos traz é a de que para uma empresa sobreviver num futuro muito próximo, será necessário parar, entender e começar hoje a mudar conceitos e atitudes, despejando um olhar humano sobre os negócios e um pouco mais de amor nas suas práticas organizacionais. Resgatar os valores humanos mais nobres e que ainda vivem em nós garantirá o futuro sustentável das próximas gerações e alterará os rumos que estamos tomando e dos quais não queremos nos arrepender.

Referências
ARISTÓTELES. *Ética a Nicômaco*. 2.ed. Editora Universidade de Brasília, 1985.
FRANKL E. Viktor. *Em busca de sentido – Um psicólogo nos campos de concentração*. Rio de Janeiro: Vozes, 2008.
MACKEY, Jonh & SISODIA, Raj. *Capitalismo consciente: como liberar o espírito heroico dos negócios*. São Paulo: HSM Editora, 2014.
MARX, Karl. *Manuscritos econômico-filosóficos*. São Paulo: Nova Cultura, 1991.
ONUBR. *Depressão é tema de campanha da OMS para Dia Mundial da Saúde de 2017*. Disponível em: <https://nacoesunidas.org/depressao-e-tema-de-campanha-da-oms-para-dia-mundial-da-saude-de-2017>, acesso em 26 de abr. de 2017.
SISODIA, Rajendra S. *Os segredos das empresas mais queridas: como empresas de classe mundial lucram com paixão os bons propósitos*. Porto Alegre: Bookman, 2008.
SISODIA, Raj, SHETH Jag, WOLFE, David. *Empresas humanizadas: pessoas, propósito e performance*. Eckschmidt, 2015.

33

Alcançando resultados sustentáveis pelo empoderamento das pessoas

O principal objetivo deste capítulo é apresentar o passo a passo de como alcançar resultados sustentáveis por meio de pessoas engajadas e capacitadas no processo, utilizando o potencial de resolução do próprio grupo envolvido para o desenvolvimento do plano de ação estratégico, a fim de atingir metas com nível de excelência. Buscando a competitividade na inovação, no fazer diferente, acreditando no caminho focado no capital humano. Transformando resultados a partir da transformação das pessoas

Suenia Machado Ribeiro

Suenia Machado Ribeiro

Graduada em Psicologia, com pós-graduação em Administração em Recursos Humanos, ambas pela Universidade Paulista – UNIP. Atua há dez anos na área de desenvolvimento humano em multinacionais, com experiência principalmente focada em melhoria de processos e projetos estratégicos de RH. Também é *Master Coach* pela Act *Coaching* e pela Escola Superior de *Coaching*, com habilitação em *Leader Coach, Professional Coach, Behavioral Analyst, Life Coach, Team Coach, Executive Coach, Business Coach, Career Coach, Positive Coach, Performance Coach* e *Wellness Coach*. É coautora do livro *O problema é seu, a solução é nossa* pela Literare Books.

Contatos
www.disclosecoaching.com
sueniamribeiro@gmail.com
(11) 98209-9937

A todo momento, as mudanças ocorrem ao nosso redor, e cada vez mais em uma velocidade muito acelerada. A globalização, a facilidade das informações, da tecnologia por meio da internet, nos faz repensar sobre nossa forma de trabalhar e agir. Confrontamo-nos diariamente com a ideia de que se não mudarmos, o outro passará a nossa frente e assim vai nos fazendo sentir que do jeito que estamos não é suficiente para acompanhar "o mundo" a nossa volta – estamos sempre atrasados. E isso pode gerar um sentimento de inadequação.

Contudo, todas as instituições são afetadas com essa realidade, famílias, igrejas, escolas e principalmente as empresas, pois elas precisam se reinventar para manter a competitividade no mercado. Por isso, nunca se falou tanto em inovação e criatividade nos últimos tempos; as pessoas com essas competências são diferenciadas nas equipes. Por outro lado, nem sempre as mudanças propostas e exigidas com tanta rapidez pelo "sistema" competitivo vêm com a solução de como sustentar os resultados e sustentar a produtividade da ideia após implantação. Mas é fácil mudar? Não mesmo. As instituições são constituídas de pessoas que, além de seres lógicos, também são emocionais e comportamentais, e a mudança é percebida de maneiras diferentes, em especial devido às experiências únicas de cada indivíduo.

Outro ponto relevante é: para que mudanças reais aconteçam, é necessário transformar hábitos e desenvolver novos comportamentos nas pessoas envolvidas. E isso é um desafio, pois a maioria das pessoas prefere não mudar, ou mudar devagar, no seu próprio ritmo. Sair da zona conhecida causa sofrimento, porque afeta nossa percepção de controle da situação. O desconhecido é assustador; mesmo não estando bom, causando insatisfação ou baixa produtividade, o padrão conhecido traz uma sensação de conforto e bem-estar. Quando somos forçados a mudar, perdemos a nossa segurança e isso causa várias reações, que podem ser negativas para o processo pessoal e institucional.

Para que as reações sejam amenizadas e a mudança ocorra da forma mais natural possível, é preciso fazer sentido para os envolvidos, eles precisam perceber o ganho pessoal e/ou profissional em seu esforço de mudar. As imagens internas construídas em relação à consequência do novo comportamento precisam ser positivas e agradáveis para que realmente motive a ação para mudança. O que dificulta esse processo é a nossa eterna busca por recompensas imediatas. Nem sempre o ganho da mudança pode ser visto em curto prazo, e isso pode ser um fator desmotivador, por isso precisa ser claro o ganho no curto, médio e longo prazos e quais os riscos da não mudança.

Importante entender também que cada indivíduo reage à mudança de formas diferentes. Uns podem aceitar tranquilamente, outros podem negar e resistir, outros podem até mesmo "fingir" que aceitaram e tentar boicotar as ações de mudança. Nesse contexto, muitas vezes as pessoas oscilam entre esses comportamentos ou podem se fixar em um deles. Depende muito da experiência de cada um, o quanto a mudança está fazendo sentido para ele e até mesmo a habilidade de quem está liderando o processo, para gerir as diversas reações dentro do grupo.

Acredito que em todas as ações e mudanças realizadas em instituições, as pessoas precisam ser o foco estratégico para o sucesso e o alcance dos objetivos desejados. Este pode até ser o caminho mais difícil, pois quando optamos por fazer o movimento de mudança acontecer pela implantação de novas metodologias, novas tecnologias ou novos processos temos mais controle sobre a situação e o caminho parece mais atrativo. Porém, entendo o conceito de que são as pessoas que tornam isso tudo efetivamente funcional. Claro que não podemos desconsiderar a necessidade de mudanças estruturais, muitas vezes elas são indispensáveis. Todavia, estou reforçando que o esforço e o investimento podem não ter o retorno esperado, se as pessoas não estiverem capacitadas e engajadas no processo.

Segundo a pesquisa da Changefirst, 70% das iniciativas de mudanças falham. Para mim, esse índice está diretamente associado ao quanto às pessoas estão envolvidas no processo e o quanto o movimento de mudança faz sentido para elas. Geralmente as instituições oferecem esporádicos treinamentos, reuniões ou até mesmo um bate-papo para explicar as mudanças e seus motivos, mas essas ações não são suficientes para impulsionar o movimento interno de cada envolvido e fortalecer todo o processo, principalmente na pós-mudança.

Foi nesse contexto e a partir do aprendizado adquirido pelas experiências em multinacionais, e também por meio de pesquisas, que desenvolvi uma sistemática para alcance de objetivos estratégicos focada em pessoas, pois acredito que as instituições só evoluem e sustentam seus resultados em um nível de excelência quando as mudanças acontecem com pessoas.

O objetivo é oferecer um processo de melhoria no desempenho das instituições, por meio de uma parceria dinâmica e criativa com as pessoas envolvidas, composta por uma série de ações com passo a passo que visam facilitar o alcance de resultados extraordinários, proporcionando evolução do negócio core pela evolução do seu capital humano. Todo esse processo trata de como sair do estado atual (que pode já ser bom ou não), empoderado e com maior consciência de si, para o estado desejado, o estado que chamamos de DISCLOSE (no livro *O problema é seu, a solução é nossa* apresento com detalhes o conceito Disclose). Aqui, estou falando de como será a instituição ideal, a instituição de excelência, em outras palavras, como a instituição quer ser divulgada no mundo? Como ela quer ser reconhecida? Minha proposta é passar por essa transição de mudança de uma forma menos traumática e com processos que se sustentem.

É possível utilizar o conceito em qualquer instituição que tenha interesse em sair de um estado para outro – empresa, escola, igreja e até mesmo família, com as devidas adaptações. Porém, abaixo, farei a descrição do método na prática, com base nas minhas experiências dos últimos dez anos, em filiais de instituições privadas que recebem orientações estratégicas do global com desafios ambiciosos de alcançar resultados ainda melhores.

1° Passo:

Para iniciar um processo de mudança precisa estar clara qual a situação atual da empresa e aonde se quer chegar. Desde o resultado esperado até o comportamento necessário.

Apesar de parecer simples, nem sempre é, pois às vezes sabemos o que queremos, mas não vemos a situação atual com clareza, ou, ao contrário, sabemos que da forma que está não pode ficar, mas não sabemos exatamente aonde queremos chegar.

Então, como fazer?

É importante nesse momento levantar todas as informações macro da empresa – missão, visão, valores, estratégia – e avaliar qual a parcela de contribuição da unidade em questão, para entender quão perto ou longe se está da expectativa da organização. Assim facilita ter o olhar do estado atual, e ajuda a traçar um plano estratégico para chegar ao estado desejado. Toda a diretoria da empresa precisa ser envolvida nesse trabalho, pois ela será a grande patrocinadora da mudança.

2° Passo:

Acredito em um ciclo que se inicia na satisfação do funcionário com o trabalho/empresa, que gera comprometimento, que possibilita extrair o potencial do indivíduo e, consequentemente, atrai os melhores resultados. E que pode ser analisado ao contrário também, os melhores resultados vêm do potencial máximo das pessoas que são comprometidas e estão satisfeitas com seu trabalho e empresa.

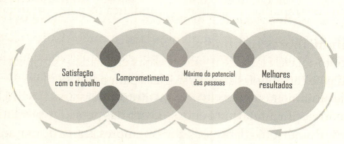

Como?

Para isso, é necessário fazer um diagnóstico da população, um plano de aproximação das pessoas, para entendimento da demanda.

Garantindo a satisfação com o trabalho

Por meio de entrevistas individuais com todos os níveis hierárquicos, com objetivo de colher informações como termômetro de contentamento com o trabalho, empresa e situação individual, pontos de atenção ligados à resistência à mudança, à cultura e às crenças do local. Essas entrevistas darão *inputs* essenciais para a criação de um plano de ação para suportar toda a estratégia traçada no passo 1.

É preciso conhecer a população e atuar com ações que atendam suas necessidades reais, não partir do princípio de que já sabemos o que elas precisam. É necessário ter certeza para colocar energia e investimento no lugar certo. Reforçando o que já tem (não é para desconsiderar o que já foi feito) e criar novas ações.

Essa etapa é relevante não só para as pessoas se sentirem envolvidas, mas para o próprio processo, pois é muito importante para essa sistemática dar certo acreditar no potencial que o grupo tem, de enxergar uma grande parcela das possibilidades de solução de como chegar ao ponto desejado. Precisamos ouvi-lo e analisar o que é viável de acordo com a estratégia da empresa. Essa análise tem que ser feita pela diretoria, que a princípio definiu a estratégia do passo 1, pois muitas vezes existem informações confidenciais que só esse nível conhece.

Comprometimento
Pessoas satisfeitas com o trabalho e se sentindo parte do processo se comprometem com os objetivos.

Extrair o potencial
Funcionários comprometidos permitem que o seu potencial possa ser utilizado da melhor forma. Facilitando a abertura da capacitação de uma nova forma de trabalhar, e também na mudança de comportamento.

Atrair melhores resultados
O ponto-chave é enxergar que pessoas engajadas (satisfeitas e comprometidas) e capacitadas são estratégicas para os resultados.

Um levantamento realizado pelo instituto americano GALLUP mostra uma correlação direta entre engajamento das pessoas e produtividade. O GALLUP analisou os resultados de 49 empresas americanas de capital aberto de 2008 a 2012. As que apresentavam um índice maior de funcionários engajados registraram um lucro líquido por ação de 147% acima da média da amostra. Para as que registraram os piores índices de engajamento, esse indicador manteve 2% abaixo da média. O primeiro grupo também foi o que apresentou uma recuperação mais vigorosa pós-crise.

3° Passo:
Esse momento é primordial para o processo de gestão da mudança, pois é a hora de comunicar. O que precisa deixar claro para todos é que o plano é compartilhado, pois foi criado pela diretoria (passo 1) e também pelos funcionários pelas entrevistas (passo 2), isso trará ao grupo o sentimento de pertencimento no processo.

Outro ponto é garantir que na comunicação fique claro quem são os patrocinadores desse processo (toda direção precisa estar envolvida) e também que todos os líderes da empresa tenham entendimento sobre a estratégia antes de comunicar para a grande massa. Eles precisam ser capazes de tirar as dúvidas de suas equipes, mas antes precisam esclarecer suas próprias dúvidas sobre os impactos da mudança. Nem sempre *slides* e apresentações extensas são o melhor caminho. Para facilitar a compreensão, pode ser criado um planejamento de comunicação que apresente o plano estratégico contemplando ações lúdicas e vivenciais.

Acredito que a mudança é sustentável quando trabalhamos na relação das pessoas com suas metas (o trabalho gera maior impacto quando faz sentido), quando acontece o entendimento de como a sua função, seja em qual nível for – estratégico, tático ou operacional –, contribui para o negócio, qual a colaboração do indivíduo para o fluxo da cadeia de processos, e isso acontece de forma efetiva quando existe clareza na estratégia, metas e objetivos da empresa, desde o mais macro até chegar nos indicadores individuais.

4° passo:
Dentro desse processo, temos alguns papéis a definir, e é importante identificar pessoas-chave como facilitadores dentro do grupo. Seguem os principais papéis: Patrocinadores – Diretoria do local, influenciadores – Média gerência, liderança em geral e os agentes de mudança – Dentro do meu entendimento de gestão de mudança com pessoas como foco estratégico, todas as pessoas da organização, de todos os níveis, são consideradas agentes de mudança. Principalmente pela visão, que é um movimento construído por todos, com engajamento e capacitação para a sustentabilidade dos resultados. Mas, para que isso aconteça, precisamos preparar as pessoas para que se sintam aptas e assumam a responsabilidade desse papel.

Para ancorar todo esse processo, desenvolvi um método para alcançar resultados extraordinários por meio de pessoas empoderadas, constituído por cinco pilares complementares resumidos abaixo, que têm como objetivo desenvolver ações para preparar o grupo, amenizando o impacto para que o planejamento estratégico da empresa seja colocado em prática de forma mais leve, fluida e sustentável.

Pilar: treinando todos os níveis
Todos os envolvidos precisam ter ciência de qual a expectativa sobre eles no processo, e isso independe de hierarquia (por isso friso todos os níveis). E de acordo com essa expectativa, é demandada a necessidade de desenvolvimento das novas competências necessárias para alcance do estado desejado. Desde competência técnica, com treinamentos informativos e experiência *on the job*, de como colocar em prática esse novo conhecimento, até o desenvolvimento de competências comportamentais, reforçando quais comportamentos e atitudes são necessárias para sustentar a mudança (a nova forma de trabalhar).

Nesse pilar também utilizamos o conceito andragógico de aprendizagem, que valoriza a vivência como maneira de acessar o que há de mais profundo, pois para as pessoas não basta saber a expectativa da empresa, elas precisam experimentar sensações que transformem a relação dela com a empresa, com a função, com o gestor, porque na verdade o resultado só chega quando elas querem atender essas expectativas... com a mudança de dentro para fora.

É importante trabalhar nesse pilar, o poder transformacional que existe na educação para mudança da autopercepção de cada funcionário, trabalhar na autoestima desse grupo, aumentando as habilidades individuais, para ajudar no resultado do negócio e também produzir satisfação pessoal e profissional, assim, efetivamente podem sentir-se capazes de atuar como agentes de mudança com foco em assegurar a competitividade da empresa.

Pilar: retenção de talentos

Antes de reter, é necessário mapear quem são os talentos em todos os níveis, identificando as pessoas que podem colaborar de forma positiva para o processo de mudança, alinhadas aos objetivos estratégicos de curto, médio e longo prazos.

A partir desse mapeamento, criar um plano de desenvolvimento/retenção com as demandas de cada nível. Com a intenção de retê-los por meio de programas para o desenvolvimento de suas carreiras, oferecendo meios atrativos de crescimento e incentivo, além do desenvolvimento de competências. Com o objetivo de sempre antecipar demandas e preparar os talentos de hoje para ser o futuro da organização, já engajados e alinhados em uma visão compartilhada.

A principal estratégia de retenção que as empresas em geral utilizam é o incentivo financeiro; embora seja uma ótima opção, a sua eficácia é limitada, pois atende em curto prazo. O seu efeito passa rápido e pode causar insatisfação rapidamente se não for utilizado com frequência. Outra forma de retenção, e no meu entendimento tem um resultado mais duradouro, é o desenvolvimento pessoal do colaborador. Ele precisa enxergar como a atividade profissional agrega para o seu crescimento como pessoa, como está ligado ao seu propósito de vida. Isso gera orgulho pessoal e é mais efetivo do que a pressão externa por cargo ou salário. Claro que isso é uma visão geral, mas, quando falamos de pessoas, cada um tem uma âncora profissional que o motiva de forma diferente, por isso a importância de conhecer o público e suas diferentes demandas.

Pilar: atraindo novos talentos

Nos dois pilares anteriores, trabalhamos com pessoas internas, porém também consideramos que é necessária a mudança na estratégia de recrutamento da organização, com mudanças no perfil, para garantir que no alinhamento da vaga sejam consideradas as competências necessárias para atuação na visão futura da empresa, para que os novos contratados sejam impulsionadores da mudança, os exemplos a serem seguidos.

O foco nesse pilar é desenvolver programas e ações de atração e seleção de talentos em todos os níveis, contribuindo para a contratação assertiva de pessoas qualificadas que, integradas à organização, possibilitem mudanças e renovação, agregando valor ao ambiente de trabalho e resultados.

Pilar: cuidando das nossas pessoas

Todo processo de mudança causa inquietação nas pessoas envolvidas, por isso elas precisam de cuidado, e também precisam saber que têm o suporte adequado para se sentirem seguras e capazes de atender a expectativa da organização.

É necessário oferecer um ambiente onde os funcionários possam desenvolver toda a sua capacidade e potencial, aumentando assim a satisfação no trabalho (o pontapé inicial para que a verdadeira mudança aconteça), por ações que contribuam com a qualidade de vida desses funcionários, reforçando a importância do capital humano para a instituição. Esse pilar foca no engajamento das pessoas e trabalha para garantir que o plano de ação, identificado nas entrevistas de diagnóstico (passo 2), seja colocado em prática, assim as pessoas percebem que realmente são peças fundamentais na mudança e que fazem parte do processo.

É muito importante que as mudanças aconteçam em todos os níveis, saindo do discurso e sendo vivenciado no dia a dia, essa é a melhor forma de garantir o engajamento com os objetivos estratégicos.

Pilar: melhorando KPIs

Todas as ações anteriores têm como objetivo acelerar a produtividade do grupo, suportando todos os processos de como sair do estado atual para o estado desejado pela mudança na forma de trabalhar, comportar-se e agir.

E o foco desse pilar é identificar quais os indicadores que irão evidenciar o alcance dos objetivos e também fazer a gestão da melhoria contínua desses resultados. Nesse momento, é importante definir indicadores de monitoramento macro da empresa, para entender a contribuição da mudança nos resultados em geral e também identificar indicadores para cada pilar, garantindo a efetividade das ações realizadas. Porém, não basta gerar números e dados, a efetividade da gestão se dá por análises críticas dos KPIs e é muito importante o entendimento de todas as pessoas envolvidas no processo.

34

Desafios exigem mudanças

No momento em que sua vida está em transformação, cheia de desafios, e tudo está fluindo com transparência e na velocidade da nova era da abundância, perceba: o que faz a diferença são as pessoas. Entendo que só é possível inovar nas organizações se mudarmos a mentalidade por meio de ações criativas e compreendermos que as relações humanas são o caminho para o sucesso

Thomaz Fischer Levy

Thomaz Fischer Levy

Engenheiro eletricista com pós-graduação em segurança da informação e MBA em *Design Thinking*. É um evangelista da transformação cultural digital, apaixonado por tecnologia, educação e inovação, e busca práticas que possam fazer a diferença na vida das pessoas e impactar de forma significativa as organizações. Possui capacitação em Gestão Estratégica de Negócios pela FGV-SP, Modelagem de Negócios Inovadores pela UNICAMP, Gerenciamento e Execução de Projetos de Inovação Tecnológico pela USP e *Practitioner* em Programação Neurolinguística pelo INEXH (Instituto Nacional de Excelência Humana). Foi um dos colaboradores pioneiros do Innovation Lab - Hospital Israelita Albert Einstein, atuou no Magazine Luiza, CPqD, Ericsson, Venturus, LNLS e hoje é um dos líderes da célula de inovação da Gerdau conhecida como *Innovation Maker*. Faz parte como voluntário do CJE- Comitê de Jovens Empreendedores da FIESP, que apoia e incentiva *startups* de todo Brasil.

Contato
thomazfischer@gmail.com

Em meados de maio de 2016, em meio a um projeto desafiador na área da saúde, recebo uma ligação de um velho amigo, Evandro Temperini, falando sobre uma oportunidade de trabalho que ele acreditava ser o meu perfil e que já havia me indicado. Sem muitas informações sobre a vaga e a empresa, o único dado que me chamou a atenção durante o discurso dele foi que a companhia era uma indústria e que estava passando por uma enorme transformação cultural e de negócio. Ao final da conversa, agradeci-lhe pela indicação, e marcamos de nos encontrarmos. Passei aquele dia todo trabalhando loucamente, e o chegar ao entardecer confesso que estava cansado, mas ansioso para saber mais sobre a vaga.

Em paralelo a isso tudo a vida continuava. O projeto que conduzia naquele momento na área da saúde estava a um passo de entrar na fase de *Go to market*. A equipe do projeto estava focada e dedicada. O produto estava sendo desenvolvido, testado e corrigido rapidamente com os *feedbacks* dos usuários. Os esforços eram evidentes e mostravam que estávamos unidos para resolver qualquer problema, e esse espírito de time gerava confiabilidade. A equipe, que de forma madura conseguia suportar as necessidades dos usuários, entregava um produto com proposta de valor e encantamento.

Lembro também que no mesmo dia à noite resolvi ir à casa de minha namorada na época. Enquanto observava ela dormir em um sono profundo, minha mente estava acelerada pensando em como melhorar a eficiência do produto que conduzia, e no intervalo de um piscar de olhos, tentava prever o que poderia ser essa transformação na indústria. Passei aquela madrugada imaginando e escrevendo sobre o futuro e tendências, e todo o conteúdo me ajudava a entender e traçar caminhos. Eram cinco e meia da manhã quando o alarme tocou, já estava na hora de levantar da cama – no meu caso, de levantar da cadeira –, tomar um banho e enfrentar mais um dia.

Comecei o dia dando um treinamento sobre o produto que estávamos desenvolvendo para um grupo de médicos e enfermeiros em uma sala do hospital. Ao final daquela manhã, já estava começando a me preparar para o almoço, e foi então que meu celular tocou, mostrando um número desconhecido. Atendi, pronto para tirar mais dúvidas dos usuários, mas, dessa vez, era o *headhunter* que meu amigo havia indicado.

Naquele momento fui surpreendido, e solicitei um minuto. Encontrei uma sala vazia para que pudéssemos conversar com tranquilidade. O *headhunter* me explicou sobre a proposta da empresa, e fiquei instigado pela vaga. Resolvi aceitar e participar do processo seletivo. Senti que estava preparado para ajudar no desafio, e que era uma oportunidade de transformar esse setor.

Ao passar por cada fase do processo eu ficava cada vez mais empolgado. Aos poucos as pessoas que sabiam do processo começaram a me dizer que a vaga só dependia de mim. Esse encorajamento me possibilitou a dar um impulso, similar ao sistema KERS dos carros da Fórmula 1, absorvendo toda a energia recebida dessas pessoas especiais e transformando em energia potencial para cruzar a reta final. Enfim, cheguei à fase final do processo seletivo.

Em uma sexta-feira chuvosa, ao final do dia, um *case* me aguardava: "Como transformar uma empresa industrial B2B em B2C". Gostei do desafio, e agora começava a corrida contra o tempo até a apresentação. Nesse instante, o conhecimento que havia adquirido ao longo de minha carreira, somado às experiências no setor do varejo com transformação digital me ajudaram a ficar confiante para criar e propor um caminho.

Lembro que ao entrar na sala os líderes já estavam sentados, aguardando o início da apresentação. Comecei a contar o *storytelling* que havia montado e tudo estava fluindo bem; as interações acontecendo, com perguntas e respostas, até que um dos líderes, que estava mais inquieto na sala, me fez uma pergunta: "Você gostaria que eu fosse trocando os *slides* para você?". Todos se olharam em questão de segundos e eu disse: "Fique à vontade". Essa inquietação da liderança me chamou a atenção positivamente, gostei da atitude. Pensei por um segundo que bons líderes nos fazem sentir seguros, e naquele momento fiquei mais seguro. A apresentação continuou e conversamos sobre diversos assuntos tais como, *holocracia, e-commerce*, transformação cultural, inovação e os novos modelos de negócio, até o tempo terminar.

No outro dia pela manhã recebi o telefonema informando que eu havia passado no processo seletivo. Precisava tomar uma decisão difícil, e teria apenas poucos dias para dar a resposta. Naquele momento, lembrei-me de um trecho que havia lido no livro *Uma mente curiosa*[1]:

---

1. Prevendo o futuro das viagens espaciais: *The exploration of Space*, capítulo 18, p.187.

> Talvez um dia os homens não mais se interessem pelo desconhecido, nem fiquem tantalizados pelo mistério. É possível, mas quando o homem perder a curiosidade, a sensação é de que ele terá perdido a maioria das outras coisas que o fazem humano.
>
> Arthur C. Clarke

Minha curiosidade naquele instante era gigantesca, mesmo sabendo que o desafio atual que enfrentava trazia mudanças significativas no contexto da saúde. Tentei me conter, mas a sensação do desconhecido, junto aos fatos de aprender, ensinar e ter uma liderança inspiradora, me contagiou de tal forma que resolvi enfrentar o desconhecido, aceitar a proposta e encarar esse novo desafio. Nunca havia atuado no setor industrial em minha carreira, e esse fato era ótimo para esse desafio: teria que aprender temas novos e poderia contribuir com minhas experiências.

Acabei entrando em uma das maiores multinacionais brasileiras, com objetivo de ajudar na transformação cultural digital e colocar em prática projetos de inovação que se alinhem à estratégia da empresa. Foi montado um time brilhante de inovação no qual acreditamos, e confiamos que podemos fazer a mudança e/ou a disrupção do negócio em conjunto de líderes que se identifiquem aos desafios. Além disso, um dos papéis desse time é se aproximar, fomentar e se conectar aos ecossistemas de inovação e de *startups*.

Logo nas primeiras semanas de trabalho, a equipe começou a realizar visitas e integrações internas nas fábricas, usinas e lojas da empresa, para compreender os líderes e os colaboradores de cada área, e também iniciamos as conexões externas com universidades, empresas e *startups*. Tínhamos como objetivo inicial entender de que modo poderíamos agregar valor para o cliente e elaborar projetos com modelos de negócios inovadores.

Entendo que para que seja possível construir um ambiente de confiança dentro de uma organização, é necessário conversar com as pessoas e encontrar aquelas que no primeiro momento temos mais afinidades. Criar uma equipe transparente e madura no qual as pessoas tenham pontos de vista e vivência diferentes e assumam autonomia com responsabilidade facilita a tomada de decisões mais embasadas. Nesse momento, era preciso acelerar a transformação da mentalidade na organização:

> (...) se abrir para o novo, ampliar o conteúdo e, consequentemente, a visão de negócios. E uma das maneiras mais eficientes de fazer isso é por meio da leitura. A prática da leitura, assim como a da con-

versa com gente diferente de nós, o coloca em contato com novos mundos e faz com que nos tornemos pessoas mais conectadas, mais inteligentes e com mais propensão para ter ideias inovadoras[2].

Há aproximadamente dez anos criei o hábito de leitura, que funciona como uma academia da mente, estimulando e exercitando meu cérebro.

Assim que a área de inovação começou a ser montada recebemos um desafio proposto pelo time industrial, e que a demanda era como aumentar o ganho de produtividade de uma área específica da fábrica através da tecnologia. Para entender melhor o desafio, resolvemos fazer uma visita à fábrica e conhecer profundamente todo o processo produtivo junto com os especialistas das áreas.

Lembro que naquela ocasião sentamos ao redor da mesa com os especialistas e identificamos que precisávamos conhecer institutos, universidades e empresas que tinham conhecimento, para nos ajudar a solucionar o problema através da tecnologia. Fizemos um plano de visitas, e entraríamos em contato com instituições a fim de entender quem conseguiria trazer a sinergia necessária para resolvermos o problema com baixo custo.

Durante o período de um mês realizamos diversas visitas e conversamos com todos que havíamos planejado, e uma das universidades no interior de São Paulo nos chamou a atenção, pois os alunos de graduação em engenharia estavam aprendendo a fazer projetos com braços robóticos industriais. Resolvemos conhecer esse trabalho mais de perto. Para a nossa felicidade, fomos surpreendidos positivamente com os projetos que estavam sendo conduzidos pelo professor junto aos alunos, que conseguiam colocar em prática os conhecimentos absorvidos nas aulas; aliás, o corpo docente da universidade elogiou todo projeto conduzido pelo professor em parceria com a marca de robôs, e nos contou que estavam ampliando o curso e criando um ecossistema de inovação a partir dessa iniciativa.

Após a visita, tínhamos convicção que havíamos encontrado um parceiro e um caminho para resolvermos o problema de produtividade. Queríamos ser práticos, e fomos. Reunimos, em questão de uma semana, áreas complementares que nos ajudaram a transformar o intangível que estava dentro de nossas cabeças, em algo tangível que pudéssemos propor um projeto factível para a empresa. Além disso, sabíamos que as tendências, segundo a Federação Internacional de Robótica (IFR), nos diziam

---

2. CARMONA, Diego. *Desenvolva um novo olhar sobre seu negócio, inove e se destaque no mercado: visionários*, capítulo 7, pp.119-121.

que a falta de conhecimento técnico é um dos fatores de maior desafio na área de robótica, e que nos próximos cinco anos uma das áreas que mais se beneficiarão com a eficiência desta tecnologia é a de manufatura. Essas informações contribuíram para avançarmos no tema de robótica.

Durante dois dias reunimos um time multidisciplinar contendo colaboradores das áreas industrial, infraestrutura, suprimentos, recursos humanos, segurança do trabalho, jurídico, tecnologia e inovação, e aplicamos o *design thinking* para verificar se conseguiríamos fazer algo diferente que iria além do que já estávamos elucubrando; lembro que dissemos "sonhe grande". Ao final da jornada de dois dias houve muita colaboração e aprendizado, que resultaram em uma estratégia em que poderíamos conseguir entender e melhorar a produtividade e segurança da fábrica, compartilhar os conhecimentos, reter e atrair talentos, e também fomentar o ecossistema de inovação da empresa na região. Foi feito um *checklist* com as tarefas que cada grupo deveria fazer, todos estavam muito motivados e saíram com a missão de fazer acontecer.

A proposta evoluiu rapidamente, as pessoas lideraram todas as tarefas e os poucos problemas que surgiram foram destravados de forma colaborativa. Após alguns meses, foi possível perceber que a mentalidade dos envolvidos havia mudado: eles entenderam que era preciso mudar, experimentar, testar, pois o mundo está cada vez mais, rápido, conectado e simples. Com esse pensamento, rapidamente conseguimos convencer os líderes executivos a iniciarem as obras e assinarem o contrato de parceria, e então foi criado o primeiro Polo Robótico Corporativo.

O engajamento dos especialistas e a colaboração entre as áreas desde de o início do projeto foram fundamentais para o sucesso. E mais: acredito que o sentimento de pertencimento e principalmente a mudança de *mindset* de todos os envolvidos no projeto foi essencial para que colocássemos em pé essa iniciativa. A empresa inaugurou em junho de 2017 seu primeiro Polo Robótico, localizado em sua unidade de São José dos Campos (SP). O projeto tem como intuito estimular o uso de ferramentas de robotização dentro e fora da empresa.

Além do projeto do polo, a equipe de inovação trabalhou paralelamente em duas outras frentes: o processo de interação e aprendizado gerado pelo *pós-hackathon*, onde foram desenvolvidos dois protótipos por grupos de estudantes, e também iniciamos a aproximação com os ecossistemas de inovação e *startups* da construção civil, conhecido como *ConstruTech*, no qual temos o papel de analisar, mentorar e testar as soluções providas pelas *startups* que fazem parte de nossa estratégia.

Ao longo dos últimos 365 dias ajudei a colocar em prática, junto com líderes da inovação, alguns projetos que se tornaram exemplos de que é possível criar, inovar e vencer dentro de uma organização. A jornada continua por meio dos ciclos de aprendizados, transformação cultural digital, inovação e a transparência nas relações humanas, o que é essencial para essa nova era.

Em vista disso, meu entendimento é que a criatividade é uma habilidade humana difícil de ser reproduzida, devido a sua complexidade, o que nos torna seres com uma inteligência diferenciada. As pessoas precisam nesse momento se permitir a aprender, desaprender, errar e aceitar rapidamente; esse é um dos modos pelo qual criamos estímulos para que surja o *insight* para o novo. A cada ciclo de aprendizado superado produzimos novas conexões, sejam elas tangíveis e/ou intangíveis que, colocadas em prática, podem gerar inovações. Estamos vivendo uma era de abundância e compartilho da mesma opinião de Stephen Covey, que diz: "A tecnologia reinventará os negócios, mas as relações humanas continuarão sendo a chave para o sucesso".

Quero agradecer a todos que fizeram parte dessa história e contribuíram para meu ciclo de aprendizado; gratidão!

Referências
[1] GRAZER, Brian. *Uma mente curiosa*, capítulo 7, p.197.
[2] CARMONA, Diego. *Desenvolva um novo olhar sobre seu negócio, inove e se destaque no mercado: visionários*, capítulo 7, pp.119-121.